中國哲學理解、詮釋與分判之研究

陳立驤 著

萬卷樓圖書公司 印行

謹將本書獻給在天上團圓的爸爸、阿母與二哥

　　我的阿母（陳謝正子，1940~1974年）真可憐：出生沒多久就當了別人家的「媳婦仔」（養女），從孩提一直勞碌到成年；嫁給爸爸後，又被四個嗷嗷待哺的「心肝仔囝」（寶貝兒子）拖累得神勞形瘁。她用削瘦的面容換來兒子豐潤的臉頰；用深暗的皺紋換取兒子滑嫩的肌膚；用蒼白的霜花換得兒子烏黑的頭髮。不知何時，她的腰身已不能挺直；雙腿已嚴重浮腫；而眼睛也已失去光華。因為疲憊過度，阿母終於在35歲時，含淚拋棄丈夫與四個幼子而魂歸離恨天了。

　　我的二哥（陳河山，1962~1985年）也很可憐：阿母過世兩年後，爸爸又迎娶了一位新媽媽來。新媽媽很快地生了三個小妹妹，妹妹很可愛但二哥卻從此很少吃飽過，加上他長期半工半讀，且又經常熬夜苦讀以致積勞成疾，不幸在24歲那年，不願也不捨地辭別爸爸與家人而到天上找阿母團圓去了。

　　我的爸爸（陳旺，1937~2007年）真偉大：阿母過世後，他強忍悲痛，身兼四子的父、母、師三職：工作養家（父職）、撫育幼子（母職）以及督導課業與傳授書法（師職）；為我們迎娶了新媽媽後，他又含辛茹苦地獨力掙錢撫養七個子女。爸爸最喜歡帶我參加各種慶典活動，他最愛親友說我會讀書、功書法及長得像他。我讀中央大學時，他幾乎每個月都從淡水老家開車到中壢來看我；我到高雄教書後，他也常搭飛機南下來找我；就連他臥病在床時，也常忘了自己的病情而反倒惦記著我：怕我冷、怕我熱、怕我勞、怕我累、怕我煩憂、怕我生病、怕內人沒照顧好我、怕我性情太直率而得罪人；甚至於他當神仙後，也庇佑我得到教育部的大學特殊優秀教學與研究人才獎。啊！爸爸真的是用他的身、心、靈在疼惜我的！好希望爸爸還健在，這樣我就可以常回淡水老家去探望他，並帶他去四處旅遊與享用美食了。

　　誠摯地祝福爸爸、阿母與二哥能在天上團圓，快樂當神仙！

【作者簡介】

　　陳立驤，公元 1964（民國 53）年 10 月出生於風光明媚的北台灣淡水小鎮。十歲時母親因操勞過度而辭世（後二哥亦因血癌病逝），三兄弟幸承辛勤而偉大的父親陳旺老先生撫育成人。之後陸續取得中央大學地物系學士、中文所首屆碩士與成功大學中文所博士等學位。歷任中華民國華夏語文學會常務理事、南台灣大學校院通識教育策略聯盟高雄區召集人、高雄文化研究學會理事與高苑科技大學通識教育中心主任等，現任教於高苑科技大學通識教育中心。

　　作者除醉心於教學與研究外，並曾獲得「趙廷箴博士生論文獎」與教育部「大學特殊優秀教學與研究人才獎」，且喜於兩岸各大學講學或演講。作者研究的「核心問題意識」為：「如何建立中國哲學詮釋的主體性？」（或「如何擺脫中國哲學詮釋的逆格義處境？」、「如何去除中國哲學詮釋的自我殖民化？」）學術專長為中國哲學、通識教育與戰後台灣小說等。學術著作有《孟子性善說研究》、《宋明儒學新論》與《中國哲學理解、詮釋與分判之研究》三本專書（另《通識教育新論》亦籌劃出版中），以及儒、道、釋、通識教育、台灣文學、中國文學、文字學與書評等單篇論文近七十篇。

自　序

　　筆者自 1987（民國 76）年，為解決生命困境與尋求人生意義，而由地球科學轉向中國哲學的研究起，迄今已屆 26 年矣。26 年來，中國哲學（尤其是儒、道、釋三家）對於筆者，總是兼具兩個面向：主觀的生命體證與客觀的學術研究。而若單就客觀的學術研究這一面向來說，則筆者這 26 年的研究歷程，基本上可分成「兩階段三時期」：

　　一是自願與不自覺地被牟宗三先生中國哲學詮釋的體系所籠罩階段（碩士班及初至大學任教時期）：此階段筆者理解與詮釋先秦儒學及中國哲學，不僅幾乎都採用牟先生的說法，同時也深信其說對中國哲學的詮釋與分判而言，乃是既清楚又相應的。此時的具體學術成果，最重要的乃是《孟子性善說研究》（中壢：中央大學中文所【首屆】碩士論文，1990 年 6 月）一文。而在多年之後，此文並與筆者的數篇論文合輯而成《孟子性善說研究》（台北：花木蘭出版社，2010 年 3 月）一書。

　　二是懷疑並自覺地省思牟先生（與當代兩岸學人）之說，同時思索如何建構清楚且相應的中國哲學詮釋理論或模型階段：此階段又可再分成兩個時期：
（一）專門研究宋明儒學與儒學時期（博士班時期）：此時期筆者的研究領域仍是以儒學為主，尤其以宋明儒學為核心。不過，在此時期筆者對牟先生中國哲學的詮釋已然存疑。我認為他講得十分清楚與精彩，但有時卻不太相應——尤其是詮釋周易、橫渠、濂溪與蕺山之學。因此，筆者在此時期遂不揣鄙陋地提出了：宋明儒學，可依「思路」（思維方式）之不同而分成「兩型」的論點。至於此時期的具體學術成果，最重要的乃是《劉蕺山哲學思想研究》（台南：成功大學中文所博士論文，2003 年6 月）一文，之後此文並與筆者的數篇論文合輯而成《中國哲學新論》（高雄：高雄復文圖書出版社，2005 年 7 月）一書。而此書，也可說

　　是筆者自覺地省思中國哲學的理解、詮釋與分判問題，所撰成的第一本專著。

（二）研究領域擴大至道家與佛學（甚至旁及於通識教育與台灣文學）時期（博後至今時期）：此時期約有十年，筆者在此時期的研究歷程，係由宋明儒學通到當代新儒學與先秦儒學，接著再轉到道家（與通識教育等），最後則轉向佛學。可以這麼說，若學者或研究員的研究可概分成「安土型」（僅專注於某個領域的研究）、「遊牧型」（橫跨、悠遊於各領域的研究）與「放牛型」（以某一領域為主，其他領域為輔的研究，如同將牛用繩子綁在一樹幹上，然後讓牠環繞樹幹吃草一般）三種，則筆者應可列入第三種。此因筆者的研究乃是以孔孟儒家為主，而以道、釋兩家及其他領域為輔的。而本書，則不僅是此時期最重要、最聚焦的學術成果，同時也是筆者自覺地反省中國哲學的理解、詮釋與分判問題，所撰成的第二本專著。（按：此時期筆者尚有數十篇的中國哲學、通識教育與台灣文學論文）

　　而在第二階段（博士班時期與博後至今時期），筆者有關中國哲學（儒、道、釋）的理解、詮釋與分判之研究，一直環繞著一個「核心問題意識」，並經由對此問題意識的思考與處理，而提出了一組「分判標準」，同時也幸運地獲得兩個「主要論點」。茲分述如下：

　　一個「核心問題意識」，可精簡地說，也可詳盡地說：精簡地說，乃是：「如何建立中國哲學詮釋的主體性？」（或「如何擺脫中國哲學詮釋的逆格義處境？」、「如何去除中國哲學詮釋的自我殖民化？」等）；而若詳細地說，則是：

　　　　「正面積極」地講，我們該如何「儘可能」地用「比較」道地的現代漢語白話文，來「清楚」並「相應」地理解與詮釋傳統的中國哲學；而「負面消極」地說，則是我們如何能「儘量」避免用「逆格義」的方式，或是如何「儘量」能少借用西方哲學的理論架構，來理解與詮釋傳統的中國哲學？

　　而不管是精簡或詳盡地說，也不管是正面積極或負面消極地講，最主要都是希望能達成「用中國（漢、華）語文，依中國人的思維模式，來理解與詮釋中國傳統的學問，而不必一直戴著西方哲學的有色眼鏡，來理解與詮釋傳統的

「中國哲學」的目的。

　　而一組「分判標準」，乃是筆者所界定的「分解的思路」以及「全體論與整體實存的思路」（辯證的思路）。「分解的思路」係指：

> 思想家們基於他們的感官經驗或真實的存在感受，如：驚異、好奇、恐怖、罪惡、絕望、憂患、惻隱、羞恥、煩惱、痛苦與受束縛、不自由等，或窮知究慮地去構思一套存有層序的理論架構，來區分、解釋天地萬物和人類的生命、社會、歷史與文化等（按：此常見於諸多西方傳統哲人）；或經由實踐、體證而開顯出生命的某種境界或境地，於是對實存世界有一看法，並將此看法通過一套人為設計的概念與理論框架，來對實存世界作一區分與解釋（按：此有時見於某些中國傳統哲人）的這樣一種思路。

　　至於「全體論與整體實存的思路（辯證的思路）」，則又可分成「原初義」與「狹義」的「全體論與整體實存的思路」（辯證的思路），以及「引申義」與「廣義」的「全體論與整體實存的思路」（辯證的思路）兩種：

　　「原初義」與「狹義」的「全體論與整體實存的思路」，不僅是筆者「原初」分判宋明理學為「兩型」時所主張者，也是意義較「狹」小者。它的意義是：

> 思想家們並不以一套人為設計的、分解的存有層序之理論架構，來區分、來框套，以及來解釋天地萬物及人類的生命、社會、歷史與文化等，而是就整個實存的宇宙人生之大化流行來說本體，並認為本體之中，本就含有相反而又相成，相滅而又相生，同時互為隱顯，渾然相融的兩股勢能或動力，如陰與陽、翕與闢、乾與坤或靜與動等。而由於它們之間彼此不斷地相互起作用，不斷地一陰一陽、一翕一闢、一乾一坤或一靜一動等，因而帶動或引發了整個實存的宇宙人生之生生不息和永續發展的這樣的一種思路。

　　至於「引申義」與「廣義」的「全體論與整體實存的思路」，則是筆者後來的研究範圍擴大至道家與佛學（甚至於是西方哲學）時所主張者。它又可細

分為四種「次」類型：

（一）以「陰陽」等兩股勢能或兩種狀態，來說明宇宙本體（全體）之變化流
　　　行者。（按：如易學與莊子之學。）

（二）以「陰陽」等兩股勢能或兩種狀態，以及「五行」相生相勝的架構，來
　　　說明宇宙本體（全體）之變化流行者。（按：如諸多兩漢儒者以及周濂
　　　溪、張橫渠、王船山、劉蕺山與黃梨洲之學。）

（三）不以「陰陽」或「陰陽」「五行」等，來說明宇宙本體（全體）之變遷
　　　發展，而是直接就實存的宇宙全體之大化流行來講本體者。（按：如存
　　　在主義哲學家海德格之學。）

（四）以「因果律」與「緣起法」，來說明宇宙本體（全體）之生滅變遷者。
　　　當然，在這樣的說法下，本體（全體）只是一「性空之體」（空體），而
　　　並沒有任何永恆不變、獨立自存的本性存在。亦即，它只是一虛說、權
　　　說與假說之體，而非普遍永恆之「實體」。（按：如天台宗與南宗禪學。）

　　　至於兩個「主要論點」，則是筆者在上述的「核心問題意識」與「分判標
準」下，經過十多年辛勤的研究，所幸運得到的學術成果：一個是僅就「宋明
儒學」來說；而另一個則是擴大至儒、道、釋三家之學來立論的。它們分別如
下：

（一）宋明理學，可概略分成「分解的思路」及「全體論與整體實存的思路」
　　　（辯證的思路）之學這「兩型」。如程頤、朱子之學，比較近於「分解
　　　的思路」之型態；而張載、王夫之與劉宗周（甚至於黃宗羲）等人之學，
　　　則比較近於「全體論與整體實存的思路」（辯證的思路）之型態。

（二）不僅宋明理學可概分為「分解的思路」及「全體論與整體實存的思路」
　　　（辯證的思路）之學這「兩型」，就連道家、佛教哲學與當代新儒學等，
　　　也都可概分為這「兩型」：老子哲學（之天道論）、如來禪（含達摩禪、
　　　早期禪與北宗禪）學、道安學、華嚴學以及牟宗三之「兩層存有論」與
　　　「良知自我坎陷說」等，「比較」近於「分解的思路」之型態；而莊子
　　　哲學、天台學、南宗禪（含六祖禪、馬祖禪與大慧禪等）學、熊十力晚
　　　期體用哲學以及筆者的「實存的心之自我轉換（假）說」等，則「比較」
　　　近於「全體論與整體實存的思路」（辯證的思路）之型態。

　　　而本書的十四篇論文，便是筆者在上述的「核心問題意識」下，嘗試提出
了「思路」的「分判標準」，而對於如何理解、詮釋與分判儒、道、釋三家思

想所作的研究成果。同時這樣的研究成果，皆可納入上述的兩個「主要論點」之中。

而在說明了筆者多年來的研究歷程、問題意識、分判標準與學術觀點之後，接著我們將再釐清與說明幾點事項，以做為讀者閱讀本書時的參考：

一、筆者在研究生涯的第二階段（博士班與博後至今時期），雖然對牟先生中國哲學的詮釋有所懷疑與省思，但其實我內心對牟先生是懷有高度的敬意與謝忱的，而並無任何負面的批評或不敬之意。這是因為筆者從大四開始，便是讀牟先生的書而一路成長的，便是藉由研讀牟先生的著作而進入中國哲學之門階、甚至是殿堂的。牟先生的幾部經典名著，不僅是近現代中國哲學詮釋與研究的高峰，同時也是最具理論性、系統性與創意性的學術巨著。筆者由於出身理工背景，因此特別喜愛牟先生著作的理論深度。我認為在當代學人之中，他真的是最具有哲學深度的一位大師——不管學人們同不同意其說。因此，我對他是既佩服又感激的：佩服他的架構思考力、邏輯思辯力與學術原創力；感激他給我學術生命的成長、哲學智慧的培養與人生目標的確立。

不過，依筆者淺見，學術研究本來就應該是一直向前與向上發展的，牟先生做學問，自有他那個時代的問題與限制；而我們今日做學問，也自有我們這個時代的問題與限制。至少，就我自己對儒、道、釋經典的理解與詮釋來說，牟先生的某些說法就已不能完全令我信服——縱然他講得十分清楚與精彩。因此，筆者便依著自己的學術良知，真誠地面對自家生命與經典世界，而把自己的真情實感與研究所得如實寫出。或許學界諸師長或先進會對筆者的作法或說法不以為然，而以為我唐突牟先生或對他不敬，但其實我並無此意，而反而認為：若我真的有一點小小異於牟先生的研究心得，那反倒是有功於牟先生，反倒是對牟先生恩情的一點回饋。總不能一輩子讀牟先生的書而都沒有一點異於他的想法或論點吧？！若真這樣，那豈不太對不起牟先生了嗎？其實，就我自己教書二十一年的經驗來說，我也特別喜歡學生挑戰、質疑我的論點，尤其是指出我論點的待商議處，因為這樣才能對我的學問有所幫助，也才能真正得到教學相長的成效啊！而且事實上，筆者在教書生涯中給過最高分的，正是在正式課堂上與私下信函中都質疑與批判我論點的一位眷村女學生呢！直到現在，我都覺得她講得挺好、挺有道理，而在心裡感到十分歡喜呢！

　　二、其實，對傳統中國哲學的詮釋：（一）「清不清楚」，是一個問題；（二）「清楚但深入精緻否」，是另一問題；（三）「相不相應」，又是另一個問題；（四）「具不具有現代或後現代意義」，則又是另一個問題。拙意以為：（一）牟先生對中國哲學的詮釋是相當清楚的。而且也因為在當代，他算是講得最清楚的一位學人，所以其說才逐漸成為中國哲學的詮釋「典範」：（二）牟先生的許多學術功力頗強的弟子，所從事的便是在牟先生「清楚」詮釋的基礎上，去「深入精緻化」其論點，以進一步證成牟說的合理性與權威性——他們當然認為牟說也是「相應」的；（三）另外，像林安梧先生等，則秉持其歷史與時代意識，而去省思牟說「具不具有後現代意義」這一問題；（四）至於筆者自己，則比較關注牟說「相不相應」的問題——筆者並非有意自抬身價，而妄想與其他師長並列，只是在長期研讀中國哲學經典的過程中，對於牟先生以預設「超越的分解」架構的「兩層存有論」來詮釋與分判中國哲學，隱隱然覺得有所不妥與心有未安而已，是以才不揣鄙陋地提出自己小小的見解。

　　三、筆者十多年來有關中國哲學理解、詮釋與分判的研究，以及本書所收錄的十四篇論文，其實都只是試著去探討「如何建立」中國哲學詮釋的主體性而已，而不是筆者「已經建立」了中國哲學詮釋的主體性。筆者雖然對自己的研究能力還算有點自信，但絕不會狂妄到以為自己「已經建立」中國哲學詮釋的主體性了。要建立「中國哲學詮釋的主體性」，其實是一個非常艱辛與困難的過程，而需要眾多學者們在二十一世紀中華民族復興的基礎上，自覺地群策群力來完成。筆者所做的，充其量只是一個初步嘗試與微小努力而已！

　　四、筆者之所以提出「如何建立中國哲學詮釋的主體性？」此一「核心問題意識」，並非是筆者愛說大話，而是我內心真的有這樣的強烈感觸與自覺，因而發願想從自己先做起，以改善此一情形於萬一。或許學界師長與先進們初聞此說，會覺得筆者所言未免過於浮誇，因而質疑筆者能否做到自己所說。對此，筆者只想表明：我確實覺得中國哲學界（按：甚至於整個學術、文化、教育與通識教育界）的欠缺主體性與自我殖民化的情形，實在是太過嚴重了，因此發願要稍稍改善此一情形。我只能要求自己努力與踏實去做，至於能做到多少，我自己也全然沒有把握。只期盼有很多學者自覺並發願一起來努力，這樣就能收到較佳的成效了。

五、筆者提出「分解的思路」及「全體論與整體實存的思路」這一組「分判標準」，並非是「削足適履」（削中國哲學之足而適筆者　分判標準之履），而反倒是「量足選履」（衡量中國哲學之足而選擇相應、合用之履）的。換言之，筆者並非是心中先有此一組「分判標準」，然後再根據它來理解、詮釋與分判，甚至於「硬套」中國哲學，而反倒是筆者先仔細研讀了儒、道、釋經典的原文，然後才自然地發現與提出此一組「分判標準」的。

六、我們若要很快掌握宋明儒學與中國哲學的這「兩型」，則可以「有無預設『超越的分解』」架構為標準與依據：若「有」，則為「分解的思路」型態之學；而若「無」，則「可能」為「全體論與整體實存的思路」（辯證的思路）型態之學。如程頤、朱子之學均「有」預設「超越的分解」架構，其「理氣論」中的「理」/「氣」關係，以及「心性論」中的「性」/「心」關係，皆為「形上超越層」/「形下現象層」之關係：「理」與「性」為「形上超越層」之「（靜態）存有」；而「氣」與「心」，則為「形下現象層」之「存在（與活動）」，前後兩者乃是異層、異質的關係，故其學為「分解的思路」型態之學；此外如張載、王夫之、劉宗周與黃宗羲等人皆「無」預設「超越的分解」架構，他們均反對將「理」、「氣」視為異層、異質的關係，而主張兩者乃同一實存的宇宙本體之兩個不同樣貌或面向，故其學便為「全體論與整體實存的思路」（辯證的思路）型態之學。

不過，在此要補充說明的是：其實，就中國哲學來說，此「兩型」之學，最多只是程度上的強弱有別而已，而並非是判然、截然二分的。換言之，它們並無「本質」上的差異。這是因為傳統中國哲學，其實大多具有「全體論與整體實存」的傾向與色彩，而「分解」的意味，相較於西方哲學來說，則是淡薄許多的。況且筆者之所以提出「有無預設『超越的分解』」架構為標準與依據，其實也只是為了便於讀者迅速、簡要地理解筆者與本書的論點而已，而不是意指此「兩型」之學乃是迥然不同的！

七、以「理氣論」中的「理」、「氣」關係為例，若借用黃宗羲（及筆者所引申）的話語來說，則「分解的思路」型態之學即是「兩物而一體」（按：「理」與「氣」，乃是兩個異層、異質的存在【有】、兩個不同的東西，但最後結合成

一體，如陽明學與牟先生之學即近似之）或「兩物而兩體」（按：「理」與「氣」，乃是兩個異層、異質的存在【有】、兩個不同的東西，且各自為形上層的「超越之體」與形下層的「形構之體」，如程頤、朱子之學即屬之）型態之學；至於「全體論與整體實存的思路」（辯證的思路）型態之學，則是「一體之兩面」（按：「理」與「氣」，乃是同一實存的宇宙本體之兩個不同的樣貌或面向）與「一物之兩名」（按：「理」與「氣」，乃是同一實存的宇宙本體之兩個暫時性的稱謂）型態之學——張載、王夫之、劉宗周與黃宗羲等人之學即屬之。

　　八、其實「分解」乃是「一詞而多義」的：包括語文、經驗、心理、邏輯與超越的分解等。而筆者在本書、《宋明儒學新論》與其他多篇論文中，所再三提及的「分解的思路」中之「分解」一詞，其義則是筆者自己所作的「系統的界定」（系統義）。它包含了「超越的分解」與各種對立性、分立性的思維在內。如預設「超越的分解」架構的程朱的「理氣論」（形上的「理」與形下的「氣」異層、異質）；老子的「天道論」（形上的「道」與形下的「天地萬物」異層、異質）；柏拉圖的四層存有論；基督宗教的神與世界、天國與人間二分；康德的現象與物自身二分，以及充滿對立性思考的心物二分、善惡二分、個人與團體二分、資本主義與社會主義二分、應然與實然二分等皆屬之。只是我們在理解、詮釋與分判中國哲學時，所用「分解的思路」之「分解」，乃是偏指「超越的分解」之意。

　　九、同是「超越的分解」下所區分出的「形上」與「形下」，在西方哲學與中國哲學中，偏重點也是有所不同的：就西方哲學來說，「超越的分解」下所區分出的「形上」與「形下」，主要是指「存有論」與「知識論」之意涵的：就「存有論」來說，「形上」指的是「超越」，「形下」指的是「現象」；就「知識論」來說，「形上」指的是「先驗」，而「形下」指的則是「經驗」或「後驗」等；而就中國哲學來說，「超越的分解」下所區分出的「形上」與「形下」，主要是指「工夫論」（或「修養論」）與「境界論」等方面之意涵的：就「工夫論」來說，「形上」係智的直覺之顯用（覺），「形下」係智的直覺之潛隱之意（未覺、不覺）；就「境界論」來說，「形上」係已覺的聖人、真人與佛菩薩的心靈、生命與所見世界的境界，而「形下」則是未覺的凡人、常人與小人的心理、生命與所見世界的層次。

　　當然，不管就西方哲學與中國哲學來說，「超越的分解」下所區分出的「形上」與「形下」，皆富有濃厚的「價值論」之意涵：「形上」係指最高或絕對的價值（根源、標準），而「形下」則是相對的價值、無價值，甚至於是價值為負者。

　　十、筆者將宋明儒學與中國哲學分為「兩型」的依據，原初與「分解的思路」一詞相對舉的乃是「辯證的思路」一詞。但由於「辯證」一詞，學界所熟知與習用之義，乃是德國哲人黑格爾與馬克斯兩人所說者。換言之，他們兩人所說之義，早已成為「辯證」一詞的「主流義」與「傳統義」──「原初義」則是蘇格拉底哲學中之「對話」──了，因此，筆者雖一直向人說明「辯證的思路」的「辯證」一詞之義，乃是筆者所自行界定的「系統義」，但仍引起學界不少錯解或誤解。而為了避免此一情形繼續發生，因此筆者在《宋明儒學新論》一書出版後，便改用「全體論與整體實存的思路」來取代「辯證的思路」一詞，並在其後加上（即「辯證的思路」）或（辯證的思路）等標示，以信實傳達筆者之意。當然，本書的用法也是如此。

　　而在釐清與說明了以上十點事項後，以下筆者還有三點關於本書的重要說明，要懇請讀者們留意：

　　一、由於本書的十四篇論文有的是期刊論文，有的是國際學術研討會論文，論文所發表的場合不一，所交流的對象也有差異；也由於筆者十多年來的中國哲學的理解、詮釋與分判之研究，乃是一種新的嘗試；更由於上述兩種「思路」的意義，根本就是筆者自己所作的「系統的界定」（系統義），因此，為了使各期刊讀者及與會學者能如實地理解筆者的論點及相關理據，所以筆者便常在這些論文中，加入「分解的思路」及「全體論與整體實存的思路」（或「思路」與兩種「思路」等）一小節，或者是在它們的「當頁註」中，仔細地說明這兩種「思路」的意義，以清楚交代論文的論述基礎與依據，並希冀能促進各地學人間的學術交流與對話。是以筆者這樣做，絕對沒有任何故意自我抄襲、文句重覆或擴充論文字數的主觀意圖或客觀行為，而只是為了讓各期刊與各研討會的不同讀者們，能確切理解筆者的一貫論點與理據而已！

　　二、因本書的十四篇論文：一者，皆環繞著「如何建立中國哲學詮釋的主體性？」此一「核心問題意識」而構思；二者，並初步提出了「分解的思路」及「全體論與整體實存的思路」，此一組理解、詮釋與分判中國哲學的參考或依據，故全書實屬聚焦於某一主題或議題的筆者個人之學術論文集，而非只是研究某家、某人或某學的專書，是以本書才命名為：《中國哲學理解、詮釋與分判之研究》──先客觀理解、次主觀詮釋、後從事分判；一言分判即已包含詮釋與理解在內，而一言詮釋也已包含理解在內──惟雖如此，然而本書卻仍是教育部與學界所認可，而能做為大學人文教師升等的代表著作。在此，筆者要誠心地向教育部的執事先生們致上深深的謝意。

　　由於目前人文學界理工化的情形非常嚴重，各大學對人文教師研究能力的評鑑都採理工科的標準：只重（通過審查機制的）單篇論文而不重專書，且每年都會要求教師要有論文發表，加上同一主題的期刊與研討會並非年年都會編纂、舉辦，同時教學、服務、計畫、輔導與招生等各種雜務煩身。在這樣的情況下，實在很難讓人文教師靜下心來，花幾年的時間思考、沉澱，來撰寫一本專書。因此，教育部能同意以單一主題的個人論文集，來做為大學人文教師升等的代表著作，不正值得筆者致上一份謝忱嗎──讓筆者能聚焦於某一主題，隨各期刊之徵稿與各國際研討會之舉行，而自在隨緣地從事學術研究！

　　三、本書十四篇論文的排列順序，並不以各篇論文的發表時間先後為準；而是「總論」（思路）在前、「分論」（儒、道、釋）在後：（一）先論「思路」：〈「建立中國哲學詮釋的主體性」的一組參照系〉、〈詮解與分判禪宗及佛教哲學的一組參照系〉與〈南宗禪與北宗禪之分判標準新論〉等三篇；（二）次論「儒家哲學」：〈周敦頤《太極圖說》「無極」與「太極」關係之研究〉、〈黃梨州的「理氣論」初探〉、〈試論黃梨洲哲學思想的特性〉、〈熊十力晚期體用哲學性格之衡定〉與〈儒學與現代化〉等五篇；（三）再論「道家哲學」：〈老子哲學新論〉與〈試論《莊子》的「道」、「氣」關係〉等兩篇；（四）最後則論「佛教哲學」：〈天台智顗的「一念三千」說析論〉、〈從「思路」論南宗禪的義理特性〉、〈道安本無思想初探〉與〈試論達摩禪法的義理特性〉等四篇。

　　之所以如此排列，理由有三：（一）「思路」為論述基礎與依據，儒、道、釋三家哲學則為論述的對象；（二）就傳統中華文化來說，儒家為主流；道家為支流；佛教則為旁流；（三）筆者的學術專長，依序是儒、道、釋（按：只

是因緣際會的關係，致筆者佛學論文數量多於道家），儒為主，道、釋為輔，故本文先總論思路，再依序分論儒、道、釋三家之學，不亦宜乎！

　　當然，對於本書的出版，筆者的心情乃是喜悅與感嘆夾雜的：喜悅的是這幾年的辛苦研究終於有了部分成果，出版本書就如同孕育了一個小寶寶一樣，充滿了「生之喜悅」；而感嘆的則是：當筆者前幾年看到了吳汝鈞先生在其《中國佛學的現代詮釋》、《中國佛教哲學名相選釋》與《游戲三昧：禪的實踐與終極關懷》等書中，所提及的「禪的發展有『分解的路向』與『綜合的路向』兩種：前者可名之為『即清淨心（性）是佛的路向』，達摩禪、早期禪與北宗禪等屬之；而後者，則可名之為『即一念（識、妄）心是佛的路向』，慧能和他所開創的南宗禪屬之」的說法時，內心不禁感慨係之：吳先生分判禪學的論點與筆者中國哲學的「兩型」說，其實是有些相似的。只不過他是直接由研究禪學而得到此論點；而筆者則是經過十多年的「由儒家哲學而道家哲學而佛教哲學」的研究歷程，艱苦曲折地初步獲得拙見。但因吳先生身居學界高位，任職於香港與台北的知名高校與研究機構；而筆者則蟄居鄉野，且任教於高雄的私立大學，故雖然筆者與吳先生之論點相近，但學界的評價便迥然有別了。如說吳先生深富創見與言之成理等，但對筆者之說卻多所忽視、誤解，甚至於嘲諷與批判等。筆者即曾見過若干篇論文徵引筆者「兩型」之說，但不是誤解與曲解拙意，便只是引來純粹批判與消遣一番。對此現象，筆者不禁感歎「勢」「位」在人類社會與學界之影響力了。

　　最後，本書之所以得以出版，筆者還要特別感謝內人孫淑婷小姐。她與筆者結縭十九年以來，不僅辭去在台北的優渥工作而隨我南下人地生疏的高雄，同時也一直在辛勤持家與相夫教子。由於她的賢淑體貼、犧牲奉獻以及全力支持我的教研工作，才能使我在幾乎沒有任何後顧之憂的情況下，而專心研究中國哲學，因此，筆者對她可是由衷感謝的。甚至於可以這樣說：雖然本書的每一篇論文都是筆者所親自寫就的，但其實內人至少是佔有一半功勞的——近於婚後夫妻各有一半財產之義，是以本書的出版，內人實在是居功厥偉的。她可說是我人生旅途與學術道路上的貴人及福星！

中國哲學理解、詮釋與分判之研究

目　　錄

論道家哲學

論佛教哲學

「建立中國哲學詮釋的主體性」的一組參照系
——「分解的思路」和「全體論與整體實存的思路」

壹、前　言

　　本文旨在對筆者一生研究的「主要問題意識」[1]——「如何建立中國學術文化詮釋的主體性[2]？」——中的「核心問題意識」（或「根本問題意識」）[3]——「如何建立中國哲學詮釋的主體性[4]？」[5]，嘗試作一說明與論述，以：一者，作為學術界詮解中國哲學的參考；二者，幫助讀者「清楚」且「相應」地詮解傳統中國哲人的思維方式與義理特性。[6]

　　而為了行文的便利與條理，以下將首先對本文的論述基礎——「分解的思

---

[1] 筆者一生的研究工作，基本上有兩大問題意識：一是「如何建立中國學術文化詮釋的主體性？」；二是「如何建立本土通識教育的品牌與特色？」。前者為「主要問題意識」，而與筆者中國文哲的學術專長緊扣；至於後者，則為「次要問題意識」，係由筆者的教育關懷、行政職務及中哲研究三者相結合所引發。

[2] 此「主體性」係開放的，而非封閉的主體性。換言之，「建立中國學術文化詮釋的主體性」，並不表示要排斥西學或其他文化系統中之學術。我們可以「參考」，也應該「參考」它們，但卻不宜直接「襲用」它們，或是逕用它們的特性、型態及框架，來詮解、衡量與判定中國學術文化的內容、特性與價值等。

[3] 此處所謂「核心」與「根本」二詞，皆指「最具有價值」或「具有價值上之最優先性」之意。

[4] 此「主體性」也是開放的，而非封閉的主體性。

[5] 本文以為：整個中國學術文化的「核心」與「根本」，乃是中國哲學，尤其是儒、道、釋三家之學。這是因為它（它們）既是宗教，也是哲學；既給傳統中國人價值觀、人生觀與世界觀，同時也深具安身立命與終極關懷的功能，故足以作為中國學術文化的「核心」與「根本」。我們可以這樣說：中國學術文化是一「母集合」，而中國哲學則是位於其核心部分，最具重要性的「子集合」。又，這樣的「核心問題意識」，其實也可表示為以下的問題意識：負面消極地說，我們如何能避免用「逆格義」的方式，或是如何能不襲用西方哲學的理論架構，來詮解傳統的中國哲學；而正面積極地講，則是我們該如何「儘可能」地用「比較」道地的現代漢語白話文，來「清楚」並「相應」地詮解傳統中國哲學？

[6] 筆者認為：對中國哲學的詮解，「清不清楚」，是一個問題；而「相不相應」，則又是另一個問題。就算我們借用西學的理論架構，而將中國哲學詮解「清楚」了，但這並不代表此一詮解就是「相應」的，相反的，我們可能是戴著西學的有色眼鏡來看待與詮解中國哲學的，亦即：我們的詮釋其實是「西人眼裡的中國哲學」或是「為了給西方人看的中國哲學」，而非深具中國特色的道地中國哲學。

路」及「全體論與整體實存的思路」（即筆者所界定的「辯證的思路」），分別作一界定與說明，以使讀者了解它們的真實意義；接著再列舉「乾元」與「坤元」、「大體」與「小體」、「太極」、「心齋」、「太虛即氣」、「一沙一世界」，以及「良知是呈現」等七個例子，來進一步說明此兩種「思路」的不同，並深化讀者對它們意義的理解；最後則綜覽全文，並作出兩點結論，以簡要呈現本文的論點。

貳、「分解的思路」和「全體論與整體實存的思路」

　　本文的論述基礎，乃是「分解的思路」和「全體論與整體實存的思路」這兩種「思路」。而它們，也是筆者近幾年來分判宋明儒學與中國哲學為「兩型」[7]的主要依據及標準[8]。茲分別簡述如下：

　　本文所謂的「分解的思路」，其義係指：

> 　　思想家們基於他們的感官經驗或真實的存在感受，如：驚異、好奇、恐怖、罪惡、絕望、憂患、惻隱、羞恥、煩惱、痛苦與受束縛、不自由等，或窮知究慮地去構思一套存有層序的理論架構，來區分、解釋天地萬物和人類的生命、社會、歷史與文化等（按：此常見於諸多西方傳統哲人）；或經由實踐、體證而開顯出生命的某種境界或境地，於是對實存世界有一看法，並將此看法通過一套人為設計的概念與理論框架，來對實存世界作一區分與解釋（按：此有時見於某些中國傳統

---

[7]　筆者以這兩種「思路」，而將宋明儒學與中國哲學分判為「兩型」，並「不是」說：筆者心中早已先預存這兩種「思路」的成見，然後再去硬套宋明儒學與中國哲學，去「削」宋明儒學與中國哲學之「足」，而來「適」這兩種「思路」之「履」的；而「是」指：筆者先大量研讀宋明儒學與中國哲學的原典，經過了解、思考與體悟後，然後才發現宋明儒學與中國哲學，原來是可以用這兩種「思路」去分判為「兩型」的。

[8]　有關這兩種「思路」的詳細意義及其相關問題，請參見拙著：《宋明儒學新論》（高雄：高雄復文出版社，2005 年）與拙文：《劉蕺山哲學思想研究》（台南：成功大學中文所博士論文，2003 年）等。又，筆者近幾年來研究宋明理學與中國哲學時，所提出的分判標準原本為「分解的思路」與「辯證的思路」兩詞，但由於其中的「辯證」一詞，學界所熟知與習用者，乃是黑格爾與馬克斯兩人所說之義，亦即：他們的說法已成為「辯證」一詞的「傳統義」與「主流義」，是以筆者雖一直向人說明「辯證的思路」中的「辯證」一詞之義，乃筆者所自行界定的「系統義」，但仍有許多學者產生錯解或誤解。茲為避免上述情況再度發生，本文遂將「辯證的思路」一詞改為「全體論與整體實存的思路」一詞，並在其後以（即「辯證的思路」）或（辯證的思路）標示之，以信實傳達筆者之意。

哲人）的這樣一種思路。[9]

　　而具有這種思路的哲學家或思想家，在解釋宇宙人生時，是經常會預設著「超越的分解」的理論架構的。他們常會認為：一、宇宙人生，實際上是兩層或多層存有（在）的。而且這兩層或多層的存有（在），基本上乃是異質的。[10]它（祂）們可能是「兩物一體」、「兩物兩體」、「多物一體」或「多物多體」的；二、在現象世界之前、之上或背後，是有所謂獨立自存、永恆普遍的本體存在的。而這本體，若放在宋明儒學與儒家哲學的脈絡中來立論，則它所指的，主要就是：既「超越」又「內在」[11]的道德「實體」（或「原理」），我們可以用「天」、「道」、「理」、「仁」、「神」、「易」、「誠」、「良知」、「良能」、「善」、「太極」與「天理」等「詞」（或「稱謂」），來指點與稱呼它。

　　至於本文所謂的「全體論與整體實存的思路」（辯證的思路），其義則是指：

> 思想家們並不以一套人為設計的、分解的存有層序之理論架構，來區分、來框套，以及來解釋天地萬物及人類的生命、社會、歷史與文化等，而是直接就整個實存的宇宙人生之大化流行來說本體，並認為本體之中，本就含有相反而又相成，相滅而又相生，同時互為隱顯，渾然相融的兩股勢能或動力，如陰與陽、翕與闢、乾與坤或靜與動等。而由於它們之間彼此不斷地相互起作用，不斷地一陰一陽、一翕一闢、一乾一坤或一靜一動等，因而帶動或引發了整個實存的宇宙人生之生生不息和永續發展的這樣的一種思路。[12]

---

[9] 此義為筆者所自行界定的「系統義」。

[10] 拙見以為：程頤、朱子與老子即是較偏屬於「分解的思路」之思想家，如程朱的「理氣論」與老子的「道論」，基本上均預設著「超越的分解」：前者中的「理」與「氣」，為異層異質的存有（在）；而後者中的「道」與「天地萬物」，亦為異層異質的存有（在）。

[11] 本文中凡言「超越」，皆指「超經驗與超自然」之義：「超經驗」就「知識論」的脈絡說，至於「超自然」，則就「形上學」或「存有論」的脈絡說；而本文中凡言「內在」，則一概指「內在於人的生命之中，而為人的心性」之義。

[12] 此義也是筆者所界定的「系統義」。又，此處所說係「原初義」與「狹義」的「全體論與整體實存的思路」。它係筆者「原初」分判宋明理學為「兩型」時所主張者。此外，尚有「引申義」與「廣義」的「全體論與整體實存的思路」。它係筆者後來的研究範圍擴大至整個中國哲學（甚至是西方哲學）時所主張者。而它又可細分為：（一）以「陰陽」等兩股勢能或兩種狀態來說明宇宙本體（全體）之變化流行者（如易學與莊子學）；（二）以「陰陽」等兩股勢能或兩種狀態，以及「五行」相生相勝的架構，來說明宇宙本體（全體）之變化流行者

　　而具有這種思路的思想家，在解釋宇宙人生時，通常並不會預設著「超越的分解」的理論架構。他們並不認為宇宙人生乃是異質的兩層或多層的存有（在），也不認為在宇宙萬有之前、之上或背後，有所謂獨立自存、永恆普遍的本體存在；相反地，他們往往是就實存的宇宙人生之總體存在與流行來說本體，並認為本體其實是「一體兩面」或「一體多面」的。[13]

　　而我們若以上述兩種「思路」來詮解與衡定中國哲學，則本文以為：

　　一、程頤學、朱子學、老學與北宗禪學等，就「比較」近於「分解的思路」之學；至於《易》學、孔學、莊學、天台學、南宗禪學、橫渠學、蕺山學、船山學與梨洲學等，則「比較」偏屬於「全體論與整體實存的思路」（辯證的思路）之學。[14]

　　二、「全體論與整體實存的思路」（辯證的思路），才是傳統中國哲人看待宇宙人生的主流思維方式；同時「全體論與整體實存的思路」（辯證的思路）之學，也才是傳統中國哲學的主流與大宗所在。

　　不過，雖然筆者認為後者才是傳統中國哲學的主流與大宗所在，但目前兩岸學界對傳統中國哲學的詮釋，卻是以前者為主流與大宗的。不管是以往大陸唯心與唯物主義的論述，或是台港牟宗三先生等立基於「兩層存有論」的解釋，

　　（如劉蕺山與黃梨洲之學）；（三）不以「陰陽」或「陰陽」「五行」等，來說明宇宙本體（全體）之變遷發展，而是直接就實存的宇宙全體之大化流行來講本體者（如德人海德格之學）；（四）以「因果律」與「緣起法」來說明宇宙本體（全體）之生滅變遷者。此時本體（全體）只是一「空體」（如天台學與南宗禪學）等四種「次」類型。

[13] 拙見以為：張載、王船山、劉蕺山與黃梨洲等，即是比較偏屬於「全體論與整體實存的思路」（辯證的思路）的思想家，他們都是就「實存的宇宙人生之總體存在與流行」（如實存的「氣」、「心」、「意」、「獨」與「物」等）來說本體，並且基本上都沒有預設著「超越的分解」。

[14] 本文此處所說只是傾向上、程度上的差別而已，而並非指前後兩者可截然劃分。換言之，並非指程頤學、朱子學、老學與北宗禪學等，就一定百分之百是「分解的思路」之學的；而《易》學、孔學、莊學、天台學、南宗禪學、橫渠學、蕺山學、船山學與梨洲學等，就一定百分之百是「全體論與整體實存的思路」（辯證的思路）之學的。若究其實情，則此兩型之學到最後都必然是即形上即形下、形上形下通貫、交融為一而渾然不可分的，而且也必然是人我、物我與天人一體感通的。這是因為傳統的中國哲人，不管他們在思考或講學時，「分解」的性格有多強，其實都多多少少有些「全體論與整體實存」（辯證）的意味在。同時，他們所關注的重點，其實還是在個人生命與實存世界的轉化與提升上，因此，講論、實踐到最後，都是彼此會通的，都是要把「分解」取消掉而還原到具體實存的生命與世界的——人是世界中的人、世界是人的世界、即人即世界；形上是形下中的形上、形下是形上中的形下、即形上即形下即形上；實然世界是應然世界中的實然世界、應然世界是實然世界中的應然世界、即實然世界即應然世界，它們根本就是渾融一體而斷不可分的。

都是偏屬於「分解的思路」下之詮釋，而這實在是較為可惜的一件事。

　　而在對這兩種「思路」分別簡述之後，接著，我們將再舉七個中國哲學語詞的例子，來闡釋它們的意義，以幫助讀者更清楚、相應地理解它們及中國哲學的內涵。

<h2 style="text-align:center">參、兩種「思路」的七個例釋[15]</h2>

　　在本節中，我們將舉「乾元」與「坤元」、「大體」與「小體」、「太極」、「心齋」、「太虛即氣」、「一沙一世界」，以及「良知是呈現」等七個例子，來進一步解說上述兩種「思路」的不同，並深化讀者對它們意義的理解。以下即依次論述之。

一、「乾元」與「坤元」[16]：

　　此兩詞出自《周易》，乃是《周易》中相當重要的詞彙。我們可依上述的兩種「思路」來詮解它們：

　　依「分解的思路」，我們可將「乾元」理解、詮釋為：「乾」即是「元」，即是天地萬物的本元（創生原理），它乃是形上超越層的精神性實體；而可將「坤元」解為：（一）「坤」即是「元」，即是天地萬物的本元（形構原理），是形下現象層的物質性實體。當我們這樣詮解時，則形成「乾」、「坤」（或「心」、「物」）二元論，「乾」與「坤」乃是「兩體而兩名」的；（二）「坤」係配合與順承「乾」而為天地萬物的本元，但它自身並不是元，而是以「乾」為元。而當我們這樣詮解時，則仍是「乾」（心）一元論；至於「坤」，則只是附屬與搭配「乾」來說的而已！因此，雖有「坤元」一詞，但它並不是指「乾元」之外的另一元，而是收攝於「乾元」的，「乾元」與「坤元」兩者並不對等。

　　而若依「全體論與整體實存的思路」（辯證的思路），則我們可將「乾元」詮解為「乾之元」，但「乾」不完全就是元；可將「坤元」解為「坤之元」，但「坤」亦不完全就是元。「乾」、「坤」其實只是同一實存的宇宙本元（本體）的兩種特性、表現、作用或面向罷了，而不是兩元或兩體，故「乾元」即是「坤元」，「坤元」即是「乾元」：同是一「元」，就其精神性與陽明、向上、剛健、開發無息之闢勢的那一面向、作用或表現而言，稱之為「乾元」；就其物質性

---

[15] 本小節所論，有若干例釋係將拙著《宋明儒學新論》第二章中的例釋，作一精簡與修潤而成。

[16] 「乾元」與「坤元」二詞，請分別參見《十三經注疏‧1》（台北：藝文印書館，1982年），《周易上經‧乾傳》，頁10與頁18。

與陰暗、向下、柔順、閉錮不已之翕勢的那一面向、作用或表現而言，則稱之為「坤元」。「乾」「坤」只是一元；心、物只是一體。彼此雖稱謂有異，但實渾融為一體，故我們斷不可將它們視為二元或二物也。

二、「大體」與「小體」[17]：

此兩詞出自《孟子》。「大體」係能「思」的「心官」（良知）；而「小體」，則指「不思而蔽於物」的「耳目之官」（形軀）。我們也可用本文所說的兩種「思路」來詮解它們：

依「分解的思路」，我們可以將人的生命劃分為「形上」層的「大體」（心官），以及「形下」層的「小體」（耳目之官）兩層，並將它們視為兩種異層、異質的存在（有）：「小體」指形下、現象層的形軀、肉體，是「物質性」的感官存在；而「大體」則指形上、超越層的「良知」或「四端之心」，既是能自我立法的德性心靈或道德理性，是一純「精神性」的實體，是道德之根與價值之源。若這樣理解與詮釋，則「大體」與「小體」就是兩種異層、異質的存有（在）。

而若依「全體論與整體實存的思路」（辯證的思路），則我們可以將它們詮解為：人的整體實存生命的兩種官能或作用。它們乃是同一生命的兩個面向或表現，若借用黃宗羲的話語來說，則它們乃是「一物而二名，非兩物而一體也」[18]。亦即：若就我們的生命表現出自覺、如理、惻隱、是非、羞惡、恭敬、辭讓與人我、群己與物我整體和諧感通等這一面向和作用來說，則稱之為「大體」（心官）；而若就我們的生命表現出不自覺的、順動物本能的、僅依自然法則而行的，以及人我、群己與物我對立、矛盾與衝突的那一面向和作用來說，則稱之為「小體」（耳目之官）。它們其實只是一體的兩面而已，故「大體」，即是「體之大者」；而「小體」，則是「體之小者」也。[19]

三、「太極」[20]：

---

[17] 「大體」與「小體」二詞，請參見《十三經注疏‧8》，《孟子‧告子上》，頁204。

[18] 黃宗羲著、沈芝盈點校：《明儒學案‧下冊》（台北：華世出版社，1987年），卷44，〈諸儒學案上2〉，頁1064。

[19] 這裡的「大」、「小」，係依道德價值的有無或高低來分，而非就自然世界的物體體積大小或力量強弱來說。

[20] 本「太極」例釋，係將拙文：〈通識教育與儒家哲學——儒家式通識教育哲學之初探〉（《通識學刊—理念與實務》，第1卷第3期，2008年1月）的第肆節：「『太極』之諸義與儒家義的『太極』」內容，作一精簡與修潤而成。

此詞原出於《周易‧繫辭傳》：「易有太極，是生兩儀。兩儀生四象，四象生八卦。」[21] 對於它，我們也可以用本文所說的兩種「思路」來加以詮解：

若依「分解的思路」，則我們至少可將「太極」詮解為：

（一）形上超越層的「只存有而不活動」的精神性的靜態之「理」（理體或道德實體），它本身不具有形而上的活動性，而只靜穆地、寂然不動地做為形下現象層的一切存在與活動的最高、終極的依據與原理。[22]

（二）形上超越層的「即存有即活動」的精神性之「理」（理體或道德實體），本身具有活動性，為一生生之德，它可帶動、提升、轉化與潤澤形下現象層的物質性之「氣」，而使「氣」生生不息，並賦予它道德價值與意義。[23]

（三）具有「無」、「有」兩面向的形上超越之道體。它本身具有活動性，為一實現原理，而可帶動與轉化形下現象層的物質性之「氣」，而使「氣」生生不息。[24]

（四）形下現象層的宇宙原初的物質性之「氣」，係物質性的陰陽二氣未分前的統一體，且此「太極」之「氣」，乃是具有活動義的，因此可以衍生宇宙萬有，以及引發自然界的一切生成變化。[25]

（五）既內在又超越的良知善性——道德明覺與為善的能力。[26]

而若依「全體論與整體實存的思路」（辯證的思路），則至少可將「太極」詮解為：

（一）整體實存的宇宙大化流行之「氣」，同時此「太極」之「氣」，乃是融合精神與物質為一體，且具有活動義，能虛靈不測與變化不已，而引

---

[21] 「太極」本是較具儒學色彩的一個「稱謂」（或「詞」），而且在後來的宋明理學中，也不斷地被理學家們所闡釋與討論，因此，它可說是儒學與儒學發展史上很重要的一個稱謂；但由於在歷史上，道家（含道教）人物長期以來在理論探索和修養實踐中，大量地使用這個稱謂，並豐富它的意涵，因此，「太極」遂在儒家的面貌之外，另增添了道家的面向，同時也使它逐漸發展成為整個中國與東亞哲學史、思想史、醫藥史與武術史上的一個非常重要的稱謂。

[22] 此詮解可以朱子為代表。

[23] 此詮解可以（牟先生所詮釋的）《易傳》與《中庸》之學為代表。

[24] 此是以筆者所理解的老學之「道」來詮釋「太極」之義的。

[25] 此詮解可以張岱年先生及大陸許多唯物主義學者為代表。

[26] 此詮解可以陸象山與王陽明為代表。又，此詮解義近於（二），唯（二）較偏於客觀、超越面說，而此詮解較偏於主觀、內在面說。

發宇宙萬物的變化與活動。[27]

（二）宇宙原初那混沌無分、原始和諧的狀態。此時乃是物質、精神一體未分；陰、陽、五行之氣一體未分；應然、實然一體未分；價值、存有一體未分，以及形上、形下一體未分的宇宙最原初的狀態。[28]

（三）天人、人我、物我、群己、身心、兩性或是生理的陰陽、人與社會、人與自然整體和諧感通的狀態等。[29]

四、「心齋」[30]：

此詞原出於《莊子・人間世》，乃是莊子「工夫論」（或「修養論」）的一大重點。它的「形式意義」乃是「心的齋戒」，也就是讓我們的「心」時時處於「虛」（無）的狀態，故莊子才說：「虛者，心齋也。」但現在的問題是：「心齋」的「心」該如何詮解？因對「心」的詮解如有不同，則將會連帶影響到對「心齋」的詮解。對此，我們認為依然可依上述的兩種「思路」來詮解它們：

依「分解的思路」，我們可將「心齋」的「心」，理解成：那形上超越、虛一而靜的「道心」；可將「氣」，理解為：形下現象的物質性形軀。此時「心齋」，便可詮解成：那形上超越的「道心」，時時發揮「虛」（無）的作用，時時無執無為，而使自己處於虛一而靜、自然無待的境界。而因「心」（心理）是能主導「氣」（生理）的，故形上的「心」之「虛」，自然能引發形下的「氣」之「虛」，而使人的整體生命處於「虛」的狀態，亦即處於清通自然的狀態，這樣才能「虛室生白，吉祥止止」，才能使人安處於人間世而不傷。

而若依「全體論與整體實存的思路」（辯證的思路），則我們可將「心齋」的「心」，理解為：綜賅形上、形下一體來說的實存的生命之氣（的某種作用），在這樣的情形下，「心齋」其實就是「氣齋」，也就是讓我們的生命時時能「虛」，時時能無執無為，時時能隨順自然之道，能遣執蕩相、當下過當下忘，以使自己恆處於清通自然的狀態，如此也才能安處於人間世而不傷。

五、「太虛即氣」（或「虛空即氣」）[31]：

---

[27] 此詮解可以船山、蕺山與梨洲等為代表，但這是偏於「太極」自體的解釋。

[28] 此詮解可以船山、蕺山與梨洲等為代表，但這是偏於「太極」最初的狀態，或形容「太極」之無聲臭、無方所與無形狀所作的解釋。

[29] 這是筆者基於體悟與思辨所得，而提出的解釋。

[30] 「心齋」一詞，請參見郭慶藩輯：《莊子集釋》（台北：華正書局，1989 年），〈人間世〉，頁147。

[31] 「太虛即氣」一語，請參見張載：《張載集》（台北：漢京文化事業公司，1983 年），〈正蒙・

　　這是張橫渠與王船山哲學中非常重要的一個命題，對我們理解與掌握他們的哲學特性，實具有關鍵性的影響。當然，就像前四例的情形一樣，我們仍舊是可以用「分解的思路」和「全體論與整體實存的思路」（辯證的思路）這兩種「思路」，來解讀它的：

　　就「分解的思路」來說，當代學人對它至少有兩種代表性的解釋：

　　一是牟先生依其「兩層存有論」的哲學架構，而將「太虛」（或「虛空」、「太虛神體」等）與「氣」，解釋為兩種異層、異質的存有（在）：「氣」為形下層的材質或物質；而「太虛」則為形上超越層的「即存有即活動」之精神實體（實理）。它是「氣」的「實現原理」與「存在之理」，能引發與妙運「氣」，而使「氣」「生生不息」與「動靜聚散不滯」。至於「即」，則作：（一）「不即是」或「不等同」解；（二）圓融、通一無二義的「即於」、「不離」解。故「太虛即氣」，其義係指：那形上超越、永恆普遍的「太虛神體」，乃是即於、不離形下之「氣」，乃是遍潤形下之「氣」，而與之具體圓融地一體存在的。而這樣說，即含有「太虛神體」，「即在氣化之不滯處見，即在氣之聚散動靜之貫通處見」，以及「就氣化之不滯而見神體虛體之妙用」之義。[32]

　　二是許多大陸學者依其「唯物論」的立場，而將「太虛」與「氣」解釋為同質的關係，且說它們都是形下的物質性存在，若真要說它們有差別，也只是存在的狀態或形式不同而已。因此，他們遂把「即」解釋成「就是」，故「太虛即氣」，其義係指：「太虛」就是「氣」，而且就是「氣」本來與原初的狀態。[33]

　　而若依「全體論與整體實存的思路」（辯證的思路），則我們可將「太虛」與「氣」視為同質的關係，將「即」解成「就是」，且同質的它們，並不只是形下的物質性存在，而是總賅形上的精神與形下的物質一體來說的，借用唐君毅先生的話來說，就是「流行的存在」或「存在的流行」[34]。若真說它們有差別，也只是指涉相同而稱謂不同，或是存在的狀態或樣式不同而已。因此「太

太和篇），頁 8 與〈橫渠易說・繫辭上〉，頁 200 等處。另橫渠言及「太虛」與「氣」二詞之處甚多，讀者可自行參閱《張載集》的〈正蒙〉、〈橫渠易說〉與〈張子語錄〉等部分，茲不一一枚舉。

[32] 參見牟宗三：《心體與性體・第一冊》（台北：正中書局，1987 年），頁 457~461。

[33] 此說在先前的大陸學界十分流行，不管是張岱年、侯外廬、陳俊民、陳來或其他學人的看法，大致上均同於或近於此說。因此類著作繁多，故本文並不擬在此徵引。

[34] 參見唐君毅：《中國哲學原論・原教篇》（台北：學生書局，1984 年），章 4、5。

虛即氣」，其義便是指：「太虛」就是「氣」，而且就是「氣」本來與原初的狀態。此說就「太虛」與「氣」為同質關係的理解，在「形式意義」上，大致與上述的大陸學界之說相近或相同；但在「內容或實質意義」上，則此兩種說法便有很大的出入，這是因為大陸學界之說，基本上乃是以「唯心論（封建）──唯物論（進步）」的框架，去套用張載與船山哲學的，因此他們才會以物質來解釋「太虛」與「氣」，而說它們為同質的物質性存在，且這樣的物質性存在，乃是構成宇宙萬物的本體；而此說卻是就宇宙萬物之總體存在與流行，來說本體，來說「太虛」與「氣」，並將它們視為宇宙本體的不同面向與存在樣態。因此，它們並不只是形下的物質性存在，而是即形上即形下、即精神即物質、即理即氣、即虛即實的，故與大陸學界之說實在是迥然不同的。而這樣的說法，其實也就是筆者在〈張載天道論性格之衡定〉與〈王船山天道論性格之衡定〉二文 [35] 中所抱持的論點。

六、「一沙一世界」：

　　此原為佛門中語，本文在此僅因論述之需而借用它，故以下所說──不管是依「分解的思路」和「全體論與整體實存的思路」──之義，皆無需同於或近於它在佛門中的原義。就如同以上所舉的五個例子一樣，我們仍舊可以用上述兩種「思路」來詮解讀它，並賦予它新的意義：

　　依「分解的思路」，我們可暫時借用朱子「理氣論」中「理/氣」二分的架構，而分別將「沙」理解成：「形下的沙子」與「形上的沙子之（所以然的）理」；將「世界」理解成：「形下的『氣』世界與形上的『理』（太極）世界」。而因一物之理即萬物之理，故我們實可將此語理解為：每一粒形下的沙子自身，即具足一形上的世界之理，來做為它的本性或存在的依據；而「一沙一世界」，也可轉說成是「一沙一太極」，從一粒沙子中，即可見到宇宙萬物的終極真理。

　　而若依「全體論與整體實存的思路」（辯證的思路），則沙子與世界，都是連同形上與形下以及「理」與「氣」來說的，因此，此時我們便不可剖分或割裂它們，而說每一粒沙子只是世界的一小部分；而應整體實存地說：「一沙即是一世界」或「一世界即是一沙」 [36]：每一粒沙子都是宇宙本體的展現，都得

---

[35] 此二文俱收入拙著：《宋明儒學新論》一書中。

[36] 此兩「即」字，不宜解釋成「不離」，而應該解讀為「就是」。

到宇宙或世界的全部,而非一小部分為其本體,只不過此得到宇宙之全為其本體的一粒沙子,它所呈顯的是本體自身的物質(翕)性,而本體自身的精神(闢)性在它那裏卻是潛隱的。相較於萬物之靈的人類來說,當我們說「一人一世界」時,同樣是得到宇宙之全而為人之本體,同樣是宇宙本體在人身上的展現(筆者案:沙子、人與天地萬物,在全體論的思路下,都是同一宇宙本體的不同展現或面向,他(它)們同得宇宙之全為其本體,均不可說只是世界的一部分),但此時所展現的便不只是本體物質性的那一面,而更有精神性的那一面,同時對於一位能時時自覺地從事道德實踐的聖哲來說,如孔子等,他所展現的精神性還常能遍潤與主導其物質性,而引發、帶動其生命與宇宙——不,其生命即是宇宙——向前、向上地不斷精進與發展,不斷地一陰一陽、一翕一闢,只他生命之流行即是天地之流行,只他生命之「化」即是天地之「化」,人即是世界,世界即是人,彼此再也無分別!

七、「良知是呈現」[37]:

語出當代新儒家第一代宗師熊十力先生。熊先生對馮友蘭先生所持「良知是一假設」的論點頗不以為然,因此乃加以批駁,並提出「良知是呈現」的主張[38]。但問題是:我們該如何來詮解此一語句呢?對此,本文以為仍可依「分解的思路」和「全體論與整體實存的思路」(辯證的思路)這兩種思路,來詮解它們:

若依「分解的思路」,則我們便可將「良知是呈現」,詮解成是:那既超越又內在而為「乾坤萬有基」[39]的形而上之良知本體,在形而下的形軀氣質中真實地呈現、感通與發用。而因良知之感通與發用,乃是與物無對的,乃是要及物潤物與體物不可遺的,故才一說「良知是呈現」時,其實便已涵形上、形下通貫、交融為「一體」——同時是道德實踐與存有論的——之義。[40]

---

[37] 此語亦作:「良知是一呈現」或「良知是一真實呈現」等。

[38] 牟先生在回憶他與熊十力先生的師承關係時,曾說:「三十年前,當吾在北大時,一日熊先生與馮友蘭氏談,馮氏謂王陽明所講的良知是一個假設,熊先生聽之,即大為驚訝說:『良知是呈現,你怎麼說是假設!』吾當時在旁靜聽,知馮氏之語底根據是康德。(馮氏終生不解康德,亦只是這樣學著說而已。至於對良知,則更茫然。)而聞熊先生言,則大為震動,耳目一新。吾當時雖不甚了了,然『良知是呈現』之義,則總牢記心中,從未忘也。今乃知其必然。」參閱牟宗三:《心體與性體・上冊》(上海:上海古籍出版社,1999 年),頁 153。

[39] 此係王陽明之用語。

[40] 此處所說係依王陽明哲學之立場來詮解。

　　而若依「全體論與整體實存的思路」（辯證的思路），則我們可將「良知是呈現」，詮解成是：良知乃是人的具體、真實存在之生命情境與道德感受，如：人的人我、物我或天人相通的一體感、和諧感等；或者是「實存的心」之自覺的、合理的與常態表現的那一面[41]。而這樣的說法，乃是連同形上（的精神、心或理）與形下（的軀體、物或氣）一起講的，而且是即形上即形下、即形下即形上，兩者是一體存在與呈現－－不，根本就是渾然為一而不可分的，因此，此義的「良知是呈現」，和「分解的思路」中之「良知是呈現」義，事實上是有所不同的。

肆、結　論

　　經由以上的論述，我們可以得到以下的兩點結論：

　　一、我們確實是可以依「分解的思路」及「全體論與整體實存的思路」（辯證的思路）這兩種「思路」，來看待與詮釋中國哲學的。而中國哲學，不管是儒家、道家或佛教哲學等，也的確是存在著「分解的思路」及「全體論與整體實存的思路」（辯證的思路）這兩種不同型態之學的。因此，像「乾元」與「坤元」、「大體」與「小體」、「太極」、「心齋」、「太虛即氣」、「一沙一世界」，以及「良知是呈現」等語詞，以這兩種不同的「思路」來解讀，就自然會得到不同的結果。

　　二、雖然中國哲學可概分為「分解的思路」之學，以及「全體論與整體實存的思路」之學這兩型，但其實後者才是中國哲學的主流所在。像《易》學、孔學、莊學、天台學、南禪學、橫渠學、蕺山學、船山學與梨洲學等，基本上都是偏屬於這一型的學問。但可惜的是：當代兩岸學界對中國哲學的詮釋，卻是以「分解的思路」為主流的。不管是先前大陸在「二元對立」思考模式下的「唯心論」與「唯物論」的論述，或者是台港牟宗三先生預設「超越的分解」架構之「兩層存有論」的解釋，基本上都是屬於「分解的思路」下之詮釋。因

---

[41] 此處所說係依王船山哲學之立場來詮解。又，在「全體論與整體實存的思路」（辯證的思路）中，說「良知是呈現」，其義係指那「具體、真實存在的生命情境與道德感受」時，所重在「合」；而說「良知是呈現」，其義係指「實存的心之自覺的、合理的與常態表現的那一面」時，所重乃在「分」，然不論是「分」是「合」，它們都是在「全體論與整體實存的思路」（辯證的思路）下所說的。

此，兩岸學界對中國哲學的詮釋，縱然有些算得上是「清楚」——尤其是牟先生的詮釋，但卻有許多是不「相應」的。

　　本文曾發表於「第十六屆國際中國哲學大會」（台北，中國哲學會・輔仁大學，2009 年 7 月 8 日~12 日），並經筆者修潤而成。

詮解與分判禪宗及佛教哲學的一組參照系
——「分解的思路」和「全體論與整體實存的思路」

壹、前　言

筆者撰寫本文的問題意識，主要是：

> 有沒有什麼樣的標準或參照系，可以作為學界「清楚」且「相應」地詮解與分判禪宗及佛教哲學的參考呢？[1]

而由上述的問題意識出發，筆者於是聯想到了：可以用自己對宋明理學分系與中國哲學分型問題的研究成果為基礎，來撰寫本文。而這樣的想法與作法，並非是以「佛」學屈就於宋明「儒」學與中國哲學，而是筆者學術研究的自然發展，因此，可以這麼說：本文不僅是筆者宋明理學分系問題研究的一個延伸，同時也是筆者中國哲學分型問題研究的一小部分成果。

筆者多年前在台灣成功大學中文研究所攻讀博士學位時（1998~2003 年），由於對牟宗三先生及歷來學人的宋明理學分系說感到疑惑與不安，因此乃下定決心來研究宋明理學的分系問題。而在撰寫了多篇論文（含博士論文）與一本專書後，筆者遂初步提出了以下的論點：

> 宋明理學，可概分成「分解的思路」之學，以及「全體論與整體實存的思路」[2]（即筆者所界定的「辯證的思路」）之學這兩種型態。如程

---

[1] 此問題意識至少包含兩個意義：一、雖然學界已有許多詮解與分判禪宗及佛教哲學的標準與參照系——真理觀、悟道次第、實踐工夫、偏重經典、解經態度、發願大小、住錫所在、傳法區域與信眾階層等，但本文想提出的卻是筆者發現的「新」的標準與參照系；二、對禪宗及佛教哲學，詮解得「清不清楚」是一回事；而詮解得「相不相應」，則又是另一回事。至於筆者之所願，則是詮解得「清楚」且「相應」也。

[2] 在本文中，「全體論與整體實存的思路」以及「全體論與整體實存的思路」（辯證的思路）二者可互用，其義相同。詳見第貳節與註15。

　　頤與朱子之學，「比較」近於「分解的思路」之型態[3]；而張載、王夫之與劉宗周（甚至於黃宗羲）等人之學，則「比較」近於「全體論與整體實存的思路」（辯證的思路）之型態。[4]

　　原本筆者所關注的只是宋明理學及其分系問題，但之後隨著研究視域與關懷層面的逐漸擴大，筆者竟然意外地發現到：

　　不僅宋明理學可概分為「分解的思路」之學，以及「全體論與整體實存的思路」（辯證的思路）之學這「兩型」，就連道家與佛教哲學等[5]，也都可概分為這「兩型」：老子哲學、北宗禪學與華嚴學等，「比較」近於「分解的思路」之型態[6]；而莊子哲學、南宗禪學與天台學等，則「比較」近於「全體論與整體實存的思路」（辯證的思路）之型態。[7]

　　惟筆者雖有上述發現，但因長期以來的研究重心乃是宋明理學與儒家哲學，平時心中所思、口裡所講與筆下所寫，多半是「志於道、據於德、依於仁、游於藝」（《論語・述而》）與「天道性命相貫通」[8]之學；加以又陸續擔任校內外的許多行政職務，諸事纏身；同時在三年的本校通識教育中心主任任內，對通識教育又多所關注，並寫了近十篇的通識教育論文，因此，截至目前為止，對上述的發現，筆者所論述與證成的，仍是以宋明理學與儒家哲學為主；而在

---

[3]　此因程、朱二人之學皆「有」預設著「超越的分解」架構之故。如：他們所說的「理」與「氣」、「性」與「心」，均為「形上超越」層與「形下現象」層之關係：「理」與「氣」為異層異質；「性」與「心」也是異層異質。

[4]　此因張、王、劉、黃等人之學均「無」預設著「超越的分解」架構之故。如：他們皆反對將「理」、「氣」二分，反對將兩者視為異層異質的存在（有）；而主張「理」、「氣」是一，是同一實存的宇宙本體的兩個不同的面向或特性，是「一體之兩面」與「一物而兩名」，是整體渾融地存在與呈現的。

[5]　其實若擴大來說，則連西方哲學也是可概分成此「兩型」的。如：從柏拉圖、亞理斯多德以降，經中世紀耶教神學，以迄大部分的近代哲學，都是比較接近「分解的思路」的型態之學——不是預設著「超越的分解」，就是有著各種對立性或分立性的思維；而海德格與沙特等若干存在主義哲學家之學，則比較近於「全體論與整體實存的思路」的型態之學。

[6]　此因老學、北宗禪學與華嚴學均預設著「超越的分解」架構之故。

[7]　此因莊學、南宗禪學與天台學均「不」預設著「超越的分解」架構之故。

[8]　「天道性命相貫通」一詞語，係牟宗三先生對儒學與宋明儒學本質及特性的規定。它本由張載《正蒙・誠明》中的「天所性者通極於道，氣之昏明不足以蔽之；天所命者通極於性，遇之吉凶不足以戕之」等語句所精簡而得，並經由牟先生竭力闡發其意涵而為學界所周知者。

道家哲學方面,則僅正式撰寫過兩篇論文[9],來論述老學與莊學分屬不同的「兩型」而已;至於佛教哲學部分,則只有寫過一篇〈天台智顗的「一念三千」說析論——試為「一念三千」說進一新解〉,來說明天台學近於「全體論與整體實存的思路」(辯證的思路)的型態。而筆者的另一篇佛學論文:〈「人間佛教」研究的幾個問題之釐清與省思〉,則與此「兩型」之學無關,故筆者對佛學「兩型」的論述,實在是十分缺乏的,同時也是亟需補強的。

因今年(2011 年)六月,筆者有幸獲邀參加由湖北黃梅四祖寺所舉辦的「第二屆『黃梅禪宗論壇』」,故便藉此善緣再重新研讀禪學與佛學的諸多著作,希冀將禪學與佛學可分成「兩型」的論點撰成兩文。而本文,便是其中的第一篇。它最主要在提供一個標準與參照系,來作為學界詮解與分判南北宗禪學與佛教哲學的參考;並幫助讀者「清楚」且「相應」地理解:傳統禪學與佛教高僧大德的思維特徵及義理型態。

由於近年來筆者對「分解的思路」及「全體論與整體實存的思路」(辯證的思路),又有更深入與更寬廣的思考及體會,因此,以下本文將首先對它們的意義作一界說,以使讀者了解它們的實義;接著再枚舉「色即是空」與「空即是色」、「即『心』是佛」以及「觸類是道」等三個例子,來進一步說明此兩種「思路」的差異,以期深化讀者對它們意義的理解;最後再綜覽全文,並作出簡要的兩點結論,以與「前言」之所說遙相呼應。

由於個人的才學低淺、見識疏漏,加以多年來一直致力於宋明理學與儒家哲學的研究,因此,本文必有不少言不當、理乖謬或值得商榷之處,尚祈與會的諸位高僧大德、專家先進及博雅君子們能惠賜南針、不吝指正為荷!

貳、「分解的思路」和「全體論與整體實存的思路」

一、「分解的思路」之義

本文所謂「分解的思路」,其義(按:此義為筆者自己所作的「系統的定

---

[9] 此兩篇拙文分別是:〈老子哲學新論─以「道」的特性為核心的探討〉(《高苑學報》第 13 卷,2007 年)以及〈試論莊子哲學的「道」、「氣」關係──從「心齋」的兩種理解方式談起〉(「第二屆道家道教養生學術研討會」,高雄,高雄師範大學國文系,2009 年 10 月 11 日)。

義」[10]）係指：

> 思想家們基於他們的感官經驗或真實的存在感受，如：驚異、好奇、恐怖、罪惡、絕望、憂患、惻隱、羞恥、煩惱、痛苦與受束縛、不自由等，或窮知究慮地去構思一套存有層序的理論架構，來區分、解釋天地萬物和人類的生命、社會、歷史與文化等（按：此常見於諸多西方傳統哲人）；或經由實踐、體證而開顯出生命的某種境界或境地，於是對實存世界有一看法，並將此看法通過一套人為設計的概念與理論框架，來對實存世界作一區分與解釋（按：此有時見於某些中國傳統哲人）的這樣一種思路。

而具有這種思路的思想家，在看待與解釋宇宙人生時，常常會預設著「超越的分解」架構[11]。他們常會認為：一、宇宙人生，實際上是兩層或多層存有（在）的。而且這兩層或多層的存有（在），基本上乃是異質的；二、在宇宙萬象之上或背後，是有所謂的「本體」來作為它們的終極依據的。而這「本體」，可以是「實有」或「實在」的，也可以是「虛無」或「空幻」的；可以是「實體」[12]，也可以是「空體」[13]；可以是主觀說的「心」，可以是客觀說的「性」，

---

[10] 「分解」一詞可有多義，它包含了語文的分解、邏輯的分解、經驗的分解、心理的分解與超越的分解等。而本文所謂「分解的思路」中之「分解」一詞，其義則是筆者自己所作的「系統的定義」。它包含了「超越的分解」，以及各種對立性、分立性的思維在內。如預設「超越的分解」架構的程朱的「理氣論」（形上的「理」與形下的「氣」異層異質）；老子的「道論」（形上的「道」與形下的「天地萬物」異層異質）；柏拉圖的四層存有論；耶教的神與世界、天國與人間二分；康德的現象與物自身二分，以及充滿對立性思考的心物二分、善惡二分、個人與團體二分、資本主義與社會主義二分、應然與實然二分等皆屬之。

[11] 「超越的分解」下所區分出的「形上」與「形下」，若放在中國哲學（儒、釋、道）的義理脈絡中來說，則至少有「存有論」、「知識論」、「工夫論」、「境界論」與「價值論」等方面的意涵：就「存有論」來說，「形上」係超越，「形下」係現象之意；就「知識論」來說，「形上」係先驗，「形下」係經驗或後驗之意；就「工夫論」來說，「形上」係智的直覺之顯用（覺），「形下」係智的直覺之潛隱之意（未覺、不覺）；就「境界論」來說，「形上」係已覺的聖人、真人與佛菩薩的心靈、生命與所見世界的境界，而「形下」則是未覺的凡人、常人與小人的心理、生命與所見世界的層次；而就「價值論」來說，則「形上」係指最高或絕對的價值（根源、標準），而「形下」則是相對的價值、無價值，甚至於是價值為負者。又，此處所說，筆者曾分別就教於王邦雄與黃連忠兩先生，並曾受李明輝先生著作之啟發，謹此致謝。

[12] 如程頤、朱熹所說的性體、道體與太極之理；基督宗教的上帝（耶和華）；伊斯蘭教的真主（阿拉）等，以及婆羅門教的梵天等，都是偏屬於「分解的思路」下之形上超越的「實體」。

[13] 如達摩與早期禪，以及以神秀為首的北宗禪所說的真性、真心與清淨心等，就是偏屬於「分

也可以是絕對說的「道」；可能是具有意志的人格神，可能是不具有意志的法則或規範；可以是靜態的形上原理或理型，也可以是動態的絕對精神、動力或動能。總之，它（祂）是超經驗與超自然的。當然，就中國哲學──尤其是儒、釋、道三家哲學──來說，則它（祂）常是既「超越」又「內在」的。[14]

　　而這種「分解的思路」型態之學，若單就禪宗思想來說，則達摩與早期禪，以及以神秀為首的北宗禪可謂近似之。這是因為它們都預設著「超越的分解」架構，而把真性、真心或清淨心等置於形上超越層，把它（們）看成是成佛的基礎與潛能；同時把宇宙萬象與世間萬法等置於形下現象層，於是造成了形上與形下二分；超越與現象二分；清淨的心性與染污的世間二分；理想與現實二分；真實與虛妄二分；先天與後天二分。如此一來，人生的目的與意義，便在於嚮往、體現與臻入形上超越的清淨本體界；而充滿染污與煩惱的形下經驗之現實、現象界，就變成負面與需克制的對象了。而這樣的思想與論點，其實就是典型的「分解的思路」型態之學了。

二、「原初義」與「狹義」的「全體論與整體實存的思路」

　　本文所謂「原初義」與「狹義」的「全體論與整體實存的思路」（辯證的思路），不僅是筆者最初分判宋明理學為「兩型」時，所理解及主張的「全體論與整體實存的思路」（辯證的思路）之義，同時也是筆者先前在《宋明儒學新論》（高雄：高雄復文圖書出版社，2005 年）、《劉蕺山哲學研究》（台南：成功大學中文所博士論文，2003 年）與多篇論文中所提及者。由於它是筆者研究中國哲學最初所理解與所使用者，也是意義最狹隘者，因此筆者遂稱呼它為「原初義」與「狹義」的「全體論與整體實存的思路」（辯證的思路）。此「思路」的意義（按：此義也是筆者自己所作的「系統的定義」[15]），係指：

解的思路」下之形上、超越的「空體」──是本體，但本體的內容仍是「空」的。

[14] 如：陽明的「良知」、老子的「道」與佛家的「自性清淨心」，都是既「超越」又「內在」的。又，本小節（一、「分解的思路」之義）所論，係將拙著：《宋明儒學新論》頁 31~33 的內容，作一精簡與修潤而成。

[15] 筆者原初所使用者為「辯證的思路」一詞，而非「全體論與整體實存的思路」一詞。但因為「辯證」一詞，眾所周知與習用者，乃是黑格爾與馬克斯兩人所說之義，換言之：他們的說法早已成為「辯證」一詞的「傳統義」與「主流義」，是以筆者雖一直向人說明「辯證的思路」中的「辯證」一詞之義，乃筆者所自行界定的「系統義」，但仍有許多學者產生誤解。為避免上述情況發生，筆者後來乃將「辯證的思路」一詞，改為「全體論與整體實存的思路」一詞，並常在其後標以（即筆者所界定的「辯證的思路」）、（即「辯證的思路」）或（辯證的思路），以信實傳達筆者之意。

　　　　思想家們並不以一套人為設計的、分解的存有層序之理論架構，來區
　　　　分、來框套，以及來解釋天地萬物及人類的生命、社會、歷史與文化
　　　　等，而是就整個實存的宇宙人生之大化流行來說本體，並認為本體之
　　　　中，本就含有相反而又相成，相滅而又相生，同時互為隱顯，渾然相
　　　　融的兩股勢能或動力，如陰與陽、翕與闢、乾與坤或靜與動等。而由
　　　　於它們之間彼此不斷地相互起作用，不斷地一陰一陽、一翕一闢、一
　　　　乾一坤或一靜一動等，因而帶動或引發了整個實存的宇宙人生之生生
　　　　不息和永續發展的這樣的一種思路。

　　具有這種思路的思想家，在解釋宇宙人生時，通常並不會預設著「超越的
分解」的理論架構。他們並不認為宇宙人生乃是異質的兩層或多層的存有，也
不認為在宇宙萬有之前、之上或背後，有所謂獨立自存、永恆普遍的本體存在；
相反地，他們往往是就實存的宇宙人生之總體存在與流行來說本體，並認為本
體其實是「一體兩面」或「一體多面」的。而若專就宋明儒學來說，則張橫渠、
王船山、劉蕺山（與黃梨洲）等人之學，便是偏屬於此一型態的。這是因為他
們的學問都沒有預設「超越的分解」架構，都是就「實存的宇宙人生之總體存
在與流行」——實存的「氣」、「心」、「意」、「獨」與「物」等——來說本體及
其發用之故。[16]

三、「引伸義」與「廣義」的「全體論與整體實存的思路」

　　在詮解中國哲學時，上述「全體論與整體實存的思路」（辯證的思路）的
意涵，其實並不夠周延，因為它只是筆者最初專門針對宋明理學的分系問題所
提出者，所以它只適合稱為「原初義」與「狹義」的「全體論與整體實存的思
路」（辯證的思路）。

　　事實上，「就整個實存的宇宙人生之大化流行來說本體」，是可以「實說
」，也是可以「虛說」的；而且所說的「本體」，可以是「實」、「有」與「恆常」
的，也可以是「虛」、「無」與「空幻」的；甚至，就連「說」的方式，也可以
有好幾種，因此，「全體論與整體實存的思路」（辯證的思路），其實仍是可再

---

[16] 本小節（二、「原初義」與「狹義」的「全體論與整體實存的思路」【辯證的思路】）所論，
　　係將拙著：《宋明儒學新論》頁 34~38 的內容，作一精簡與修潤而成。

細分成幾種「次」類型的。而我們若將「原初義」與「狹義」的「全體論與整體實存的思路」（辯證的思路）的意義加以擴大，那麼便可得到一個「引伸義」與「廣義」的「全體論與整體實存的思路」（辯證的思路）。同時此義的「思路」，至少還可再細分為四種「次」類型：

（一）以「陰陽」等兩股勢能或兩種狀態，來說明宇宙本體（全體）之變化流行者。[17]

（二）以「陰陽」等兩股勢能或兩種狀態，以及「五行」相生相勝的架構，來說明宇宙本體（全體）之變化流行者。[18]

（三）不以「陰陽」或「陰陽」、「五行」等，來說明宇宙本體（全體）之變遷發展，而是直接就實存的宇宙全體之大化流行來講本體者。[19]

（四）以「因果律」[20]或「緣起法」，來說明宇宙本體（全體）[21]之生滅變遷者。當然，在這樣的說法下，本體（全體）只是一「性空之體」（空體），而並沒有任何永恆不變、獨立自存的特性存在。亦即，它只是一虛說、權說與假說之體，而非普遍永恆之「實體」。

　　值得注意的是：具有此四大類型中任一者的思想家，在解釋宇宙人生時，通常也都不會預設著「超越的分解」的架構。他們並不認為宇宙人生乃是異質的兩層或多層的存有（在），也不認為在宇宙萬有之前、之上或背後，有所謂獨立自存、永恆普遍的本體存在；相反地，他們乃是就實存的宇宙人生之總體存在與流行來說本體的。

　　而第（四）次類的「全體論與整體實存的思路」（辯證的思路）型態之學，若單就禪宗思想與中國佛學來說，則天台學，以及由六祖惠能（慧能）所開

---

[17] 如《周易》（含經、傳）與莊學之義理特性即近似之。

[18] 如濂溪、橫渠、船山、戴山與梨洲學之義理特性即近似之。此外，依筆者初步理解，諸多漢儒，如董仲舒等人之學「可能」亦近似之。惟因筆者尚未撰成正式論文發表，故不敢直接斷定為「是」，而僅稱「可能」。

[19] 如存在主義者海德格哲學之義理特性即近似之。

[20] 此「因果律」之「因果」，並非指科學上所說的因果（因科學不處理本體的問題），而是指佛學上所說的因果。科學上的因果只適用於現象世界或物質世界，係一「狹義的因果」；至於佛學上的因果，則適用於一切法：適用於前世、今生與來世；適用於無始無終的時空與無量無盡的世界，故可說是一「廣義的因果」。

[21] 此處所謂「宇宙本體（全體）」，係包括一切世間與出世間法在內。

出的南宗禪 [22]可謂近似之。這是因為它們都沒有預設「超越的分解」架構，沒有把形上與形下二分；把超越與現象二分；把真實與虛妄二分；把理想與現實二分；把先天與後天二分，以及把清淨的心性與染污的萬物二分，而是直接以「因果律」或「緣起法」，來說明宇宙本體（全體）之生滅變遷的緣故。有關天台學的「全體論與整體實存的思路」（辯證的思路）型態與特性，可參閱其「性具」思想 [23]以及拙文：〈天台智顗的「一念三千」說析論──試為「一念三千」說進一新解〉[24]；而有關南宗禪的「全體論與整體實存的思路」（辯證的思路）型態與特性，則可參閱下文的「即心是佛」與「觸類是道」等例釋。

而在簡要說明了「分解的思路」，以及兩種意義的「全體論與整體實存的思路」（辯證的思路）後，接著我們便正式來舉例說明。

參、兩種「思路」的三個例釋 [25]

在本節中，我們將枚舉「色即是空」與「空即是色」、「即『心』是佛」以及「觸類是道」等三個例子，來進一步說明上述兩種「思路」的不同，並深化讀者對它們意義的理解。以下即依次論述之。

---

[22] 依筆者目前的研讀心得，南宗禪中的「洪州禪」（馬祖禪），即是相當典型的第（四）次類的「全體論與整體實存的思路」（辯證的思路）型態之佛學。其「平常心是道」、「觸類是道」，以及「全體是用」與「全用是體」的「即體即用」之體用觀，就是最明顯的佐證。

[23] 天台「性具」思想，至少包含四義：一、佛性具足一切法；二、佛性即是一切法；三、佛性具足於一切法之內；四、佛性具足一切善惡法門以教化眾生，以轉化世界。（按：此可參見牟先生：《佛性與般若》【台北：學生書局，1982 年】及吳汝鈞：《中國佛學的現代詮釋》【台北：文津出版社，1995 年】等書）其中，第一、二與四義即深富第（四）次類的「全體論與整體實存的思路」（辯證的思路）之型態與特性。

[24] 拙文的論點，主要是：智顗反對以「分解的思路」來看待「一念」（心）與「三千」（一切法）的關係，反對「心」在宇宙萬法之前、之上或背後，而為萬法之初因與根源的論點；而主張以「全體論與整體實存的思路」（辯證的思路），來看待「一念」與「三千」的關係，認為：「介爾有心，即具三千」與「祇心是一切法，一切法是心」，也認為：「心」（一念）與「一切法」（三千），甚至是「一心」、「一念心」、「法」、「三千法」、「三千世間」、「三千世界」與「宇宙萬法」等詞，其實都只是對宇宙本體的一個權宜性的稱謂而已！它們通通都是「假名」，都只是指點宇宙本體所顯現的不同樣貌或狀態罷了，彼此乃是「同指而異名」的。

[25] 本小節三例中所說的「全體論與整體實存的思路」（辯證的思路），皆指第（四）類的「全體論與整體實存的思路」（辯證的思路）。由於它們均是以「因果律」或「緣起法」，來說明宇宙本體（全體）之生滅變遷者。因此，本體（全體）只是「空」的，只是一虛說、權說與假說之「空體」，而非普遍永恆之「實體」。

一、「色即是空」與「空即是色」：

這是《心經》中極為重要的語句，對於我們理解與掌握大乘空宗、《般若經》群以及《心經》的哲學思想，實具有關鍵性的影響。所謂「色」，可指「美色」；可指「色身」；可指「形色」；可指「一切足以誘惑人心之外在人、事、物」[26]；亦可指「天地萬物或宇宙萬法」。在此，我們就以最廣義的「天地萬物或宇宙萬法」來說它；[27]而「空」，亦可說是「性空」、「無自性」等，係指天地萬物或宇宙萬法皆是因緣生起，並沒有永恆不變、獨立自存的本性之意。它指涉絕對的真理，代表著世界的實相。[28]

對於此兩語句，本文以為是可以分別透過「分解的思路」和「全體論與整體實存的思路」這兩種「思路」，來加以解讀的：

（一）「分解的思路」下之解讀

就「分解的思路」來說，我們可將「空」與「色」詮解為兩種異層、異質的存有（在）：「色」為形下現象層的自然世界與現實人間；而「空」則為形上超越層的「本體」（按：此本體只是「虛說」的「空體」，其本質或內容仍是「空」）及真理（空理）世界。它是「色」的形上原（空）理與依據，是天地萬物存在的真相與實情。

1、「色即是空」之二義：

在上述的情況下，說「色即是空」，便可有兩種意義：

（1）形下現象層的「色」之本性或真相，就是形上超越層的「空」理或

---

[26] 如孔子所說「君子有三戒」中的「少之時，血氣未定，戒之在色」句中的「色」字，若放在當代社會中來詮解，則可解釋成：足以誘惑少年人心理而使其迷失、陷溺的「一切外在人、事、物等」——電玩、歌舞、打球、飆車、賭博、毒品、網路、美色與援交等。

[27] 「色」一詞，各家解說不一。如陳義孝編著的《佛學常見辭匯》（收入《在線佛學辭典》），便將它解釋成：「指一切有形象和佔有空間的物質。色可分為內色、外色、顯色、表色、形色五種。內色是指眼耳鼻舌身之五根，因屬於內身，故名內色；外色是指色聲香味觸之五境，因屬於外境，故名外色；顯色是指我們常見的各種顏色，如青黃赤白等等；表色是指有情眾生色身的各種動作，如取捨伸屈等等之表相；形色是指物體的形狀，如長短方圓等等。」此處則為筆者對「色」一詞，所作的「系統的界定」。

[28] 其實，我們是可以從不同的角度與立場來詮解「空」，而獲得「空」之各種意義的。如龍樹在《大智度論》中，便提出「十八空」的說法；而牟宗三先生，更是將此「十八空」分成四大類。（請參見牟宗三：《佛性與般若·上冊》，頁 54~57 以及陳沛然：《佛家哲學通析》【台北：東大圖書公司，1993 年】，頁 21~27）惟本文所關注係集中於「色」與「空」的關係，故此處對「空」的解釋，比較偏於從客觀、現象與存有的角度，而比較不從主觀、心識與活動的立場來立論。

「空」性——「色」的本性或真相就是「空」。[29]亦即是：我們所處的這個現象世界與現實人間，若就其本性或實相來說，根本就是「空」的，就是「無自性」的。

　　（2）形下現象層的「色」，都是形上超越層的「空」理或「空」性的作用（用）與表現（相）——「色」就是「空」的作用與顯現。[30]換言之，天地萬物、宇宙萬法與現實人間中的「所有」形形色色的人、事、景、物，都承載著「空」之真理，都有「空」性涵藏於其中，也都是「空」（體）的「作用、功用」（用），以及「空」（體）的顯現與樣貌（相）。[31]

2、「空即是色」之二義：

　　而說「空即是色」，也至少有兩種意義：

　　（1）形上超越層的「空」，乃是存在、遍在於形下現象層的「色」之中的——「空」就在「色」中。[32]換言之，形上的「空」之真理及本性，乃是呈現於形下的現象世界與現實人間之中的。

　　（2）形上超越層的「空」，必須在形下現象層的「色」中來體證與表現——「『空』就在『色』中體證」或「體『空』就在『色』之中」。[33]亦即：形上的「空」之真理，一定要落實在形下的現象世界與現實人間之中來體現才可，而「不可離開現象世界到另一個虛無飄渺的境界中去體證空的真理。」[34]換言之，如果離開了形下的現象世界與現實人間，那麼就絕不可能體證形上的「空」理了。

（二）「全體論與整體實存的思路」（辯證的思路）下之解讀

　　而若就「全體論與整體實存的思路」（辯證的思路）來說，則我們可以將「空」與「色」，看成是「同一宇宙萬法或世界整體的兩個不同面向」：就宇宙萬法或世界整體的本質、本性或實相這一面向來說，以及就「已覺悟者」所見

---

[29] 此種說法至少兼具「存有論」與「認識論」的雙重意涵。

[30] 此種說法亦至少兼具「存有論」與「認識論」的雙重意涵。

[31] 筆者於此處之所以使用「體」、「相」、「用」三詞，係受《大乘起信論》之「三大」——「體大」、「相大」、「用大」，以及黃連忠先生：《禪宗公案體相用思想之研究》（台北：新文豐出版公司，1995年）之書名所啟發。不敢掠美，謹此周知。

[32] 此種說法亦至少兼具「存有論」與「認識論」的雙重意涵。

[33] 此種說法不僅兼具「存有論」與「認識論」的意涵，更具有「工夫論」與「實踐論」的意味。它教人一定要即「色」，而斷不可離「色」以體「空」，亦即：它教人一定要在人世間與現實界，實踐與修行佛道才可！

[34] 引自吳汝鈞：《印度佛學的現代詮釋》（台北：文津出版社，1995年），頁73。

者來說，稱之為「空」；而就宇宙萬法或世界整體的無數現象，而為我們的感官與心識所感知、攝取、了別與認知這一面向來說，以及就「未覺悟者」所見者來說，則稱之為「色」。「空」與「色」其實只是同「一體之兩面」而已。若用黃宗羲的話來說，則「空」與「色」，根本就只是「一物而二名」，而「非兩物而一體」[35]的。它們的指涉相同，而只是稱謂不同，以及說時的側重點不同而已：

　　「空」是內在地說，「色」是外在地說；「空」是潛隱地說，「色」是顯發地說；「空」是無形地說，「色」是有形地說；「空」是本性地說，「色」是表相地說；「空」是靜態地說，「色」是動態地說；「空」是內攝地說，而「色」則是發散地說；「空」是偏就「體」說，「色」是偏就「相」與「用」說。總之，「空」與「色」二詞乃是「同指而異名」的，它們都只是同一宇宙整體的暫時性與權宜性的稱謂及假名而已！

　　在這樣的理解下，於是我們便可說：「色即是空」其實就是「色即是空的色」；而「空即是色」，其實也就是「空即是色的空」，「色」、「空」根本就是一而二與二而一的：同一個世界或宇宙，從這一面來看叫做「色」，而從另一面來看就叫做「空」，因此，它們根本就是「即色即空」與「即空即色」的。

　　而這種「全體論與整體實存的思路」（辯證的思路）下的「空」、「色」關係，我們實可借用「冰水之喻」來輔助理解：

　　「空」就像「水」，是水的「化處」，是水純清淨的狀態；而「色」就像是「冰」，是水的「凝處」，是水較混濁的狀態。「水」與「冰」只是一箇；同樣地，「空」與「色」也只是一箇。「水」與「冰」只是同一「物」（H2O）的不同樣態而已：「水」是液態，是「化處」，是清淨的狀態；「冰」是固態，是「凝處」，是混濁的狀態；同樣地，「空」與「色」也只是同一宇宙整體的兩種不同面向而已：「空」是「化處」，是宇宙整體的理想面、真實面與本性面，而「色」則是「凝處」，是宇宙整體的現實面、變幻面與表相面。「空」與「色」，根本就是「當體全是」與「一體渾融」的。[36]

二、「即心是佛」[37]：

---

[35] 黃宗羲著、沈芝盈點校：《明儒學案·下冊》（台北：華世出版社，1987年），卷44，〈諸儒學案上2〉，頁1064。

[36] 此處的「冰水之喻」，請參閱拙著：《宋明儒學新論》，頁74〜76。

[37] 「即心是佛」，又稱「即心即佛」、「即心成佛」、「是心作佛」與「是心即佛」等。詳請參見

　　這是中國佛學與禪宗思想中很重要的一個詞語。對它意義與內涵的理解，是會影響到對中國佛學與禪宗思想特性的理解的。但現在的問題是：「即心是佛」的「心」該如何解讀？因為若對「心」的解讀不同，則將影響到對「即心是佛」的解讀，甚至於也會影響到對中國佛學與禪宗思想特性的解讀。

　　對此，本文認為仍是可以透過「分解的思路」和「全體論與整體實存的思路」（辯證的思路），來分別解讀它的：

（一）「分解的思路」下之解讀

　　依「分解的思路」，我們可將「即心是佛」的「心」，理解為：形上、超越、靈明、毫無染汙的「如來藏自性清淨心」（真心、本心、清淨心、真如心）。而當這樣理解時，則「即心是佛」便是「即超越的清淨心是佛」的意思。此時，我們乃是透過一「超越的分解」之方式，而把形上的「清淨心」與形下的「現象界」隔開，把「清淨心」從後天種種的染污成分抽離出來：「清淨心是超越的（transcendental）、清淨的（pure），現象界的種種事物則是經驗的（empirical）、染污的（delusive）。」[38]而單顯它的形上、超越、清淨與靈明的性格。同時，因為這「清淨心」（真心、本心，真如心）乃是我們成佛的基礎，以及覺悟世界真相的依據，所以它就是「佛性」。只要我們能依（形上的）「清淨心」的作用來修行與實踐，而把遮蔽它的所有（形下的）客塵煩惱污染全部掃除，那自然就會撥雲見日而讓（形上的）「清淨心」完全顯發出來，這樣最後就一定能覺悟而成佛了，而這正是「即超越的清淨心是佛」的意思。[39]

（二）「全體論與整體實存的思路」（辯證的思路）下之解讀

　　而若依「全體論與整體實存的思路」（辯證的思路），則我們可將「即心是佛」的「心」，理解為人日常生活中具體「實存的一念心」（實存的心）、「識心」

吳汝鈞：《中國佛教哲學名相選釋》（高雄：佛光出版社，1993 年），頁 110~111；《佛光大辭典》（高雄：佛光大藏經編修委員會，1988 年）之「即心即佛」詞條，以及陳義孝編著的《佛學常見辭匯》與丁福保編著的《佛學大辭典》（俱見 http://www.baus-ebs.org/fodict_online/）之「即心是佛」、「即心即佛」與「即心成佛」等詞條。

[38]　吳汝鈞：《中國佛學的現代詮釋》，頁 177。

[39]　如「如來禪」（含神秀所創的北宗禪在內）所講的「心」與「即心是佛」，基本上就是分別偏屬於「分解的思路」型態下的「如來藏自性清淨心」以及「即超越的清淨心是佛」。甚至於華嚴宗的「心」與「性起」思想，亦是偏屬於此一思路的。關於此義，可參閱吳汝鈞：《中國佛學的現代詮釋》、《中國佛教哲學名相選釋》與《游戲三昧：禪的實踐與終極關懷》（台北：學生書局，1993 年）三書中論及禪宗思想的部分；賴永海：《中國佛性論》（台北：佛光文化事業公司，1997 年），章 5 與章 6，以及牟宗三：《佛性與般若》，頁 1039~1042。

或「妄心」。[40]這樣的「心」已不是絕對清淨的主體及作用，而是雜有染污與煩惱的成分在內的。而當這樣理解「心」時，「即心是佛」便是「即實存的一念心是佛」或「即實存的心是佛」的意思。此時，我們並沒有預設「超越的分解」，而把「心」與「現象界」二分，把「心」說成是超越與清淨的，把「現象界」說成經驗與染污的。而是認為：「心」同時具有清淨與染污的成分及面向，我們所要做的實踐及修行，就是「要人就日常所表現出來的平常心、一念心中作一當下的轉化，一頓然轉化，以使人達到成佛的境界。」[41]亦即是要求人從日常當前的實存的一念心，作一種頓然的轉化，並從這頓然的轉化中體證佛性而覺悟成佛。這樣的工夫，所強調一種由當下、頓然的作用以體證「佛性」，即所謂「作用見性」是也。[42]

　　我們若用「冰水之喻」，來解讀「全體論與整體實存的思路」（辯證的思路）下的「即心是佛」，則可說日常生活中的「人心」（實存的心）乃是「冰水共存」的狀態。「水」是「化處」，代表清淨、明覺那一面；而「冰」則是「凝處」，代表污染、迷妄那一面。就日常所表現出來的「實存的一念心」，作一當下與頓然的轉化，以使人由凡成佛的「即心是佛」，就如同將實存、共存的「冰水」瞬間加熱，而使「冰水」中的「冰」全部融化成「水」，使所有的「冰水」完全轉化成清淨的「水」一樣。「冰水」中的「冰」、「水」是同質（同是 H2O）的，只是狀態（面向）不同耳；同理，「實存的心」中之清淨與明覺，以及污染與迷妄兩面，也是同質的，而只是存在的樣貌與面向不同耳。

三、「觸類是道」：

　　這是圭峰宗密在其《圓覺經大疏鈔》（卷三之下）中，對馬祖道一禪法特色的一個描述用語。它對於我們理解馬祖禪（洪州禪）及南禪的特性，有著關鍵性的影響。所謂「觸類」，可以「狹義」地單就個人生命講，而指個人「生命的各種內外在行為」；亦可「廣義」地就「生命自身及其所接觸到的一切人事景物」講，而指「宇宙萬法」或「天地萬物」。而所謂「道」，即指「佛道」或「佛性」。當「觸類」作狹義的「生命的各種內外在行為」解時，（狹義的）

---

[40] 賴永海先生將此「實存的一念心」或「實存的心」，稱之為「具體心」或「當前現實之人心」，以與清淨的「真心」相對舉。關於賴氏之說，請參《中國佛性論》，章 5 與章 6。

[41] 吳汝鈞：《中國佛學的現代詮釋》，頁 127。

[42] 如慧能所開創的南宗禪（祖師禪）一系所講的「心」與「即心是佛」，大致上就是分別偏屬於「全體論與整體實存的思路」（辯證的思路）型態下的「實存的一念心」以及「即實存的一念心是佛」義。甚至於天台宗的「心」與「性具」思想，亦可說是偏屬於此一思路的。

「觸類是道」便是指:「人類之任何思想與行為均為佛性之表現」(按:此為《佛光大辭典》之「觸類是道」解釋);而當「觸類」作廣義的「宇宙萬法」或「天地萬物」解時,則(廣義的)「觸類是道」,便是意謂:「天地萬物之任一物或宇宙萬法之任一法,均為佛性之顯現與表現」之義。

而對於此詞語,本文以為仍是可以透過「分解的思路」和「全體論與整體實存的思路」,來分別解讀其義的:

(一)「分解的思路」下之解讀

就「分解的思路」來說,「觸類是道」可有兩種解讀:

1、就個人生命來說的「觸類是道」義:

「道」與「觸類」為兩種異層異質的存有(在):「觸類」為形下現象層的「生命的各種內外在行為」;而「道」則為形上超越層的「佛性」。它是「觸類」的形上本性與根據,是「觸類」的真相與實情。在這樣的情況下,說「觸類是道」,其義便是指:

形下現象層的「生命的各種內外在行為」之任一者,都是形上超越層的「佛性」之顯示與表現,都有形上超越層的「佛性」涵藏於其中。不管是我們內心的任何一個意念、想法與決斷,或身體的任何一個言行舉止,全部都有「佛性」涵藏於其中,全部都是佛性之顯現與展現。

2、就宇宙萬法來說的「觸類是道」義:

此時,「道」與「觸類」亦為兩種異層異質的存有(在):「觸類」為形下現象層的「宇宙萬法」或「天地萬物」;而「道」則為形上超越層的「佛性」。它既是「觸類」的最後依據,也是「觸類」的真實本性。在這樣的情況下,「觸類是道」之義便是:

形下現象層的「宇宙萬法」或「天地萬物」之任一法、任一物,都是形上超越層的「佛性」之顯示與表現,都有形上超越層的「佛性」涵藏於其中。不管是我們生命的任何一個思、想、念、慮,喜、怒、哀、樂或言、行、舉、止,或者是我們生命所見、所聞、所聽、所感、所嗅、所覺與所觸的一切人事景物及山河大地,全部都是佛性之顯現與展現,全部都有「佛性」涵藏於其中。[43]

(二)「全體論與整體實存的思路」(辯證的思路)下之解讀

---

[43] 而當如此解時,則「觸類」便近似「分解的思路」下之「色」,「道」便是「分解的思路」下之「空」,而「觸類是道」便近於「分解的思路」下之「色即是空」了。

　　而若就「全體論與整體實存的思路」（辯證的思路）來說，則亦可有兩種解讀：

1、就個人生命來說的「觸類是道」義：

　　「道」與「觸類」係「同一生命整體的兩個不同面向」而已：就同一生命整體的本性或實相這一面向來說，以及就「已覺悟者」所見者來說，稱之為「道」（佛性）；而就生命整體的無數內外在行為與表現來說，以及就「未覺悟者」所見者來說，則稱之為「觸類」。「道」與「觸類」，其實只是「一物而二名」與「一體之兩面」而已。它們的指涉相同，而只是稱謂不同罷了。而當如此解時，則「觸類是道」之義，便是：「生命的任何一個內外在的行為，都是佛性『自身』的全部作用與表現」了。

2、就宇宙萬法來說的「觸類是道」義：

　　此時，我們可以將「道」與「觸類」，看成是「同一宇宙整體的兩個不同面向」：就宇宙整體的本性與實相這一面向來說，以及就「已覺悟者」所見者來說，稱之為「道」（佛性）；而就宇宙整體的無數存在與現象，而為我們的感官與心識所感知、攝取、了別與認知這一面向來說，以及就「未覺悟者」所見者來說，則稱之為「觸類」。「道」與「觸類」，仍只是同「一體之兩面」與「一物而二名」而已。它們所指是一，而只是稱謂與側重點不同罷了：

　　「道」是內在地說，「觸類」是外在地說；「道」是潛隱地說，「觸類」是顯發地說；「道」是本性地說，「觸類」是表相地說；「道」是無形地說，「觸類」是有形地說；「道」是靜態地說，「觸類」是動態地說；「道」是內攝地說，而「觸類」是發散地說；「道」是「理一」地說，而「觸類」是「分殊」說；「道」是偏就「體」來說，而「觸類」，則是偏就「相」與「用」說。總之，「道」與「觸類」二詞乃是「同指而異名」的，它們都只是同一宇宙整體的暫時、權宜與指點性的稱謂與假名而已！而當如此解時，則「觸類是道」之義便是：「天地萬物之任一物或宇宙萬法之任一法，都是佛性『自身』的全部作用與表現」了。[44]

　　這種「全體論與整體實存的思路」（辯證的思路）下的「觸類是道」，我們除了可透過上文所說的「冰水之喻」來理解外，也可透過「麵之一多喻」來理

---

[44] 在這樣的情形下，我們亦可說：「觸類」近似「全體論與整體實存的思路」（辯證的思路）下之「色」，「道」便是「全體論與整體實存的思路」（辯證的思路）下之「空」，而「觸類是道」便近於「全體論與整體實存的思路」（辯證的思路）下之「色即是空」了。

解：

　　所謂「麵之一多喻」，係宗密對馬祖道一禪法的說明。它係以「麵作多般飲食，一一皆麵」，來比喻：吾人生命的「起心動念、彈指、磬咳、揚扇，因所作所為，皆是佛性」自身的「全體之用」，而「更無第二主宰」，以及「貪瞋、煩惱並是佛性」與「全體貪瞋癡，造善惡，受苦樂故，一一皆性」，「故云觸類是道也」。在此喻中，「麵」比喻「佛性」或「道」（體），而「麵」本身所作成的「多般飲食」，則比喻成「佛性」（道）自身的作用所成的生命之所有內外在的行為與表現（用）。因「多般飲食，一一皆麵」，故生命之所有內外在的行為與表現，當然「皆是佛性」、「並是佛性」與「一一皆性」了。而這不就是「觸類是道」的真義了嗎？

　　雖然此喻係就個人生命來說的「觸類是道」義，但筆者認為：我們其實是可以將它的範圍擴大，而就宇宙萬法來說「觸類是道」的。而當作此解時，則「觸類是道」便是：我們的思、想、念、慮，喜、怒、哀、樂或言、行、舉、止，以至所見、所聞、所聽、所感、所嗅、所覺與所觸的一切人事景物及山河大地，「皆是佛性」、「並是佛性」與「一一皆性」了。

　　而所謂「水之一多喻」，則是筆者所自行構思與提出者。它可就個人生命來論「觸類是道」，也可就宇宙萬法來說「觸類是道」。它係以「水雖分成各種杯裝水、瓶裝水、罐裝水與桶裝水等，然一一皆水也」，來比喻：生命整體的一切內外在行為，以及宇宙萬法的任一法與天地萬物的任一物，都是「佛性」（道）自身的「全體之用」，「皆是佛性」、「並是佛性」與「一一皆性」。

　　在此喻中，「水」比喻「佛性」或「道」（體），而「水」本身所裝成的「各種杯裝水、瓶裝水、罐裝水與桶裝水等」，則比喻成「佛性」（道）自身的作用所成的生命之所有內外在行為與宇宙萬法的一切法（用）。因「水雖分成各種杯裝水、瓶裝水、罐裝水與桶裝水等，然一一皆水也」，故生命之所有內外在行為與宇宙萬法之任一法，當然是「一一皆性」而為「佛性」本身的全體大用了，而這不就是「觸類是道」的真義了嗎？[45]

---

[45] 雖然我們可以分別從「分解的思路」和「全體論與整體實存的思路」（辯證的思路），來解讀「觸類是道」的意義。但依筆者淺見，馬祖禪及南宗禪所說的「觸類是道」義，其實是比較近於第（四）類的「全體論與整體實存的思路」（辯證的思路）之型態的。若問筆者何以能作此斷定，則筆者將在下一篇論文中加以論述，於此則先作一交代耳。

肆、結　論

經由以上的論述，我們可以得到以下的四點結論：

一、雖然學界已有許多詮解與分判禪宗及佛教哲學的標準與參照系，如：真理觀、悟道次第、實踐工夫、偏重經典、解經態度、發願大小、住錫所在、傳法區域與信眾階層等，但本文認為：「分解的思路」以及第（四）次類的「全體論與整體實存的思路」（辯證的思路），其實也是可以作為學界「清楚」且「相應」地詮解與分判禪宗及佛教哲學之參考的。而且，我們若以此兩「思路」來詮解「色即是空」與「空即是色」、「即『心』是佛」，以及「觸類是道」等語詞，則自然會得到不同的結果。同時，禪學與佛學，也的確是存在著上述兩種不同「思路」之型態的。

二、「分解的思路」型態之學，若單就禪宗思想來說，則達摩與早期禪，以及以神秀為首的北宗禪可謂近似之。這是因為它們都預設著「超越的分解」架構，而把真性、真心與清淨心等置於「形上超越」層，把宇宙萬象與世間萬法等置於「形下現象」層之故。如此一來，遂造成了形上與形下二分；超越與現象二分；理想與現實二分；真實與虛妄二分；先天與後天二分；清淨的心性與染污的萬物二分。在這樣的情況下，人生的目的與意義，便在於嚮往、體現與臻入形上超越的清淨本體界，而充滿染污與煩惱的形下經驗之人世間與現象界，就變成負面與需克制的對象了。[46]

三、第（四）次類的「全體論與整體實存的思路」（辯證的思路）型態之學，若就禪宗思想與中國佛學來說，則天台學，以及由六祖惠能（慧能）所開出的南宗禪可謂近似之。這是因為它們都沒有預設「超越的分解」架構，沒有把形上與形下二分；把超越與現象二分；把清淨的心性與染污的萬物二分；把

---

[46] 本文所持以神秀為首的北宗禪，近似「分解的思路」型態之學的論點，其實在楊曾文先生的〈敦煌遺書中禪宗北宗文獻的學術價值〉（http://ccbs.ntu.edu.tw/FULLTEXT/JR-AN/102705.htm）一文中，亦可得到相當程度的佐證。該文提到：「神秀、普寂的北宗禪法……仍把身與心，外與內，染與淨等等對立的兩方加以嚴格的區別，並以此作為前提，然後把心、內、淨等置於主導地位，提出觀心看淨的禪法，通過嚴格的不間斷的禪觀修行，斷除『三毒心』，淨『六根』，最後才達到解脫。」楊先生雖未明言神秀、普寂的北宗禪法預設著「超越的分解」，但其實他的見解是與本文的論點相近的。讀者只要細繹「把身與心，外與內，染與淨等等對立的兩方加以嚴格的區別」與「以此作為前提，然後把心、內、淨等置於主導地位，提出觀心看淨的禪法」兩語句，便可知本文所言非虛。

理想與現實二分；把真實與虛妄二分，以及把先天與後天二分，而是直接以「因果律」或「緣起法」，來說明宇宙本體（全體）之生滅變遷的緣故。

　　四、雖然禪學與佛學可概分為「分解的思路」及「全體論與整體實存的思路」（辯證的思路）型態之學這「兩型」，但其實後者──如祖師禪（南宗禪）與天台學等──才是最具中國特色的佛學，而且是比較近於《易》學、孔學、莊學、橫渠學、船山學、蕺山學與梨洲學之特性的。因此，可以這麼說：上述「全體論與整體實存的思路」（辯證的思路）型態的各家之學，才是中國哲學的真正主流與大宗所在。

　　本文曾發表於「第二屆湖北『黃梅禪文化論壇』」（湖北黃梅，黃梅禪宗文化研究會‧黃梅四祖禪寺‧黃梅五祖禪寺，2011 年 10 月 26-29 日），並經筆者修潤而成。

南宗禪與北宗禪之分判標準新論

壹、前　言

　　本文旨在提出「分解的思路」和第（四）次類的「全體論與整體實存的思路」（辯證的思路）這一組參照系，以作為分判南宗禪與北宗禪 [1] 義理型態的一個新標準，並提供佛教的學術界與宗教界詮釋、理解禪宗（及佛學）的一個參考。

　　以下將分成四小節來論述：一為「既有的南宗禪與北宗禪之分判標準概說」。旨在概略說明既有的十三種南北宗禪的分判標準，以作為本文提出新論點的背景與預備；二為「南宗禪與北宗禪的新分判標準──『思路』」。旨在對本文所提出的南宗禪與北宗禪之新分判標準──「分解的思路」和第（四）次類的「全體論與整體實存的思路」（辯證的思路），略作說明，以：一者，分別呈顯它們的真實意涵；二者，使讀者據以理解下節中所舉三例的實義；三為「兩種『思路』的三個例釋」。旨在列舉「即『心』是佛」、「妄」與「真」，以及「生死」與「涅槃」等三例，來仔細解說兩種「思路」的不同，並使讀者對它們的意義，能有更深入的理解；四為「結論」。旨在綜覽全文，作出總結，並與前三節的內容作一呼應，以再次確認本文論點的合理性與相應性。

　　而在本文提出分判南宗禪與北宗禪的新標準前，實有必要對既有的各種分判標準作一概述，以使讀者：一者，了解禪宗分判標準的現況；二者，知悉本文所提新標準的「新」之所在。

貳、既有的南宗禪與北宗禪之分判標準概述

---

[1] 「南宗禪」係指六祖惠能（或慧能）所開創的這一系的新禪法；而「北宗禪」，則指神秀、普寂等一系的禪法。又，本文所提的「南宗禪」與「北宗禪」的新分判標準，其實也作為「祖師禪」與「如來禪」的新分判標準，此因「南宗禪」即「祖師禪」；而「北宗禪」之義理型態則承襲「如來禪」，並與「如來禪」相近、相似故也。

　　就筆者所知，既有的南宗禪與北宗禪之分判標準，至少有以下十三種 [2]。它們分別是：一、傳承法系；二、偏重經典；三、悟道次第；四、修行工夫；五、對人間世的態度；六、心性（佛性）觀；七、相對於傳統佛學的創新度；八、中國化（漢化）程度；九、信眾階層的屬性；十、弘法之地；十一、解釋經論的態度；十二、對諸佛菩薩的態度；十三、「路向」。[3] 以下即逐一簡述之 [4]。

一、傳承法系

　　既有的南宗禪與北宗禪之第一個分判標準，當然是兩宗的「傳承法系」（含創始人）有所不同：

---

[2] 這十三種分判標準只是相對，而非絕對的。舉例來說，當本文說「南頓北漸」時，並非意指南宗禪就絕對是「頓悟」，而毫無「漸修」的成分；亦非意指北宗禪就絕對是「漸修」，而毫無「頓悟」的成分；而是意謂：比較上來說，南宗禪是以「頓悟」為主；而北宗禪，則是以「漸修」為主的。又，這十三種分判標準並不是互相排斥，而是互相融攝的。例如：本文說南宗禪，相對於傳統佛學的創新度高，其實也就蘊含著其中國化（漢化）的程度深之意。

[3] 在這十三種分判標準中，第十三種的說法與本文所說有若干相似，但又有所差異。至於相似與差異何在，則詳見下文。又，這十三種分判標準還有「主要」與「次要」之分：前者如「傳承法系」、「悟道次第」、「修行工夫」、「相對於傳統佛學的創新度」與「弘法之地」等；而後者則如「對人間世的態度」、「信眾階層的屬性」與「對諸佛菩薩的態度」等。

[4] 因本節所說係「概述」性質，故對這十三種分判標準的出處，本文便不再一一詳細標明。讀者若欲得知詳情，可參閱《六祖壇經》的〈行由品〉、〈定慧品〉與〈坐禪品〉等十品之原文；印順：《中國禪宗史》（台北：正聞出版社，1978 年）；楊惠南：《禪史與禪思》（台北：東大圖書公司，1995 年）、《佛教思想新論》（台北：東大圖書公司，1990 年）；吳汝鈞：《中國佛學的現代詮釋》（台北：文津出版社，1995 年）、《中國佛教哲學名相選釋》（高雄：佛光出版社，1993 年）、《游戲三昧：禪的實踐與終極關懷》（台北：台灣學生書局，1993 年）；賴永海：《中國佛性論》（台北：佛光文化事業公司，1997 年）、賴永海主編《中國佛教百科全書》（上海：上海古籍出版社，2000 年）；于凌波：《改變歷史的佛教高僧》（台北：東大圖書公司，2002 年）；蕭登福：《道教與佛教》（台北：東大圖書公司，1995 年）；洪修平：《中國禪學思想史》（台北：文津出版社，1998 年）、《禪宗思想的形成與發展》（南京：江蘇人民出版社，2011 年）；菩提學社：《禪宗高僧言行錄》（台南：大孚書局，1989 年）；李中華注譯、丁敏校閱：《新譯六祖壇經》（台北：三民書局，2000 年）；任繼愈主編：《中國哲學發展史（隋唐）》（北京：人民出版社，1998 年）；杜繼文、黃明信主編：《佛教小辭典》（上海：上海辭書出版社，2003 年）；余威德：《唐代北宗禪發展研究——以玉泉神秀為中心》（花蓮：慈濟大學宗教與文化研究所碩士論文，2004 年）；黃青萍：《敦煌北宗文本的價值及其禪法——禪籍的歷史性與文本性》（台北：台灣師範大學國文研究所博士論文，2008 年）；慧昭法師：〈論《金剛經》人間佛教思想對南宗禪的影響與發展〉（《普門學報》第 13 期，2003 年 1 月）；楊曾文：《唐五代禪宗史》（北京：中國社會科學出版社，1999 年）、〈敦煌遺書中禪宗北宗文獻的學術價值〉 http://ccbs.ntu.edu.tw/FULLTEXT/JR-AN/102705.htm ）、〈禪宗北宗及期禪法〉（《國學網》 http://www.guoxue.com/discord/yzw/czbz.htm ）；《在線佛學辭典》（http://www.baus-ebs.org/fodict_online/），以及日本・宇井伯壽：《禪宗史研究》（東京：岩波書店，1935 年）等資料。

（一）北宗禪：以五祖弘忍傳法於其首席弟子神秀為準、為核心，並以神秀為創始人、為首要代表而開出的禪宗派別與系統。此系下開第二代的普寂、義福與巨方等，並綿延至第五代；上承五祖弘忍，並溯及初祖達摩，甚至於以達摩之前的求那跋陀羅為中土初祖。

（二）南宗禪：以五祖弘忍傳法於其晚年弟子惠能（或慧能）為準、為核心，並由惠能為創始人、為首要代表而開出的禪宗派別與系統。此系下開第二代的神會、慧忠、行思、懷讓與玄覺等，並一直綿延至當代 [5]；上承五祖弘忍，並溯及達摩祖師，且以達摩為中土初祖。

二、偏重經典

　　既有的南宗禪與北宗禪之第二個分判標準，乃是兩宗的「偏重經典」有所不同：

（一）北宗禪：以《楞伽經》與《大乘起信論》等經論為主，受到其「佛性」與「如來藏自性清淨心」等思想的影響特深。

（二）南宗禪：除了《楞伽經》與《大乘起信論》之外，更重視《般若經》系統的經典——尤其是《金剛經》，以及《維摩經》等，並深受其「般若」與「不二」等思想的影響。

三、悟道次第 [6]

　　既有的南宗禪與北宗禪之第三個分判標準，乃是兩宗所主張的「悟道次第」有所不同：

（一）北宗禪：主張悟道（覺悟）乃是一漸進式的過程，而非頓然、剎那間的體證。因此需要對我們的生命與內心「時時勤拂拭」，而「莫使惹塵埃」[7]。在「悟道次第」上屬於「漸教」與「漸禪」（逐漸證入真理、佛性之禪法）。

（二）南宗禪：主張悟道（覺悟）係當下頓然的體證，若悟「自性」，則「一

---

[5] 如：台灣佛光山的星雲法師與法鼓山的聖嚴法師，皆自認為是南宗禪的臨濟宗之正統繼承人，而且他們的信眾皆多達數百萬，並遍佈海內外，在當代有著極大的影響力；又如：日本的禪宗（南宗禪）於當代發展也很興盛，甚至於遠傳至歐美各地，是以本文才說：「南宗禪一直綿延至當代。」

[6] 其實此分判標準亦可併入「四、修行工夫」中，但本文為了凸顯出南宗禪「頓」與北宗禪「漸」的特質，遂單獨提出「悟道次第」一項，來作為南宗禪與北宗禪的一個分判標準。

[7] 《六祖壇經・行由品第一》。

悟即至佛地」[8]，便徹知「本來無一物」[9]，而頓悟的「眾生」也當下即
「是佛」，而無需分階段性，不用循序漸進。在「悟道次第」上屬於「頓
教」與「頓禪」（頓然體證真理、佛性之禪法）。

四、修行工夫

　　既有的南宗禪與北宗禪之第四個分判標準，乃是兩宗所主張的「修行工夫」
有所不同：

（一）北宗禪：重「禪定」；主張靜坐瞑想，以求安心與澄心；重視存養與顯
　　　發吾人的「自性清淨心」；著重「看心」、「看淨」，要求「專念以息想，
　　　極力以攝心」[10]，「教人凝心入定，住心看淨，起心外照，攝心內證」[11]；
　　　主張「依止於戒，心乃得定；依止於定，智慧乃生」[12]，亦即：「因戒
　　　生定、因定發慧，先修禪定，後得智慧」[13]。而若依台灣學者楊惠南之
　　　研究，則北宗神秀大師之修行工夫，計有五大特色：1、注重方法、次
　　　序；2、注重靜坐；3、注重身心的「不動」；4、注重內心的清淨、空寂
　　　而不「瞥起」（不起念頭）；5、注重念佛。[14]楊先生的研究十分詳盡，
　　　實可作為理解北宗禪修行工夫的重要參考。

（二）南宗禪：不重「禪定」，而重「禪悟」；不重視寂然默坐以安心、澄心；
　　　反對身心的「不動」；反對「教人凝心入定，住心看淨，起心外照，攝
　　　心內證」，而主張「外離相」、「內見自性不動」即是「禪」；「外於一切
　　　善惡境界心念不起」即是「坐」；「內不亂」即是「定」；「外禪內定」，
　　　是為「禪定」[15]；認為即靜即動，靜動是一；反對「先定後慧」與「先
　　　慧後定」說，主張「定慧一體，不是二。定是慧體，慧是定用」[16]，「定
　　　慧」如同「燈光」。「有燈即光，無燈即暗。燈是光之體，光是燈之用。

----

[8]　《六祖壇經・般若品第二》。
[9]　同註 6。
[10]　唐・張說：〈大通禪師碑〉。
[11]　《菩提達摩南宗定是非論（下卷）》，胡適校：《神會和尚遺集》（台北：胡適紀念館，1970
　　年），頁 285 ～ 286。
[12]　李中華注譯、丁敏校閱：《新譯六祖壇經》，頁 87。
[13]　同上。
[14]　楊惠南：《禪史與禪思》，頁 98~118。
[15]　《六祖壇經・坐禪品第五》。
[16]　《六祖壇經・定慧品第四》。

名雖有二，體本同一」[17]，故「定」與「慧」，實際上乃是「即體即用，即用即體」，乃是「一物之兩名」，而非「兩物而一體」也。

五、對人間世的態度

既有的南宗禪與北宗禪之第五個分判標準，乃是兩宗「對人間世的態度」有所不同：

（一）北宗禪：對人間世的態度較為疏離，認為出家、遠離現實人間修行較能避免諸多干擾及誘惑，對體證真理才能較有幫助，因此，此派中人多遠離塵囂，而幽棲於山林之中。佛法的「人間」性格較弱。

（二）南宗禪：對人間世的態度較為親和，認為在家、出家皆可修行，修行不一定要遠離人群，於現實人間中便可修行，便能體證真理，故幽棲山林修行，可（按：但絕不可只幽棲山林修行）；在家修行，亦可，而且在家修行更好、更有功效。佛法的「人間」性格甚強。此點由惠能所說的「若欲修行，在家亦得，不由在寺」[18]、「佛法在世間，不離世間覺。離世覓菩提，恰如求兔角」[19]，以及神會所說的「若在世間即有佛，若無世間即無佛」[20]等文句，即可證知。

六、心性（佛性）觀

既有的南宗禪與北宗禪之第六個分判標準，乃是兩宗的「心性（佛性）觀」有所不同：

（一）北宗禪：認為心性「本淨」；主張「眾生皆有佛性」──「佛性」僅就「因地」，而不就「果」地說。

（二）南宗禪：認為心性「本覺」；不只主張「眾生皆有佛性」，甚至於主張「眾生本來是佛」──「佛性」不僅就「因」地說，亦就「果」地說。

七、相對於傳統佛學的創新度

既有的南宗禪與北宗禪之第七個分判標準，乃是兩宗「相對於傳統佛學的創新度」有所不同：

（一）北宗禪：較為傳統，禪法的創新度較低，偏屬於或近於「如來禪」型態，承襲初祖達摩至五祖弘忍之禪法。

---

[17] 同上。
[18] 《六祖壇經‧疑問品第三》。
[19] 《六祖壇經‧般若品第二》。
[20] 《荷澤神會禪師語錄》。

（二）南宗禪：禪法的創新度較高，在承襲初祖達摩至五祖弘忍禪法的基礎上，融合了儒家的「入世」、「倫常」與（孟子）「萬物皆備於我」等精神，以及道家的「無為」、「簡約」與（莊子）「道在尿溺」等思想，並將傳統佛教中各種繁瑣的名相、複雜的理論與僵化的教條，全部予以捨棄或簡化，而創新成為一種對後世影響至深至廣的新禪法。

八、中國化（漢化）程度

既有的南宗禪與北宗禪之第八個分判標準，乃是兩宗的「中國化程度」（或漢化程度）有所不同：

（一）北宗禪：如上所述，因北宗禪較傳統，禪法的創新度較低，且偏屬於或近於「如來禪」型態，乃承襲初祖達摩至五祖弘忍之禪法，因此，其「中國化程度」（漢化程度）便較低，而比較不具中華文化的特色。我們甚至於可以這樣說：北宗禪，基本上仍是偏屬於重視「止觀」、「戒定」與「出世修行」的「印度禪」。

（二）南宗禪：亦如上所述，因南宗禪的禪法創新度較高，並將傳統佛教中各種繁瑣的名相、複雜的理論與僵化的教條皆予以捨棄或簡化，同時更融合了儒、道兩家的許多思想，因此，其「中國化程度」（漢化程度）便較高，而頗具中華文化的特色。我們甚至也可以這樣說：南宗禪乃是典型的「中國禪」。[21]

九、信眾的階層屬性

既有的南宗禪與北宗禪之第九個分判標準，乃是兩宗「信眾的階層屬性」有所不同：

（一）北宗禪：在北宗禪獨尊或南北宗並行時期，北宗禪因流行於長安、洛陽兩京之地與中原富饒之區，並深受皇家貴族與高官門第支持，故其信眾偏屬社會精英階層的王公貴冑與仕女大夫，因此，就「信眾的階層屬性」來說，北宗禪可謂「皇公貴族禪」與「高官門第禪」。

（二）南宗禪：因南宗禪的創始者六祖惠能不識字或識字甚少，其禪法較為簡易直截，加以流行於嶺南與長江中下游等當時的政教邊陲之地，故其信眾偏屬社會中下階層的勞動農工與失意文人，因此，就「信眾的階層屬

---

[21] 關於「七」、「八」兩分判標準，楊惠南的《禪史與禪思》之頁 77～94，以及蕭登福的《道教與佛教》之〈自序〉及頁 103~125 等，都有詳盡的說明，讀者可自行參閱。

性」來說，南宗禪可謂「普羅大眾禪」與「平民百姓禪」。

十、弘法之地

既有的南宗禪與北宗禪之第十個分判標準，乃是兩宗的「弘法之地」有所不同：

（一）北宗禪：因神秀本係北方洛陽人，並以長江中游的荊州玉泉寺為根據地而弘法，洎乎晚年及其之後的眾弟子們大多於長安、洛陽兩京與黃淮流域等中國北方弘法，故世乃稱之為「北宗禪」。

（二）南宗禪：因惠能本係嶺南人，得法之後並以嶺南的曹溪寶林寺為根據地而弘法，加以其眾多弟子們多半弘法於於南方──嶺南（珠江流域）與「江南」（長江中下游），故世乃稱之為「南宗禪」。

十一、解釋經論的態度

既有的南宗禪與北宗禪之第十一個分判標準，乃是兩宗「解釋經論的態度」有所不同：

（一）北宗禪：解釋經論的態度較為「客觀」，比較重視對經論的文字知解；以經論所說（經教）為主，依「經」而不依「人」（心之主觀體悟）；若以儒學來類比，則北宗禪之解釋經論，實近於經學家（漢學家）之「我注六經」與「格物致知」的解經方式。而實際上，北宗創始者神秀大師本身即是一位遍覽群經、飽讀詩書的學問僧，他對佛法的認識即是以「經教」為主，並從而依之來修行、踐履與體證。

（二）南宗禪：解釋經論的態度較為「主觀」；訴諸自家體悟，以「人」心之主觀體悟為主，而以「經」論之所說印證之；反對執著文字知解，認為若如此則會造成「文字障」，反而易形成修行與覺悟的障礙；認為「諸佛妙理，非關文字」[22]、若能自悟，則「口誦心行，即是轉經；口誦心不行，即是被經轉」[23]；主張「於念念中，自見本性清淨，自修、自行、自成佛道」[24]；而若以儒學來類比，則南宗禪之解釋經論，實偏屬於理學家（尤指陸、王一系）之「六經注我」與「正心誠意」的解經方式。事實上，南宗開創者惠能大師本身即是一位不識字或識字甚少的修行僧，他對佛法的認識即是以自家心性之「體悟」為主，並從而修行與踐

---

[22] 《六祖壇經・機緣品第七》。
[23] 同上。
[24] 《六祖壇經・坐禪品第五》。

履。

十二、對諸佛菩薩的態度

　　既有的南宗禪與北宗禪之第十二個分判標準，乃是兩宗「對諸佛菩薩的態度」有所不同：

（一）北宗禪：對諸佛菩薩的態度較為尊敬；較崇仰「外在權威」（諸佛菩薩神明），頂禮膜拜，燒香祈福，頌經唸佛，並有將之實體化的傾向。

（二）南宗禪：對諸佛菩薩的態度，由向外的尊崇而轉為向內的體悟；喜將諸佛菩薩收攝於一心，內心「慈悲即是觀音，喜捨名為勢至，能淨即釋迦，平直即彌陀」[25]，諸佛菩薩不在心外，而在心內；三身佛亦不在於心外，而在心中；歸依佛、法、僧三寶，即是歸依覺悟、正法與清淨。此一態度發展至南宗禪中後期，更顯極端，僧侶們竟敢喝佛罵祖，而把外在權威完全扯落下來。

十三、「路向」之不同

　　既有的南宗禪與北宗禪之第十三個分判標準，乃是兩宗之學的「路向」有所不同。此一標準，係由港台學者吳汝鈞先生所提出。他認為：「從哲學的立場來講，禪的發展有兩個路向。第一個是分解的路向，第二個是綜合的路向。」「如來禪」（含達摩至弘忍之禪法以及神秀、普寂系之北宗禪）為「分解的路向」；而「祖師禪」（南宗禪）則為「綜合的路向」。[26]茲為論述體例的一致性，以下本文仍將分論「北宗禪」與「南宗禪」，並將吳先生之說分別引入其中：

（一）北宗禪：屬於禪的第一種路向：「分解的路向」。「分解的路向可名之為『即清淨心是佛』路向……達摩和早期的禪法便是屬於這一路向，北宗禪也屬這一路向，這種禪法又稱作『如來禪』。它的特色是肯定一如來藏自性清淨心，以此作為成佛的超越的基礎（Transcendental ground）。它透過一分解的方式來肯定每一眾生都擁有一自性清淨心，而以此自性

---

[25] 《六祖壇經・疑問品第三》。

[26] 吳先生所持「分解的路向」與本文下節所將提出的「分解的思路」有些近似，但「綜合的路向」，則與本文下節所將提出的「全體路與整體實存的思路」（辯證的思路）有所不同；而且其說只專門用來解釋禪宗思想及佛教哲學。至於本文所說的「分解的思路」及「全體路與整體實存的思路」（辯證的思路），則是筆者十多年來由「宋明理學」而「儒家哲學」而「道家哲學」而「佛教哲學」的辛勤研究所得，因此兩者對禪宗見解的部分相似，是有「學人所見略同」之巧合成份在的。當然，筆者在知悉吳先生此一論點時乃是十分欣喜的，因為深感終於有知名學者與我見解相近了，也覺得拙論更具有說服力了，而不是憑空造論的。

清淨心的顯發與否來決定覺悟與迷執。這便是禪的第一種路向。」[27]

（二）南宗禪：屬於禪的第二種路向：「綜合的路向」。「這一路向可說是禪的主流，它從人的平常心或一念心講，即就人的平常心、一念心當下作一轉化而成佛。這平常心或一念心很可能是有染污的成份，它不是一個絕對清淨的主體性……慧能和他所開創的南宗禪大體上屬這一路向，強調一種當下的作用，所謂『作用見性』。這是『即一念妄心是佛』路向，我們也稱之作『祖師禪』。」[28]

　　上述為南宗禪與北宗禪既有的十三個分判標準，由於研究者可以依不同的角度與進路來看待與詮解南宗禪與北宗禪，而分別得到它們不同的面向或樣貌，因此，這十三種標準也都分別有其參考價值所在。

　　而在簡要說明了南宗禪與北宗禪既有的十三個分判標準後，接著我們將再提出第十四個分判標準——「思路」，以下即正式論述之。

參、南宗禪與北宗禪之新分判標準——「思路」[29]

　　本文所提南宗禪與北宗禪的第十四個分判標準——「思路」，共有兩類：一為「分解的思路」；二為「全體論與整體實存的思路」（辯證的思路）。而第二類又可再分成「原初義」與「狹義」的「全體論與整體實存的思路」（辯證的思路），以及「引伸義」與「廣義」的「全體論與整體實存的思路」（辯證的思路）兩種，故計有「兩類三種」。茲分別簡述之。

一、「分解的思路」

　　本文所謂「分解的思路」[30]，係指：

---

[27] 吳汝鈞：《中國佛學的現代詮釋》，頁 127。

[28] 同上。

[29] 本節（南宗禪與北宗禪之新分判標準—「思路」）所論，係將拙文：〈「分解的思路」和「全體論與整體實存的思路」——詮解與分判禪宗及佛教哲學的一組參照系〉（第二屆湖北「黃梅禪文化論壇」，中國。湖北。黃梅，黃梅禪宗文化研究會・湖北黃梅四祖禪寺，2011 年 10 月 26-29 日）第貳節的內容，作一修改與精簡而成。

[30] 「分解」有「語文的分解」、「邏輯的分解」、「經驗的分解」、「心理的分解」與「超越的分解」等。此所謂「分解的思路」中之「分解」一詞，其義係筆者自作之「系統的定義」。它包含了超越的分解，以及各種對立性、分立性的思維在內。如預設「超越的分解」架構的程朱的「理氣論」（形上的「理」與形下的「氣」異層異質）；老子的「道論」（形上的「道」與形下的「天地萬物」異層異質；柏拉圖的四層存有論；耶教的神與世界、天國與人間二分；康德的現象

思想家們基於他們的感官經驗或真實的存在感受，如：驚異、好奇、恐怖、罪惡、絕望、憂患、惻隱、羞恥、煩惱、痛苦與受束縛、不自由等，或窮知究慮地去構思一套存有層序的理論架構，來區分、解釋天地萬物和人類的生命、社會、歷史與文化等（按：此常見於諸多西方傳統哲人，如柏拉圖、多瑪斯與康德等）；或經由實踐、體證而開顯出生命的某種境界或境地，於是對實存世界有一看法，並將此看法通過一套人為設計的概念與理論框架，來對實存世界作一區分與解釋（按：此有時見於某些中國傳統哲人，如程頤、朱子等）的這樣一種思路。

具有這種思路的思想家，「大多」[31]會預設「超越的分解」架構[32]來看待宇宙萬象。他們常會認為：一、宇宙萬象，乃是異質的兩層或多層存有（在）；二、在宇宙萬象之上或背後，是有所謂的「本體」來作為它們的最高依據的。而這「本體」，可以是「實有」或「實在」的，也可以是「虛無」或「空幻」的；可以是「實體」[33]，也可以是「空體」[34]；可以是主觀說的「心」，可以是客觀說的「性」，也可以是絕對說的「道」；可能是具有意志的人格神，可能是不具有意志的法則或規範；可以是靜態的形上原理或理型，也可以是動態的絕對精神、動力或動能。總之，它（祂）是超經驗與超自然的。而就中國的儒、

與物自身二分，以及充滿對立性思考的心物二分、善惡二分、個人與團體二分、資本主義與社會主義二分、應然與實然二分等皆屬之。

[31] 之所以用「大多」一詞，係因具此思路之思想家，不一定「全部」都會預設「超越的分解」之架構，如唯物論與原子論、分子論者，亦屬於此思路之思想家，但他們都不會預設「超越的分解」之架構。

[32] 「超越的分解」下所區分出的「形上」與「形下」，若放在中國哲學——儒、釋、道三家——的義理脈絡中來說，則至少有存有論、知識論、價值論、工夫論與境界論等方面的義涵。就「存有論」來說，「形上」係超越，「形下」係現象之意；就「知識論」來說，「形上」係先驗，「形下」係經驗或後驗之意；就「價值論」來說，「形上」係應然與有價值者，「形下」係實然與無價值者之意；就「工夫論」來說，「形上」係智的直覺之顯用，「形下」係智的直覺之潛隱之意；而就「境界論」來說，「形上」係聖人、真人與佛菩薩的境界，而「形下」則是凡人與小人的層次。

[33] 如程頤、朱熹所說的性體、道體與太極之理；基督宗教的上帝（耶和華）；伊斯蘭教的真主（阿拉）等，以及婆羅門教的梵天等，都是偏屬於「分解的思路」下之形上、超越的「實體」。

[34] 如達摩與早期禪，以及以神秀為首的北宗禪所說的真性、真心與清淨心等，就是偏屬於「分解的思路」下之形上、超越的「空體」——是本體，但本體的內容仍是「空」的。

釋、道三家哲學來說，則它（祂）乃是既「超越」又「內在」的。[35]

　　而這種「分解的思路」型態之學，若單就禪宗來說，則以神秀為首的「北宗禪」，以及達摩與早期禪可謂近似之。這是因為它們都預設著「超越的分解」架構，而把真性、真心或清淨心等置於形上超越層，把它（們）看成是成佛的基礎與潛能；同時把宇宙萬象置於形下現象層，於是遂造成了形上、形下二分；超越與現象二分；清淨的心性與染污的世間二分；理想與現實二分；真實與虛妄二分；先天與後天二分的結果。如此一來，人生的目的與意義，便在於嚮往、體現與臻入形上超越的清淨本體界，而充滿染污與煩惱的形下經驗之現實、現象界，就變成負面與需克制的對象了。[36]

二、「原初義」與「狹義」的「全體論與整體實存的思路」

　　本文所謂「原初義」與「狹義」的「全體論與整體實存的思路」，不僅是筆者最初分判宋明理學為「兩型」時，所理解及主張的「全體論與整體實存的思路」（辯證的思路）之義，同時也是筆者先前在《宋明儒學新論》（高雄：高雄復文圖書出版社，2005 年）、《劉蕺山哲學研究》（台南：成功大學中文所博士論文，2003 年）與多篇論文中所提及者。由於它是筆者研究中國哲學最初所理解與所使用者，也是意義最狹隘者，因此筆者遂稱呼它為「原初義」與「狹義」的「全體論與整體實存的思路」。此「思路」係指：

　　　　思想家們並不以一套人為設計的、分解的存有層序之理論架構，來區分、來框套，以及來解釋天地萬物及人類的生命、社會、歷史與文化等，而是就整個實存的宇宙人生之大化流行來說本體，並認為本體之中，本就含有相反而又相成，相減而又相生，同時互為隱顯，渾然相融的兩股勢能或動力，如陰與陽、翕與闢、乾與坤或靜與動等。而由

---

[35] 如：陽明的「良知」、老子的「道」與北宗禪的「自性清淨心」，都是既「超越」又「內在」的。

[36] 本文所持以神秀為首的北宗禪，近似「分解的思路」型態之學的論點，其實在楊曾文先生的〈敦煌遺書中禪宗北宗文獻的學術價值〉一文中，亦可得到相當程度的佐證。該文提到：「神秀、普寂的北宗禪法……仍把身與心，外與內，染與淨等等對立的兩方加以嚴格的區別，並以此作為前提，然後把心、內、淨等置於主導地位，提出觀心看淨的禪法，通過嚴格的不間斷的禪觀修行，斷除『三毒心』，淨『六根』，最後才達到解脫。」楊先生雖未明言神秀、普寂的北宗禪法預設著「超越的分解」，但其實他的見解是與本文的論點相近的。讀者只要細繹「把身與心，外與內，染與淨等等對立的兩方加以嚴格的區別」與「以此作為前提，然後把心、內、淨等置於主導地位，提出觀心看淨的禪法」兩語句，便可知本文所言非虛。

於它們之間彼此不斷地相互起作用，不斷地一陰一陽、一翕一闢、一乾一坤或一靜一動等，因而帶動或引發了整個實存的宇宙人生之生生不息和永續發展的這樣的一種思路。

具有這種思路的思想家，在解釋宇宙人生時，通常並不會預設著「超越的分解」的理論架構。他們並不認為宇宙人生乃是異質的兩層或多層的存有（在），也不認為在宇宙萬有之前、之上或背後，有所謂獨立自存、永恆普遍的本體存在；相反地，他們往往是就實存的宇宙人生之總體存在與流行來說本體，並認為本體其實是「一體兩面」或「一體多面」的。[37]

三、「引伸義」與「廣義」的「全體論與整體實存的思路」

在詮解中國哲學時，上述「全體論與整體實存的思路」（辯證的思路）的意涵，其實並不夠周延，因為它只是筆者最初專門針對宋明理學的分系問題所提出者，所以它只適合稱為「原初義」與「狹義」的「全體論與整體實存的思路」（辯證的思路）。

事實上，「就整個實存的宇宙人生之大化流行來說本體」，是可以「實說」，也是可以「虛說」的；而且所說的「本體」，可以是「實」、「有」與「恆常」的，也可以是「虛」、「無」與「空幻」的；甚至，就連「說」的方式，也可以有好幾種，因此，「全體論與整體實存的思路」（辯證的思路），其實仍是可再細分成幾種「次」型態的。而我們若將「原初義」與「狹義」的「全體論與整體實存的思路」（辯證的思路）的意義加以擴大，那麼便可得到一個「引伸義」與「廣義」的「全體論與整體實存的思路」（辯證的思路）。同時此義的「思路」，筆者認為至少還可再細分為四種「次」類型：

（一）以「陰陽」等兩股勢能或兩種狀態，來說明宇宙本體（全體）之變化流行者。[38]

（二）以「陰陽」等兩股勢能或兩種狀態，以及「五行」相生相勝的架構，來

---

[37] 像橫渠、船山、戴山與梨洲等人之學，便是偏屬於「原初義」與「狹義」的「全體論與整體實存的思路」此一型態的。這是因為他們的學問都沒有預設「超越的分解」，皆是就「實存的宇宙人生之總體存在與流行」（如實存的「氣」、「心」、「意」、「獨」與「物」等）來說本體及其發用之故。又，本小節（二、「原初義」與「狹義」的「全體論與整體實存的思路」）所論，係將拙著《宋明儒學新論》頁34~38 的內容，作一精簡與修潤而成。

[38] 如《周易》（含經、傳）與莊學之義理特性即近似之。

說明宇宙本體（全體）之變化流行者。[39]

（三）不以「陰陽」或「陰陽」、「五行」等，來說明宇宙本體（全體）之變遷發展，而是直接就實存的宇宙全體之大化流行來講本體者。[40]

（四）以「因果律」[41]或「緣起法」，來說明宇宙本體（全體）[42]之生滅變遷者。當然，在這樣的說法下，本體（全體）只是一「性空之體」（空體），而並沒有任何永恆不變、獨立自存的特性存在。亦即，它只是一虛說、權說與假說之體，而非普遍永恆之「實體」。

　　值得注意的是：具有此四大類型中任一者的思想家，在解釋宇宙人生時，通常也都不會預設著「超越的分解」的架構。他們並不認為宇宙人生乃是異質的兩層或多層的存有（在），也不認為在宇宙萬有之前、之上或背後，有所謂獨立自存、永恆普遍的本體存在；相反地，他們乃是就實存的宇宙人生之總體存在與流行來說本體的。

　　而第（四）次類的「全體論與整體實存的思路」（辯證的思路）型態之學，若單就禪宗來說，則由六祖惠能所開出的南宗禪可謂近似之。這是因為它並沒有預設「超越的分解」架構，並沒有把形上與形下二分；把超越與現象二分；把清淨的心性與染污的萬物二分；把理想與現實二分；把真實與虛妄二分，以及把先天與後天二分，而是直接以「因果律」或「緣起法」，來說明宇宙本體（全體）之生滅變遷的緣故。

肆、兩種「思路」之三個例證

一、「即心是佛」[43]

---

[39] 如橫渠學、船山學與蕺山學之義理特性即近似之。

[40] 如存在主義者海德格哲學之義理特性即近似之。

[41] 此「因果律」之「因果」，並非指科學上所說的因果（因科學不處理本體的問題），而是指佛學上所說的因果。科學上的因果只適用於現象世界或物質世界，係一「狹義的因果」；至於佛學上的因果，則適用於一切法：適用於前世、今生與來世；適用於無始無終的時空與無量無盡的世界，故可說是一「廣義的因果」。

[42] 此處所謂「宇宙本體（全體）」，係包括一切世間與出世間法在內。

[43] 本例證（即心是佛）所論，係將拙文：〈「分解的思路」和「全體論與整體實存的思路」——詮解與分判禪宗及佛教哲學的一組參照系〉中的「即心是佛」例證，作一修潤而成。

　　「即心是佛」[44]是禪宗與中國佛學的一個重要命題。對於理解北宗禪與南宗禪思想的不同，它可作為一個關鍵的切入點。現在的問題是：「即心是佛」的「心」應如何解讀？因為若對「心」的解讀不同，則將連帶影響到對「即心是佛」的解讀，甚至於也會影響到對北宗禪與南宗禪思想特性的解讀。對此，我們認為是可以透過以上兩種「思路」來分別解讀它的：

（一）「分解的思路」下之解讀

　　依「分解的思路」，「即心是佛」的「心」可解讀成：形上、超越、靈明、純淨的「如來藏自性清淨心」（或清淨心、自性清淨心）。而當這樣解讀時，則「即心是佛」便是「即超越的清淨心是佛」的意思。此時，我們乃是透過一「超越的分解」之方式，而把形上的「清淨心」與形下的「現象界」隔開，把「清淨心」從後天種種的染污成分抽離出來：「清淨心是超越的（transcendental）、清淨的（pure），現象界的種種事物則是經驗的（empirical）、染污的（delusive）。」[45]而單顯它的形上、超越、清淨與靈明的性格。同時，因為這「清淨心」乃是成佛的基礎及悟道的依據，所以它就是「佛性」。只要我們能依（形上的）「清淨心」的作用來修行與實踐，而把遮蔽它的所有（形下的）客塵煩惱污染全部掃除，那自然就會撥雲見日而讓（形上的）「清淨心」完全顯發出來，這樣最後就一定能覺悟而成佛了，而這正是「即超越的清淨心是佛」的意思。[46]

（二）第（四）次類的「全體論與整體實存的思路」下之解讀

　　而若依第（四）次類的「全體論與整體實存的思路」，則「即心是佛」的「心」可解讀成：人日常生活中具體「實存的一念心」（實存的心）。[47]這樣的「心」已不是絕對清淨，而是有染污的。而當這樣理解「心」時，「即心是佛」

---

[44] 「即心是佛」也稱作「即心即佛」、「即心成佛」、「是心即佛」與「是心作佛」等。關於此命題，詳參吳汝鈞：《中國佛教哲學名相選釋》（高雄：佛光出版社，1993 年），頁 110~111；《佛光大辭典》之「即心即佛」詞條，以及陳義孝編著的《佛學常見辭匯》與丁福保編著的《佛學大辭典》之「即心是佛」、「即心即佛」與「即心成佛」等詞條。

[45] 吳汝鈞：《中國佛學的現代詮釋》，頁 177。

[46] 如達摩與早期禪，以及以神秀為首的「北宗禪」所講的「心」與「即心是佛」，就是分別偏屬於這「分解的思路」下的「如來藏自性清淨心」以及「即超越的清淨心是佛」的型態。甚至於華嚴宗的「心」與「性起」思想，亦是偏屬於此思路的。關於此義，可參閱吳汝鈞：《中國佛學的現代詮釋》、《中國佛教哲學名相選釋》與《游戲三昧：禪的實踐與終極關懷》論及禪宗思想的部分；賴永海：《中國佛性論》，章 5 與章 6，以及牟宗三：《佛性與般若》，頁 1039~1042。

[47] 賴永海先生將此「實存的一念心」或「實存的心」，稱之為「具體心」或「當前現實之人心」，以與清淨的「真心」相對舉。關於賴氏之說，請參《中國佛性論》，章 5 與章 6。

便是「即實存的一念心是佛」或「即實存的心是佛」的意思。此時，我們並沒有預設「超越的分解」，而把「心」與「現象界」二分，把「心」說成是超越與清淨的，把「現象界」說成經驗與染污的。而是認為：「心」同時具有清淨與染污的成分及面向，我們所要做的實踐及修行，就是要對「實存的一念心」，作一種頓然的轉化，並從這頓然的轉化中體證佛性而覺悟成佛。這樣的工夫，所強調一種由當下、頓然的作用以體證「佛性」，即所謂「作用見性」是也。[48]

　　我們若用「冰水之喻」，來解讀第（四）次類的「全體論與整體實存的思路」（辯證的思路）下的「即心是佛」，則可說日常生活中的「人心」（實存的心）乃是「冰水共存」的狀態。「水」是「化處」，代表清淨、明覺那一面；而「冰」則是「凝處」，代表污染、迷妄那一面。就日常所表現出來的「實存的一念心」，作一當下與頓然的轉化，以使人由凡成佛的「即心是佛」，就如同將實存、共存的「冰水」瞬間加熱，而使「冰水」中的「冰」全部融化成「水」，使所有的「冰水」完全轉化成清淨的「水」一樣。「冰水」中的「冰」、「水」是同質（同是 H_2O）的，只是狀態（面向）不同耳；同理，「實存的心」中之清淨與明覺，以及污染與迷妄兩面，也是同質的，而只是存在的樣貌與面向不同耳。

二、「生死」與「涅槃」

　　所謂「生死」，係指：一切有情眾生因惑業關係，所造成的生命「初始」[49]與「終了」[50]及其流轉、輪迴與變動不居的現象與過程。[51]對常人來說，「生」是喜樂的，而「死」是悲慟的；至於所謂的「涅槃」，則是指：熄滅「三毒」——貪、瞋、痴等三種最基本的煩惱——之火及消解其他諸煩惱後，所達到的

---

[48] 如慧能所開創的「南宗禪」（祖師禪）及其諸弟子們，所講的「心」與「即心是佛」，就是分別偏屬於這第（四）次類的「全體論與整體實存的思路」（辯證的思路）下的「實存的一念心」以及「即實存的一念心是佛」的型態。甚至於天台宗的「心」與「性具」思想，亦是偏屬於此思路的。

[49] 人的肉體生命的「初始」（起始點）從什麼時候開始算起，其實是有各種不同看法的。如：精卵結合之後？胚胎著床時？胎兒三個多月初具人形時？滿 24 週時？或是剛脫離母體呱呱墜地（出生）時？因此問題牽涉甚廣，故本文在此不擬去處理它。

[50] 人的肉體生命的「終了」（即「死亡」）的判斷標準為何，目前各國約有三種：呼吸停止（斷氣）、心跳停止與腦死等。因此問題亦牽涉甚廣，故本文在此也不擬去處理它。

[51] 其實，我們也是可以從不同的角度來詮解「生死」，而獲得「生死」之各種意義的。惟本文此處所說，仍是筆者所作的「系統的界定」。

一種絕對清淨、寧靜、平和、安詳與喜樂的精神境界（地）。[52]

　　對於「生死」與「涅槃」的關係，本文以為也是可以分別透過「分解的思路」和第（四）次類的「全體論與整體實存的思路」，來加以詮解的：

（一）「分解的思路」下之解讀

　　依「分解的思路」，可分別將「生死」與「涅槃」，詮解為兩種異層、異質的存有（在）：「生死」是形下現象層的經驗與發生的現實狀況，是流轉、輪迴與變動不居的場域；而「涅槃」則是形上超越層的「常、樂、我、淨」的理想境界（地），它是生命的終極嚮往與歸鄉。在這樣的詮解下，「生死」與「涅槃」至少可以有兩種關係：

1.形下的「生死」與形上的「涅槃」兩者不相容、不能同時並存。「生死」中既不可能有「涅槃」寂靜，而「涅槃」寂靜中也同樣不會有「生死」現象，因此，人生在世的目的就應捨棄（形下的、無價值的）「生死」而證入（形上的、無價的）「涅槃」。[53]

2.形下的「生死」與形上的「涅槃」兩者雖不相同，但也不是相離與相衝突的。因此，我們不必捨棄「生死」而證入「涅槃」；相反的，反而應該要即「生死」以證入「涅槃」：就在「生死」的現象與現實之中，而積極地去覺悟與體證「空」（或「緣起」、「空性」與「緣起性空」）理，以期臻於及證入「涅槃」寂靜的理想境界（地）。[54]

（二）第（四）次類的「全體論與整體實存的思路」下之解讀

　　而若依第（四）次類的「全體論與整體實存的思路」，則可將「生死」與「涅槃」，看成是同一生命整體的兩種不同表現或面向：就生命表現出無明、實然、現實、肉體、變遷、輪迴、煩惱、執迷、初始、生長、毀損與腐壞的這一面向來說，稱之為「生死」；而就生命表現出光明、應然、理想、精神、恆

---

[52] 「涅槃」一詞之義，各家解說亦不一。如陳義孝編著的《佛學常見辭匯》，便將它解釋成：「滅度、寂滅、圓寂、大寂定等，是超越時空的真如境界，也是不生不滅的意思。」而丁福保編著的《佛學大辭典》（以上二工具書，均收入《在線佛學辭典》），則舉出非常多經論義疏的說法。而本文此處所說，則是筆者自己的忠實理解。

[53] 如許多小乘教者即持此主張。又這樣的看法，是帶有二元對立的思考模式的。

[54] 其實若真離開「生死」，那麼我們也就無從證入「涅槃」了。因此，形下的「生死」反而是證入形上的「涅槃」之通路、憑藉與必要條件。又，這樣的看法不只沒有二元對立的思想，同時還帶有強烈的工夫論與實踐論之意味，而要求人務必於「生死」海中證入「常樂我淨」的「涅槃」寂靜之境。

常、覺悟、喜樂、清淨、寧靜、平和與安詳的那一面向來說，則稱之為「涅槃」。
「生死」與「涅槃」，其實也只是「一體之兩面」與「一物而二名」而已，而
「非兩物而一體」也。它們的指涉相同，而只是稱謂與側重點不同而已：

「涅槃」是恆常地說，「生死」是變遷地說；「涅槃」是靜態地說，「生死」
是動態地說；「涅槃」是理想地說，「生死」是現實地說；「涅槃」是超脫輪迴
地說，「生死」是墮入輪迴地說；「涅槃」是偏就已覺的「果」地說，而「生死」，
則是偏就未覺的「因」地說。總之，「涅槃」與「生死」二詞也是「同指而異
名」的，它們也都只是同一生命整體的暫時性稱謂及假名而已！

而「生死」與「涅槃」這樣的關係，其實也是可再用上述的「冰水之喻」
來理解的：

「涅槃」就像「水」，是水的「化處」，是水極清淨的狀態；而「生死」就
像是「冰」，是水的「凝處」，是水較混濁的狀態。「水」與「冰」只是一箇；
同樣地，「涅槃」與「生死」也只是一箇。「水」與「冰」只是同一「物」（H2O）
的不同樣態而已：「水」是液態，是「化處」，是清淨的狀態；「冰」是固態，
是「凝處」，是混濁的狀態；相同地，「涅槃」與「生死」也只是同一生命整體
的兩種不同面向或樣態而已：「涅槃」是「化處」，是生命至理想的狀態，而「生
死」則是「凝處」，是「生命」現實的狀態。由「冰」融化成「水」，需要熱量
或能量；由「生死」轉成「涅槃」，則需要智慧與種種實踐及修行的工夫等。
故智慧與種種實踐及修行的工夫[55]等，可說是生命由「生死」轉成「涅槃」
的通道與關鍵。

三、「真」與「妄」

所謂「真」與「妄」，可以客觀地就存在界講，也可以主觀地就心性與生
命講：客觀地就存在界講，「真」為出世間法、為不生不滅之真如、為「空」；
「妄」為世間法、為因緣所生之妄法、為「色」。故「真」與「妄」之關係，
其實就近於或同於「空」與「色」之關係；而若主觀地就心性與生命講，則「真」
係指真心（吾人本具的清淨心）、真性（佛性、覺性）、實性或心理與生命的真
實狀態，它代表著生命的正面、覺悟與清淨的狀態；而「妄」，則是指：胡思
亂想、不清淨、不真實、執著、迷惑、虛假、分別的心、意、念、語與行，它

---

[55] 它們包括般若智的觀照起用、（達摩的）理入與行入、（原始佛教的）中道與八正道，以及（大
乘教的）六波羅蜜多等。

代表著心理與生命的負面、迷惑與染污的狀態。由於客觀地就存在界講的「真」與「妄」之關係，近於或同於「空」與「色」之關係 [56]，因此本例所論，便集中於主觀地就心性與生命講的「真」與「妄」之關係。

對於主觀地就心性與生命講的「真」與「妄」之關係，本文認為仍是可以分別透過「分解的思路」和第（四）次類的「全體論與整體實存的思路」，來加以詮解的：

（一）「分解的思路」下之解讀

依「分解的思路」，可分別將「真」與「妄」，詮解為兩種異層、異質的存有（在）：「妄」是形下現象層的成心、情識心、虛妄心與偏執心等，是無明、閉塞、執著、偏見與染汙的，是「迷」、「惑」、「亂」與「異」的；而「真」則是形上超越層的真心、真性或覺性，是光明、通透、無執、中道與清淨的，是「覺」、「悟」、「定」與「常」的。依這樣的理解，「妄」與「真」，也至少有以下兩種關係：

1、形下現象層的「妄」與形上超越層的「真」兩者是不相容、不能並存的。「妄」中無「真」，「真」中無「妄」，因此，我們應該要「捨『妄』歸『真』」或「息『妄』入『真』」 [57]。

2、形下的「妄」與形上的「真」兩者不一不離，亦不衝突。因此，我們不必捨棄（形下的）「妄」而歸向（形上的）「真」；相反的，反而應該即「妄」以證「真」：就在「妄」的現實之中，而積極地去覺悟與體證「真」。

（二）第（四）次類的「全體論與整體實存的思路」下之解讀

而若依第（四）次類的「全體論與整體實存的思路」，則我們可以將「妄」與「真」，也看成是同一心理與生命整體的兩種不同表現或面向：就生命表現出經驗的、現實的、負面的、染汙的、迷惑的、不平和的、不喜樂的與不寧靜的想法、思慮與情緒等這一面向來說，稱之為「妄」；而就生命表現出覺悟、光明、通透、清淨與真實的那一面向來說，則稱之為「真」。「妄」與「真」兩者，其實也只是「一體兩面」與「一物而二名」而已！當然，就如同「即心是

---

[56] 關於「空」與「色」之關係，可參閱拙文：〈「分解的思路」和「全體論與整體實存的思路」——詮解與分判禪宗及佛教哲學的一組參照系〉中的「『色即是空』與『空即是色』」例證

[57] 「捨妄歸真」與「息妄入真」義近或義同，皆係菩提達摩的實踐法則。它們的意思均指：捨去形下、經驗、虛妄與染污的一切意念與行為，而歸向形上、超越、明覺與清淨的真心與真性。「捨妄歸真」出自《二入四行》；而「息妄入真」，則出自《達摩禪師論》。

佛」，以及「『生死』與『涅槃』的例子一樣，我們也是可用「冰水之喻」來說明「妄」與「真」兩者的關係。由於它們的情形也相當類似，所以本文就不擬在此再多作論述了。[58]

伍、結　論

綜合以上所說，可以得到本文的三點結論：

一、既有的南宗禪與北宗禪之分判標準，至少有「傳承法系」、「偏重經典」、「悟道次第」、「修行工夫」、「對人間世的態度」、「心性（佛性）觀」、「相對於傳統佛學的創新度」、「中國化（漢化）程度」、「信眾階層的屬性」、「弘法之地」、「解釋經論的態度」、「對諸佛菩薩的態度」與「路向」等十三種。。而由於學者們從不同的角度與進路，來看待及研究南宗禪與北宗禪，便可探知它們不同的面向，因此，這十三種標準皆有其參考價值所在。

二、雖然學界早已有上述十三種分判南宗禪與北宗禪的標準，且其中任一者也都有其參考價值，但本文認為：「思路」（思維方式），其實也是可作為分判南宗禪與北宗禪之另一標準的。且其中的「分解的思路」及第（四）次類的「全體論與整體實存的思路」（辯證的思路），更是可以作為學界「清楚」且「相應」地詮解與分判禪宗之參考的。

三、依「思路」（思維方式）此一標準，可將南宗禪與北宗禪分判如下：

（一）北宗禪（以及達摩與早期禪）：近於「分解的思路」型態之學。這是因為它（們）都預設著「超越的分解」架構，而把真性、真心與清淨心等置於「形上超越」層，把宇宙萬象與世間萬法等置於「形下現象」層之故。如此一來，遂造成了形上與形下二分；超越與現象二分；理想與現實二分；真實與虛妄二分；先天與後天二分，以及清淨的心性與染污的萬物二分的結果。

（二）南宗禪（祖師禪）：屬於第（四）次類的「全體論與整體實存的思路」（辯證的思路）型態之學。這是因為它沒有預設「超越的分解」架構，沒有把形上與形下二分；把超越與現象二分；把清淨的心性與染污的萬

---

[58] 若相較於「分解的思路」下之「捨妄歸真」、「息妄入真」與「即妄證真」等工夫，則第（四）次類的「全體論與整體實存的思路」下之工夫，應說是「轉妄為真」——將實存的心理與生命由「妄」這一面自我轉化到「真」這一面——較為恰當。

物二分；把理想與現實二分；把真實與虛妄二分，以及把先天與後天二分，而是直接以「因果律」或「緣起法」，來說明宇宙本體（全體）之生滅變遷的緣故。

本文曾發表於《中國禪學》第 6 卷（河南鄭州：大象出版社，2012 年 11 月），並經筆者修潤而成。

周敦頤《太極圖說》「無極」與「太極」關係之研究

壹、前　言

本文不僅是筆者宋明理學十餘年研究計畫的成果之一，同時也是我對周敦頤（字茂叔，學者稱濂溪先生，西元 1017~1073 年）《太極圖說》（以下簡稱《圖說》）的「本體」（「無極」、「太極」等）特性的再次省察結果。

筆者近幾年來一直專注於宋明理學的研究。在我心中，總是盤旋著一個重要的問題意識：

> 正面積極地講，我們該如何「儘可能」地用「比較」道地的現代漢語白話文，來「清楚」並「相應」地詮解傳統中國哲學與傳統漢語文言文經傳中所蘊涵的義理；而負面消極地說，則是我們如何能避免用「逆格義」的方式，或是如何能少借用西方哲學的理論架構，來詮解傳統的中國哲學與傳統漢語文言文經傳中所蘊涵的義理？

而不管是正面積極或負面消極地講，其目的均是意圖「建立中國哲學詮釋的主體性」：用中國（漢、華）的語文，依中國人的思維模式，來理解中國傳統的學問，而不必老是戴著西方哲學——如古希臘哲學、中世紀神學、近代理性論與經驗論，以及現代存在主義、現象學與分析哲學等——的有色眼鏡，來看待與詮解傳統中國哲學。

或許有人會質疑：在現今西方文化當令的時代氛圍中，現代中國人怎麼有可能擺脫西學的影響來看待傳統中國哲學呢？又，如果不借用西方哲學的理論架構，又怎能「清楚」地詮釋籠統、含糊的傳統中國哲學呢？

對於這兩點質疑，筆者有以下三點淺見回應：

一是現今要擺脫西學的影響來詮解傳統中國哲學，確實是一件很困難的事，尤其很多現代的漢語白話「術語」與「詞彙」，基本上都是從西學直譯或透過日人對西學的間接翻譯而來，而且它們也都早已「內化」成為現代漢語白

話文的一部分了，因此，我們的確是不可能「完全」擺脫西學的影響來看待傳統中國哲學的，故筆者才說「儘可能」地用「比較」道地的現代漢語白話文，來詮解傳統中國哲學與傳統漢語文言文經傳中所蘊涵的義理。但，借用西學的「術語」與「詞彙」，是一個問題；而借用西學看待宇宙、人生、知識、歷史與文化等的「理論架構」，則又是另一個問題，它們是兩個不同的問題。我們或許無法完全避免借用西學的「術語」與「詞彙」，但卻可自覺地儘量避免用西學的「理論架構」──如超越／現象二分、超驗／經驗二分、應然／實然二分、精神／物質二分、心／物二分、理想／現實二分、神／人二分等，來詮解傳統的中國哲學。

二是就算不借用西學的「理論架構」，也未必就不能「清楚」地詮解傳統中國哲學。筆者不否認：與傳統中國哲學相較，西方哲學確實是理路較為清晰、論證較為嚴謹、邏輯性較強，同時理論架構也較為鮮明的，但這並不意謂或代表傳統中國哲學就沒有理路、論證、邏輯與理論架構等，只要我們對傳統中國哲學能同情地理解、能不預設立場、能先拋棄一些成見，然後深入先哲經典中去仔細爬梳與尋繹其義理，這樣便可找到傳統中國哲人的思維模式與義理特色，同時樹立與重現其理論架構。而且事實上，詮釋得清不清楚，其實大部分是跟詮釋者自己的學術能力──語文的表達能力、概念的分析能力與理論的論證能力等，息息相關的。因此，我們實不能說：如果不借用西學的理論架構，就無法將傳統中國哲學詮釋清楚！

三是對傳統中國哲學的詮釋，「清不清楚」，是一個問題；而「相不相應」，則又是另一個問題。就算我們借用西學的理論架構，而將傳統中國哲學詮釋「清楚」了，但這並不代表此一詮釋就是「相應」的，相反的，我們可能是戴著西學的有色眼鏡來看待與詮解傳統中國哲學的，亦即：我們的詮釋其實是「西人眼裡的中國哲學」或是「為了給西方人看的中國哲學」，而非深具中國特色的道地中國哲學。由於筆者所真正關心的乃是：如何「清楚」並「相應」地詮釋傳統中國哲學？因此，我認為老是借用西學的理論架構，來詮釋傳統中國哲學的作法，其實是有待商榷的。

在上述的問題意識下，再加上我向來醉心於儒家思想與宋明文化，於是我便展開了對宋明儒學的研究。而本文，便是在這樣的背景下所撰寫的。由於我對多年前自己在日本福岡西南大學的「東亞漢學會議」（2000 年 12 月）上，所發表的〈周濂溪的《太極圖說》「本體」性格之衡定〉一文（筆者按：以下

簡稱〈周文〉）中的論點 [1] 心有未安；又由於〈周文〉對於《圖說》中「無極」
與「太極」關係的處理過於粗略：一者，只以「太極」為宇宙本體，僅視「無
極」為形容「太極」之狀詞，而忽略了也可以「無極」為宇宙本體；二者，只
以儒家的義理來詮釋，而忽略了也可用道家（含道教）的思想來加以解說，因
此，如今我乃不揣鄙陋地撰寫本文，以重新省察《圖說》中「無極」與「太極」
的關係，並擬將它們的豐富義蘊充分展示出來。而為了將這些豐富義蘊充分展
示出來，以下便先簡略交代本文的論述基礎。

貳、「兩種『思路』」與「依儒據道」

　　本文的論述基礎計有兩類：一是「兩種思路」；二是「依儒據道」。茲分別
簡述如下：

　　所謂「兩種思路」，指的是筆者近幾年來分判宋明儒學為「兩型」的「兩
種思路」──「分解的思路」與「全體論與整體實存的思路」（即「辯證的思
路」）：

　　「分解的思路」，其義（按：此義為筆者自己所作的「系統的界定」）係指：

> 　　思想家們基於他們的感官經驗或真實的存在感受，如：驚異、好奇、
> 怖慄、罪惡、絕望、憂患、惻隱、羞恥、煩惱、痛苦與受束縛、不自
> 由等，或「窮知究慮地去構思一套存有層序的理論架構，來區分、解
> 釋天地萬物和人類的生命、社會、歷史與文化等」（按：此常見於諸多
> 西方傳統哲人）；或「經由實踐、體證而開顯出生命的某種境界或境地，
> 於是對實存世界有一看法，並將此看法通過一套人為設計的概念與理
> 論框架，來對實存世界作一區分與解釋」（按：此有時見於某些中國傳

---

[1] 〈周文〉的論點主要有三：（一）由於濂溪並沒有很清楚地交代「本體」（「無極」或「太極」）
的指涉與特性等問題，因此造成了歷來學者們在理解與詮釋上的紛歧；（二）筆者從歷來學者
的解釋中挑出具代表性的四家：朱熹、牟宗三、張岱年與王船山等人之說：朱子以形上超越
層的「只存有而不活動」之「理」，牟先生以形上超越層的「即存有即活動」之「理」，張先
生以形下現象層的物質性之「氣」，以及船山以整體實存的大化流行之「氣」來詮解它等；（三）
在這四家之中，以牟先生之說最為相應與諦當。上述三個論點，前兩者筆者並無異議，有問
題與心有未安者係在（三），而筆者之所以重撰本文，有許多考量也是針對（三）而發。

統哲人）的這樣一種思路。

　　而具有這種「思路」的哲學家，在解釋宇宙人生時，常常會預設著「超越的分解」的架構。他們常會認為：宇宙人生，實際上是兩層或多層存有（在）的。而且這兩層或多層的存有（在），基本上乃是異質的。

　　我們若以此「思路」來看待《圖說》的「無極」與「太極」的關係，則至少可將它們詮解為：

（一）「無極」與「太極」係形上超越（又內在）的「本體」（道）之兩面向：「無極」為「道」之「體」；「太極」為「道」之（形上之）「用」，「即體即用」、「即用即體」、「體用是一」，故兩者實為「一體兩面」與「異名同指」的。惟雖如此，但在理論次序上，「無極」卻是比「太極」更具有「形上」的優先性的。

（二）「太極」指形上超越（又內在）的本體，而「無極」則只是形容「太極」之無所限定、無方所與無聲臭等性質的狀詞而已！

（三）「太極」指形下現象層的宇宙原初之氣，是陰陽二氣未分前的統一體，是物質性的本體，而「無極」則只是用來形容「太極」「無聲、無臭、無形、無象」等性質的狀詞罷了！

　　而「全體論與整體實存的思路」（辯證的思路），其義（按：此義也是筆者自己所作的「系統的界定」）則是指：

　　　　思想家們並不以一套人為設計的、分解的存有層序之理論架構，來區
　　　　分、來框套，以及來解釋天地萬物及人類的生命、社會、歷史與文化
　　　　等，而是直接就整個實存的宇宙人生之大化流行來說本體，並認為本
　　　　體之中，本就含有相反而又相成，相減而又相生，同時互為隱顯，渾
　　　　然相融的兩股勢能或動力，如陰與陽、翕與闢、乾與坤或靜與動等。
　　　　而由於它們之間彼此不斷地相互起作用，不斷地一陰一陽、一翕一闢、
　　　　一乾一坤或一靜一動等，因而帶動或引發了整個實存的宇宙人生之生
　　　　生不息和永續發展的這樣的一種思路。

　　具有這種「思路」的哲學家，在解釋宇宙人生時，通常並不會預設著「超越的分解」的架構。他們並不認為宇宙人生乃是異質的兩層或多層的存有

（在），也不認為在宇宙萬有之前、之上或背後，有所謂獨立自存、永恆普遍的本體存在；相反地，他們往往是就實存的宇宙人生之總體存在與流行來說本體。[2]

　　我們若以此「思路」來看待《圖說》的「無極」與「太極」，則至少可將它們詮解為：

（一）「無極」與「太極」係同一實存「本體」（「氣體」或「宇宙總體的存在與流行」）的不同稱謂，它們都是陰陽二氣未分前的統一體，兩者指涉著本體的不同面向或階段性發展，它們是「一體兩面」與「同指異名」的。惟雖如此，但「無極」卻是比「太極」更具有「本體宇宙論」上的優先性的。

（二）「太極」才是實存的宇宙本體（氣），而「無極」則只是形容太極本體「無有不極」與「無所不極」的狀詞罷了！

　　至於所謂「依儒據道」，其義則是指：我們可以依憑「儒家」的思想，也可以根據「道家」的義理，來詮解《圖說》的「本體」義涵。譬如：我們可以分別站在儒、道兩家的立場，去詮解《圖說》首句「無極而太極」之義；也可以單純地以道家義理，來說明《圖說》首句「自無極而為太極」或「無極而生太極」之義。[3] 而所站的立場不同，自然所得到的結果就不同。

　　而本文之所以將「依儒據道」當成是兩大論述基礎之一，最重要的理據乃是：雖然濂溪被尊為宋明儒學的開山祖師，但根據歷來學者專家們的考證，他的生命和學問，其實是雜有相當多的（廣義的）道家（含道教）色彩的。譬如

---

[2] 有關這兩種「思路」的意義，請參看拙著：《劉蕺山哲學思想研究》（台南：成功大學中國文學研究所博士論文，2003 年），章 2；以及《宋明儒學新論》（高雄：高雄復文出版社，2005 年），頁 20~49。

[3] 我們可以分別站在儒、道兩家的立場，去詮解「無極而太極」之義；也可以單純地以道家思想，來說明「自無極而為太極」或「無極而生太極」之義。筆者之所以如此說，是因為：（一）《圖說》的首句若是「無極而太極」，則我們既可將「無極」本體、實體化，而解為「由無極而生太極」與「由無而生有」等；亦可將「無極」視為形容「太極」本體之狀詞，而解作「無極之太極」、「無形之理」與「無形而有理」等。前者係基於老子「道生一」與「有生於無」等義理，所作的解釋；而後者，則是基於《周易》「易有太極」，以及先秦儒學與宋明儒學不言「無極」等情形，所作的解釋；（二）《圖說》的首句若是「自無極而為太極」或「無極而生太極」，則因該兩句中的「無極」，明顯地有實體、本體義，而儒家是不言「無極」，以及不以「無極」為本體的，只有道家明言「無」（筆者按：禪宗亦言「無」，但那是另一個問題）與「無極」，故用道家義理來解釋這兩句，基本上應是較為諦當的。又，此義請參見第肆節；至於《圖說》首句為何，則請參見註 4。

《圖說》的「無極」與「主靜」等語詞，孔孟與先秦儒學是不講的，但老子《道德經》卻有「無」與「歸根曰靜」等語詞；又如《通書》的「誠無為」的「無為」一詞，與《道德經》的「道常無為」的「無為」一詞，亦有相通之處；再如《圖說》一書，也是濂溪依道教的「太極圖」而立說，雖說他未必就一定是從道教的立場來依圖立說，但多少雜有道教的思想成份在內，卻是十分可能的；最後如他的生活態度與生命情調，也是較近道家的名士與高士，而較遠於儒家的君子與聖賢的。

　　由於濂溪其人其學可能雜有相當多的道家色彩在內，且《圖說》的首句又有「無極而太極」與「自無極而為太極」（或「無極而生太極」）之爭[4]，因此，在無法完全確認濂溪之學及其本體觀係純儒的情況下，再加上筆者認為用老子《道德經》的「無」、「有」與本體觀等，也可用來比配解釋《圖說》的「無極」、「太極」與本體觀等，所以筆者便提出了「依儒據道」來作為本文的兩大論述基礎之一，而且透過它與「兩種思路」的結合，筆者也發現：它們是可以將《圖說》本體的豐富義涵，以及「無極」與「太極」的各種可能關係，充分地展現出來的。

參、「無極」與「太極」關係的四種代表性詮解

　　由於先前在〈周文〉中即已論述過，對「無極」與「太極」關係歷來最具代表性的四家——朱熹、王船山、牟宗三與張岱年等人——說法，因此，本文為節省篇幅與論述方便計，將先在此把他們的論點逐一以條列方式簡要列出（而不再引原文來加以析論），然後再結合「兩種思路」與「依儒據道」這兩者，來省察此四家之說，並嘗試將它們逐一納入筆者所建構的「無極」與「太

---

[4] 有關濂溪其人其學是否染有道家與道教的色彩，以及《圖說》的首句為何之爭，詳請參見朱伯崑：《易學哲學史》（台北：藍燈文化公司，1991 年）、陳榮捷：《宋明理學之概念與歷史》（台北：中央研究院中國文哲研究所籌備處，1996 年）、張岱年：《張岱年全集》（石家莊：河北人民出版社，1996 年）、侯外廬等：《宋明理學史》（北京：人民出版社，1987 年）、勞思光：《新編中國哲學史（三上）》（台北：三民書局，1990 年）、董玉整主編：《中國理學大辭典》（廣州：暨南大學出版社，1995 年）、陳郁夫：《周敦頤》（台北：東大圖書公司，1990 年）、陳來：《朱熹哲學研究》（台北：文津出版社，1990 年）與梁紹輝：《周敦頤評傳》（南京：南京大學出版社，1994 年）等書。

極」關係的詮釋架構中。

一、朱子的詮解

關於「無極」與「太極」的關係，朱子的詮釋是：（一）《圖說》的首句應是「無極而太極」，而非「自無極而為太極」；（二）「太極」才是真正的宇宙本體；而「無極」，則只是用來形容「太極」的「無形」、「無窮」與「無聲無臭」之狀詞罷了；（三）「無極而太極」，並非指在「太極」之上還有一個本體叫做「無極」，然後由它衍生出「太極」來，而是意謂著「無形而有理」與「無形之理」。我們若以現代漢語白話文來解釋，則可將它解讀成：「那無窮盡、無形狀與無聲無臭的太極之理」；（四）「太極」是形上超越層的靜態之「理」（理體），本身不具活動性，活動性只能就形下現象層的「氣」來說。因「氣」具活動性，有動靜可言，故搭於其上的「太極」之「理」，便看似有活動性、有動靜可言。

二、牟宗三的詮解

關於「無極」與「太極」的關係，牟先生的詮釋是：（一）《圖說》的首句應是「無極而太極」；（二）「太極」才是真正的宇宙本體；而「無極」，則只是用來形容「太極」的「無所限定」、「無方所」與「無聲臭」等性質的狀詞而已；（三）「無極而太極」，可解讀成：「無形之理」、「無極之極」、「那無限定的而一無所有者但卻亦即是極至之理」或「那無所限定、無方所與無聲臭的太極之理」；（四）「太極」是形上超越層的「即存有即活動」之「理」（理體），本身具有活動性（按：此「活動」，係動而無動、動而不顯動相的），為一生生之德，可帶動、提撕、轉化與潤澤形下現象層的「氣」，而使「氣」生生不息，並賦予它道德價值；（五）認為朱子將「太極」理解成是「只存有而不活動」的靜態之「理」，基本上是不諦當與不契濂溪原旨的。

三、張岱年的詮解

關於「無極」與「太極」的關係，張先生的詮釋是：（一）《圖說》的首句也應是「無極而太極」；（二）依「唯物主義」的觀點，而將「太極」說成是形下現象層的物質性之「氣」；（三）「太極」才是真正的宇宙本體；而「無極」，則只是形容太極「無聲、無臭、無形、無象」的狀詞罷了！故「無極而太極」，可解讀成：「那無聲、無臭、無形與無象的太極之氣」；（四）「太極」之「氣」是具有活動義的；（五）不同意朱子以形上超越層之「理」為「太極」的說法，而認為：「以太極為理，乃朱子之思想」，而「實非周子之思想」。

四、王船山的詮解

　　關於「無極」與「太極」的關係，船山的詮釋是：（一）《圖說》的首句也應是「無極而太極」；（二）他並非以形上超越層的「理」或形下現象層的「氣」來理解「太極」，而是就實存的宇宙總體大化流行之「氣」來說「太極」，並將它比之為橫渠所說的、賅形上形下為一體的「太和」；（三）「太極」才是真正的宇宙本體；至於「無極」，則只是形容「太極」「無有不極」與「無所不極」的狀詞罷了！故「無極而太極」，可解讀成：「那無有不極與無所不極的太極之氣」；（四）「太極」本體，其實就是陰陽二氣未分的狀態，它賅「二氣清通之理」的「神」與物質性的「氣」為一體，且具有活動義，而能虛靈不測與變化不已。

肆、「無極」與「太極」關係的各種可能詮釋

　　我們若以「兩種思路」與「依儒據道」這兩者，來省察以上四家之說，則可得到以下兩重點：

　　一、不管是朱子、牟先生或張先生的解釋，基本上都是在「分解的思路」下，以儒家哲學的立場，來詮解「無極」與「太極」之關係的；而且他們都是依「無極而太極」來立論的；同時也都認為「太極」才是真正的宇宙本體，至於「無極」，則只是形容「太極」無窮、無形、無方所與無聲臭的狀詞而已！

　　惟在此須注意的是，他們三者仍是有所不同的：（一）朱子心目中的「太極」，只是一形上超越層的靜態「理」體而已！它本身不具活動性，活動性只能就形下現象層的「氣」來說；（二）牟先生心目中的「太極」，則不僅是一形上超越層的「理」體而已，同時還具有活動性。換言之，它是「即存有即活動」的；（三）張先生心目中的「太極」，雖然也有活動性，但由於他認為「太極」乃是形下現象層的物質性之「氣」，所以此活動僅為形下之活動，而與牟先生所說的「太極」的活動為形上之活動不同。

　　二、船山的解釋與朱、牟、張三人是有同有異的。相同的是：他也是站在儒家哲學的立場，來詮解「無極」與「太極」之關係的；同時他也是依「無極而太極」來立論的；而且也將「太極」視為真正的宇宙本體，而只將「無極」視為形容「太極」「無有不極」與「無所不極」的狀詞罷了；至於相異的則是：船山乃是以「全體論與整體實存的思路」（辯證的思路），來看待「太極」本體的。他乃是就宇宙總體實存的大化流行之「氣」來說「太極」的。而這「太極」，

基本上是含賅精神與物質為一體的，它即形上即形下、即精神即物質、即心即物、即應然即實然。它虛靈不測而生生不已，是恆具有活動性的。我們可以這麼說：船山對「無極」與「太極」關係的解釋，在「宗派立場」與「形式意義」上，與朱、牟、張三人相同──前者，儒家；後者，「太極」為本體，「無極」為形容「太極」之狀詞；但在「內容意義」或「實質意義」上，則與他們不同。

　　而除了上述四家之說外，筆者在仔細研讀濂溪的《圖說》、《通書》與其他各家的相關著作，並與筆者自己對儒道兩家義理的了解作印證，以及與拙文：〈老子哲學新論──以「道」的特性為核心的探討〉[5] 之論點作比較後，竟意外發現到：

　　一、除了船山之外，其他如劉蕺山與黃梨洲等人，也都是在「全體論與整體實存的思路」（辯證的思路）下，以儒家哲學的立場，來詮解「無極」與「太極」的關係的；而且他們都是依「無極而太極」來立論的；同時也都認為「太極」才是真正的宇宙本體，至於「無極」，則只是形容「太極」的狀詞而已！[6] 因此，他們三人的解釋，其實是相當近似而屬於同一類型的。

　　二、《圖說》的首句若是「無極而太極」，則我們既可依「分解的思路」來理解它，同時也可依「全體論與整體實存的思路」（辯證的思路）來詮釋它。而前者，還有「儒家義的解釋」與「道家義的解釋」兩種：「儒家義的解釋」至少還有朱子、牟先生與張先生的解釋三種，而它們分別代表著三種理解「無極」與「太極」關係的不同類型；而「道家義的解釋」，則是筆者在參照了自己對老子思想的研究後，所得到的一種見解。依筆者淺見，「無極而太極」一句，在「分解的思路」下，依道家的立場，所作的解釋即是：「由形上超越的『道體』（道）的『無極』（無）的這一面向，自我轉變、發展到形上超越的『道』

---

[5] 該文發表於《高苑學報》第 13 卷，2007 年。
[6] 蕺山與梨洲這對師徒，對「無極」與「太極」關係的看法，基本上是相近或相同的：「無極而太極」乃「無有極至、無形可見的大化流行之『氣』（理）」之義；「太極」是實存的宇宙本體，是宇宙總體實存的大化流行之『氣』；它既是「氣」，同時也是「理」；它因無有極至與無形可見，故稱之為「無極」，然究其實，「無極」即「太極」，兩者實同指而異名也。而他們這樣的看法，與船山之說其實也是差異不大的，因此筆者才會認為：他們三人的詮釋，基本上是屬於同一類型的。又，有關蕺山與梨洲論「無極」與「太極」之義，請分別參見黃宗羲等：《宋元學案‧第一冊》（台北，華世出版社，1987 年），卷 12；拙著：《宋明儒學新論》，頁 54~76；以及拙文：〈黃梨洲的「理氣論」初探〉，收入《黃宗羲民本思想國際學術研討會論文集》，餘姚：浙江省社會科學院、餘姚市人民政府，2006 年 4 月。

體的「太極」（有）的這一面向。」其中，「而」具有自動、動態的自我轉變與
發展義；「無極」相當於「無」，它已實體化，代表與指示著形上超越的本體（道）
的「體」這一面向；而「太極」則相當於「有」，代表與指示著形上超越的本
體（道）的「用」這一面向，兩者均是「道」的暫時性稱謂，它們同指而異名，
同為「道」的兩面向，但「無極」則是比「太極」更具有形而上的優先性；又，
在此解釋中，「道」當然也有形上的活動或作用義。

　　而「無極而太極」，若依「全體論與整體實存的思路」（辯證的思路）來詮
釋，也可有「儒家義的解釋」與「道家義的解釋」兩種：「儒家義的解釋」，如
王船山、劉宗周與黃宗羲之說即屬之，他們都是就宇宙總體實存的大化流行之
「氣」來說「太極」的，也都認為「太極」才是真正的宇宙本體。至於「無極」，
則只是形容「太極」的狀詞而已；而「道家義的解釋」，則是筆者在參照了自
己對莊子思想的理解後，所得到的一種見解。依筆者淺見，「無極而太極」一
句，在「全體論與整體實存的思路」（辯證的思路）下，依道家的立場，所作
的解釋即是：「由宇宙總體實存的『道體』（氣）的『無極』（無）的這一面向，
自我轉變、發展到宇宙總體實存的『道體』（氣）的「太極」（有）的這一面向。」
其中，「而」也是具有自動、動態的自我轉變與發展義；「無極」也相當於「無」，
它已實體化，代表與指示著實存「道體」（氣體）的「體」（體性）這一面向或
階段，它透顯了宇宙原初實存之「氣」的無窮盡、無定向、無方所與無聲臭的
特性；而「太極」則相當於「有」，代表與指示著實存「道體」（氣體）的「用」
這一面向，它透顯了宇宙原初實存之「氣」開始自我醞釀、發展，而渾淪一體、
有徵向性但又陰陽未分時的狀態與面向，兩者同為宇宙原初實存之「氣」尚未
分化前的狀態，但「無極」比「太極」更具有宇宙發生論上的優先性。前者完
全無徵向性，而後者則已有徵向性，而能於其後分陰分陽，而逐漸有形，而衍
生天地萬物。

　　三、《圖說》的首句若是「自無極而為太極」或「無極而生太極」，則我們
一樣既可依「分解的思路」來理解它，同時也可依「辯證的思路」（全體論與
整體實存的思路）來詮釋它。而因該兩句中的「無極」，明顯地有實體、本體意
味，而先秦儒學與宋明儒學是不言「無極」，以及不以「無極」為本體的，只
有「道家」（含道教）才明言「無」（筆者按：禪宗亦言「無」，但那是另一個
問題）與「無極」，再加上就思想史與學術史的角度來說，濂溪確實是有受到
道家思想影響的，因此，我們基本上只宜用道家義理來解釋這兩句。

（一）「分解的思路」下「道家義的解釋」：「自無極而為太極」或「無極而生太極」可解為：「由形上超越的『道體』（道）的『無極』（無）這一面向，自我轉變、發展到形上超越的『道體』（道）的『太極』（有）的這一面向。」其中，「自…而為」與「生」具有自動、動態的自我轉變與自我發展義，「生」字不宜解為「生成」與「衍生」（因「無極」與「太極」係一體兩面，同屬形上超越層故）；「無極」相當於「無」，它已實體化，代表與指示著形上超越的本體（道）的「體」這一面向；而「太極」則相當於「有」，代表與指示著形上超越的本體（道）的「用」這一面向，兩者均是「道」的暫時性稱謂，它們同指而異名，同為「道」的兩面向，但「無極」則是比「太極」更具有形而上之優先性的。又，在此解釋中，「道」當然也有形上的活動或作用義。

（二）「全體論與整體實存的思路」（辯證的思路）下「道家義的解釋」：「自無極而為太極」或「無極而生太極」可解為：「由宇宙總體實存的『道體』（氣）的『無極』（無）這一面向，自我轉變、發展到宇宙總體實存的『道體』（氣）的『太極』（有）的這一面向。」其中，「自…而為」與「生」也具有自動、動態的自我轉變與自我發展義；「無極」也相當於「無」，它已實體化，代表與指示著實存「道體」與「氣體」的「體」（體性）這一面向或階段，它透顯了宇宙原初實存之「氣」的無窮盡、無定向、無方所與無聲臭的特性；而「太極」則相當於「有」，代表與指示著實存「道體」與「氣體」的「用」這一面向，它透顯了宇宙原初實存之「氣」開始自我醞釀、發展，而渾淪一體、有徵向性但又陰陽未分時的狀態與面向，兩者同為宇宙原初實存之「氣」尚未分化前的狀態，但「無極」比「太極」更具有宇宙發生論上的優先性。前者完全無徵向性，而後者則已有徵向性，而能於其後分陰分陽，而有形，而生天地萬物。

伍、結論：「無極」與「太極」關係的詮釋架構

綜合以上所說，我們可以「初步」提出一個詮釋《圖說》的「無極」與「太極」關係，並將其各種豐富的義蘊呈現出來的理論架構。茲將此詮釋架構列出，

以就教於各位學者專家，並作為本文的總結 [7]：

兩種思路	分解的思路		「全體論與整體實存的思路」（辯證的思路）	
太極圖說首句依儒據道	無極而太極	自無極而為太極或無極而生太極	無極而太極	自無極而為太極或無極而生太極

---

[7] 筆者所構思的此一架構，基本上應可將歷來各家對《圖說》「無極」與「太極」關係的看法通通含括在內。就算未來有學者提出新的看法，依筆者目前的淺見，也應不易逸出此架構之外。之所以如此，主要理由有二：一是人類的思維範圍雖屬無限，但主要的、大型的思維模式卻不容易無限地創新。古今中外的哲學家，看待宇宙的本體與生成變化等問題，基本上是沒有太多大型模式的：如西哲以「分解的思路」為主流，不管是一元、二元、多元、唯心、唯物、創造、流出、進化、機械、目的、一神、二神、多神、無神論等，基本上都是偏屬於「分解的思路」下之理論；至於中哲，則是「分解的思路」與「全體論與整體實存的思路」之理論皆有；二是詮釋此一問題，是不能憑空想像的，而必須扣緊濂溪其人其作，以及證諸學術史與思想史的事實來發言才行！因此濂溪所說的「無極」與「太極」，不是儒家、道家義，便是雜有此兩家色彩，它們大概很難用其他家的哲學去加以詮釋吧！又，若要問此一架構中各種解釋之優劣，則筆者想這樣回答：若專就解釋的一致性與圓足度來說，同時在假定《圖說》的首句是「無極而太極」的情況下，則我認為牟先生與船山、戴山及梨洲等人之說是較佳的，而張岱年先生之說與筆者之道家義的解釋，則有待商榷——因《圖說》中言及諸多倫理道德等價值問題，若其所說的本體是物質性或道家義的，則由無關乎道德或價值中立者做為道德之根與價值之源，似乎於理不通；而若專就歷史脈絡來說，則除非我們能找到直接或充分理據，來證明《圖說》的原版本與濂溪的義理歸屬，否則上述諸解釋，其實都有它們的可能性與精彩處。

| 儒家義的解釋 | ①朱夫子之說：「無形而有理」、「無形之理」與「那無窮盡、無形狀與無聲無臭的太極之理」；「太極」是形上超越層的本體（理）──道德實體與道德原理，「無極」則是形容「太極」的狀詞；「太極」無活動義，只為一靜態的「只存有而不動」之「理」；活動義落在形下現象層的「氣」上說，「理」隨「氣」動。 | 缺（因此句中的「無極」明顯有宇宙最原初的本體意味，它對「太極」或有形而上之優先性，或有時間上之優先性，但儒家是既不講「無極」，同時也不以「無極」為宇宙本體的。） | ①王船山之說：「無所不極與無有不極的（太和之）『氣』（理）」；「太極」是實存的宇宙本體，是宇宙總體實存的大化流行之「氣」，是陰陽二氣未分前的狀態；它含賅精神與物質為一體；它即形上即形下、即精神即物質、即理即氣、即心即物、即應然即實然；它是道德與存有的無盡藏；它虛靈不測而生生不已，是恆具有活動性的；至於「無極」，則只是形容「太極」「無有不極」與「無所不極」的狀詞而已！ | 缺（因此句中的「無極」明顯有宇宙最原初的本體意味，「太極」是它所衍生出來的，但儒家是既不講「無極」，同時也不以「無極」為宇宙本體的。） |

| | ②牟宗三之說：「無形之理」、「無極之極」與「那無限定的而一無所有者但卻亦即是極至之理」；「太極」是形上超越層的本體（理）——道德實體與道德原理，「無極」則是形容「太極」的狀詞；「太極」有形而上的活動義，乃是「即存有即活動」的「理」。不過，它的活動，乃是「動而無動」——動而不顯動相——的。 | | ②劉蕺山之說：「無有極至、無形可見的大化流行之『氣』（理）」、「實無『太極』可言」；「太極」是實存的宇宙本體，是宇宙總體實存的大化流行之「氣」；它既是「氣」，同時也是「理」；它因無形可見，故稱之為「無極」，然究其實，「無極」即「太極」，兩者實同指而異名也；且不只「太極」與「無極」同指而異名，就連「氣」、「理」、「太極」、「無極」、「道」、「陰陽」、「五行」與「萬物」等，也都是同指而異名的，它們其實都只是實存的宇宙本體之不同稱謂罷了。它們之中的任一者，均指涉本體的某一面向、特性或樣貌：就本體構成天地萬物、瀰漫宇宙、充塞六合與綿亙古今來說，稱之為「氣」；就「氣」之運行「自有條理」、自有「不變」與「不紊」者，而「莫知其所以然而然」者，稱之為「理」；就「氣」化育天地萬物之變化莫測的作用之「極至」，或就 | |

		氣」作為天地萬物的造化根源，其地位至尊無上的情形，稱之為「太極」；就「太極」或「氣」本身之無有極至、無形可見，稱之為「無極」；就「太極」或「氣」自身含有兩股相反相成之勢能，而健動不息、變易不已，並能不斷引發與帶動萬物之化育的情形稱之為「道」或「陰陽」；就「氣」「一體而五分」或就它構成天地萬物的五種質素或五個面相，稱之為「五行」；而就「氣」「一體而無數分」或就它所生成的宇宙萬有等，則稱之為「萬物」。	
	③張岱年之說：「無形之氣」；「太極」是形下現象層的本體（物質性的氣），是陰陽二氣未分前的統一體，「無極」則是形容「太極」「無聲、無臭、無形、無象」的狀詞而已；「太極」之「氣」是具有活動義的。	③黃宗羲之說：近於其師劉蕺山之說。茲不再贅述。	

道家義的解釋				
	①筆者淺見：「由形上超越的『道體』（道）的『無極』（無）這一面向，自我轉變、發展到形上超越的『道體』（道）的『太極』（有）這一面向。」其中，「而」有動態、自動的轉變與發展義；「無極」相當於「無」，代表形上超越層的本體（道）的「體」這一面向；而「太極」則相當於「有」，代表形上超越層的本體（道）的「用」這一面向，兩者均是「道」的暫時性稱謂，異名而同指，同為「道」的兩面向，但「無極」比「太極」更具有形而上的優先性。又，「道」當然也有形上的活動或作用義。	①筆者淺見：「由形上超越的『道體』（道）的『無極』（無）的這一面向，自我轉變、發展到形上超越的『道體』（道）的『太極』（有）的這一面向。」其中，「自…而為」具有自動、動態的自我轉變與自我發展義，「生」字不宜解為「生成」與「衍生」（因「無極」與「太極」係一體兩面故）；「無極」相當於「無」，代表形上超越的本體（道）的「體」這一面向；而「太極」則相當於「有」，代表形上超越的本體（道）的「用」這一面向，兩者均是「道」的暫時性稱謂，它們同指而異名，同為「道」的兩面向，但「無極」則比「太極」更具有形而上的優先性；又，在此解釋中，「道」當然也有形上的活動或作用義。	①筆者淺見：「由宇宙總體實存的『道體』（氣）的『無極』（無）的這一面向，自我轉變、發展到宇宙總體實存的『道體』（氣）的『太極』（有）的這一面向。」其中，「而」有自動、動態的自我轉變與發展義；「無極」相當於「無」，代表實存「道體」（氣）的「體」（體性）這一面向或階段，它透顯了宇宙原初實存之「氣」的無窮盡、無定向、無方所與無聲臭的特性；而「太極」則相當於「有」，代表實存「道體」（氣）的「用」這一面向，它透顯了宇宙原初實存之「氣」開始自我醞釀、發展，而渾淪一體、有徹向性但又陰陽未分時的狀態與面向，兩者同為宇宙原初實存之「氣」尚未分化前的狀態，但「無極」比「太極」更具有宇宙發生論上的優先性。前者完全無徹向性，而後者則已有徹向性，而能於其後分陰分陽，而逐漸有形，而衍生天地萬物。	①筆者淺見：「由宇宙總體實存的『道體』（氣）的『無極』（無）的這一面向，自我轉變、發展到宇宙總體實存的『道體』（氣）的『太極』（有）的這一面向。」其中，「而」有「自…而為」與「生」具有自動、動態的自我轉變與自我發展義；「無極」相當於「無」，代表實存「道體」（氣）的「體」（體性）這一面向或階段，它透顯了宇宙原初實存之「氣」的無窮盡、無定向、無方所與無聲臭的特性；而「太極」則相當於「有」，代表實存「道體」（氣）的「用」這一面向，它透顯了宇宙原初實存之「氣」開始自我醞釀、發展，而渾淪一體、有徹向性但又陰陽未分時的狀態與面向，兩者同為宇宙原初實存之「氣」尚未分化前的狀態，但「無極」比「太極」更具有宇宙發生論上的優先性。前者完全無徹向性，而後者則已有徹向性，而能於其後分陰分陽，而逐漸有形，而衍生天地萬物。

本文曾發表於《鵝湖月刊》第33卷第1期總號第385號（2007年7月），並經筆者修潤而成。

黃梨洲的「理氣論」初探

壹、前　言

　　本文是筆者「宋明理學」（即「宋明儒學」）研究的延伸發展之一。

　　筆者近幾年來專注於宋明理學的研究，除了寫成博士論文：《劉蕺山哲學思想研究》，以及多篇期刊與研討會的論文外[1]，並從中擇要結集出版了《宋明儒學新論》[2]一書。在上述的論文與專書中，筆者提出了一個新的論點：

> 宋明理學，依理學家們「思路」（思維方式）之不同，可概分為「分解的思路」與「全體論與整體實存的思路」（即「辯證的思路」）這兩種義理型態。[3]像程頤、朱子之學，即「比較」近於「分解的思路」之型態；

---

[1] 筆者近幾年來研究宋明理學的論文，除了《劉蕺山哲學思想研究》（台南：成功大學中國文學研究所博士論文，2003 年）外，尚有〈牟宗三宋明儒學「三系說」的省察——從「三系說」到「兩型四系說」〉（台北：《鵝湖月刊》第 26 卷第 3 期總號第 303 號，2000 年 9 月）、〈周濂溪〈太極圖說〉本體性格之衡定〉（「2000 年東亞漢學會議」，日本，福岡，2000 年 12 月）、〈張載天道論性格之衡定〉（台北：《鵝湖月刊》第 26 卷第 11 期總號第 311 號，2001 年 5 月）、〈劉蕺山義理性格之衡定〉（高雄：《高苑學報》第 8 期，2002 年）、〈劉蕺山哲學的定性與系屬研究——從「兩型四系說」中「兩型」的區分標準談起〉（南京大學建校一百周年「中國思想史國際學術研討會」，南京大學，2002 年 5 月）、〈王船山天道論性格之衡定〉（台北：《鵝湖月刊》第 28 卷第 4 期總號第 328 號，2002 年 10 月）、〈宋明理學分系標準之研究〉（「2003 年人文學與社會科學學術研討會」，高雄，輔英科技大學，2003 年 11 月）、〈劉蕺山「理氣論」性格之衡定〉（「明清浙東學術文化國際研討會」，寧波，2003 年 12 月）、〈劉蕺山論氣質之性與義理之性〉（高雄：《高苑學報》第 11 期，2005 年）、〈朱子與陳亮的歷史評論——以「漢唐之爭」為中心的探討〉（「陳亮國際學術研討會」，杭州・永康，2004 年 10～11 月）與〈呂東萊的「本體論」初探〉（「呂祖謙暨浙東學術文化國際研討會」，金華，2005 年 11 月）等多篇期刊與研討論文。

[2] 陳立驤：《宋明儒學新論》，高雄：高雄復文出版社，2005 年。又，此書共收入《劉蕺山哲學思想研究》、〈牟宗三宋明儒學「三系說」的省察——從「三系說」到「兩型四系說」〉、〈張載天道論性格之衡定〉與〈王船山天道論性格之衡定〉等四篇論文。

[3] 有關這兩種「思路」的詳細意義及其相關問題，請參見拙著：《宋明儒學新論》與拙文：《劉蕺山哲學思想研究》等。

　　而張載、劉蕺山與王船山（甚至是黃宗羲）等人之學，則「比較」偏屬
於「全體論與整體實存的思路」（辯證的思路）之型態。[4]

　　而在研究的過程中，隨著筆者學識的增長、視域的加寬與體驗的益邃，我
陸續發現：

　　　不只宋明理學可概分成這「兩型」，而且當代新儒家、先秦道家與中國
　　　佛學（按：甚至是西方哲學）等，也可概分為這「兩型」：牟宗三哲學、
　　　老子哲學與北宗禪（按：甚至是多數西方傳統哲學）等，「比較」近於
　　　「分解的思路」之型態；而熊十力哲學、莊子哲學、南宗禪與天台學
　　　（按：甚至是海德格哲學）等，則「比較」偏屬於「全體論與整體實
　　　存的思路」（辯證的思路）之型態。

　　對於這些發現，筆者曾前後發表過數篇論文來作部分的證成。[5]由於這是
一個非常龐大的學術工程，因此筆者擬至少以十五至二十年的時間來加以研
究。而因筆者在《劉蕺山哲學思想研究》寫成後，一直都沒有去好好研讀蕺山
弟子，同時也是清初浙東學派創始人黃宗羲（公元 1610~1695 年，字太沖、德
冰等，號南雷、梨洲等，學者稱梨洲先生）的哲學思想，故擬藉著本文的撰述，
以：一者，清楚而相應地呈現其哲學的「部分」面貌；二者，「初步」證成筆
者先前研究宋明儒學時所持，梨洲哲學係「比較」偏屬於「全體論與整體實存
的思路」（辯證的思路）型態的論點。

---

[4] 雖然拙見只是一概略與粗糙之說，但多年來透過對原典的仔細研讀，我真的深信宋明理學是
　　可概分成這「兩型」的：「比較」近於「分解的思路」之型態的程頤、朱子之學，基本上乃是
　　預設著「超越的分解」的理論架構的：「理」、「氣」分屬形上超越層與形下現象層，本體只能
　　是「理」，而不能是「氣」，「理」、「氣」乃是異層、異質的不同存有（在）；而「比較」近於
　　「全體論與整體實存的思路」（辯證的思路）之型態的張載、劉蕺山與王船山（甚至是黃宗羲）
　　等人之學，則基本上是不預設著「超越的分解」的理論架構的，因此我們實不宜以「理──
　　形上超越層──先驗、超自然、超現象的存有／氣──形下現象層──經驗、自然、現象的
　　存在」的兩層存有構造，來詮解它們。對它們來說，本體既是「理」，也是「氣」，「理」、「氣」
　　乃是一體兩面的，而非異層異質的。

[5] 如〈熊十力晚期體用哲學性格之衡定〉（「當代儒學國際學術研討會」，浙江杭州，2004 年 4
　　月）、〈老子哲學新論─以「道」的特性為核心的探討〉（《高苑學報》第 13 卷，2007 年 7 月）
　　與〈天台智顗的「一念三千」說析論─試為「一念三千」說進一新解〉（《高苑學報》第 14
　　卷，2008 年 7 月）等。

又因梨洲哲學體系十分龐大，義理涵蓋面非常廣泛，故勢必無法僅以本文這樣的一篇單篇論文，來充分論述其全幅義理；加上梨洲哲學係由理氣論下貫而講到心性、工夫論，再講到社會、政治、歷史與文化論等，故對他理氣論的理解，著實會深刻影響或決定了對他整體哲學的理解，所以本文在此僅擬論述其理氣論，以瞭解他究係如何來看待與表述「理」、「氣」之關係及宇宙之生成變化。至於其心性、工夫論，甚至於政治、歷史與文化論等，則將待日後再覓適當時機來撰寫，以期對梨洲哲學，能有一整體的理解與掌握。

惟在正式論述之前，實有必要對本文的論述基礎：「分解的思路」與「全體論與整體實存的思路」（即「辯證的思路」）兩者之義，稍作說明。

貳、「分解的思路」和「全體論與整體實存的思路」[6]

本文所謂「分解的思路」，其義係指：

> 思想家們基於他們的感官經驗或真實的存在感受，如：驚異、好奇、怖慄、罪惡、絕望、憂患、惻隱、羞恥、煩惱、痛苦與受束縛、不自由等，或「窮知究慮地去構思一套存有層序的理論架構，來區分、解釋天地萬物和人類的生命、社會、歷史與文化等」（按：此常見於諸多西方傳統哲人）；或「經由實踐、體證而開顯出生命的某種境界或境地，於是對實存世界有一看法，並將此看法通過一套人為設計的概念與理論框架，來對實存世界作一區分與解釋」（按：此有時見於某些中國傳統哲人）的這樣一種思路。[7]

而具有這種思路的思想家，在解釋宇宙人生時，常常會預設著「超越的分解」的理論架構。他們常會認為：宇宙人生，實際上是兩層或多層存有（在）的。而且這兩層或多層的存有（在），基本上乃是異質的。他們也常認為：在

---

[6] 本小節所述，係將拙著：《宋明儒學新論》頁 28~38 的內容，作一精簡與修潤而成。

[7] 「分解」一詞，其實是有多種意義的，如：超越的、經驗的、邏輯的、心理的，以及語文的分解等均是分解。而本文所謂「分解的思路」中之「分解」，其義則是筆者自己所界定的「系統義」，而不一定等同於哲學史上諸家對「分解」一詞之所說。不過，話雖如此，但其義卻較近於「超越的分解」之義，只是兩者仍有所不同。這是因為本文所謂「分解的思路」包括了唯物論者之思路，但唯物論者之思路卻不預設著「超越的分解」架構之故。

宇宙萬有之前、之上或背後，是有所謂獨立自存、永恆普遍的本體存在的。而這本體，可能是具有意志的人格神，也可能是不具有意志的超越法則或規範；它（祂）可以是靜態的形上原理或理型，也可以是動態的絕對精神、動力或動能；它（祂）與現象界，可能是親和而會通為一體的，也可能是彼此隔絕而為兩重世界的。總之，它（祂）是超經驗與超自然的。而若將它（祂）放在宋明理學的脈絡中來立論，則它便是既超越、又內在的道德實體（或原理），我們可用「天」、「道」、「性」、「命」、「理」、「中」、「誠」、「仁」、「神」、「易」、「良知」、「太極」與「天理」等詞，來指稱它。而這道德實體，若依牟宗三先生之說，則又有「即存有即活動」與「只存有而不活動」的性質之分：

　　「即存有即活動」的實體，不僅是靜態的形上之「理」，同時更具有動態的活動與作用性，而且由它永恆的活動與作用性，便可引發、妙運與帶動形下之「氣」的生生不已。此義的本體，如濂溪所說的「太極」、明道所說的「天理」、象山所說的「本心」與陽明所說的「良知」等皆屬之。

　　而「只存有而不活動」的實體，則僅為靜態的形上之「理」，其自身並無動能來推動宇宙的生化，以及引發道德的創造，它只是靜態地做為天地萬物的最高原理，但卻無法帶動形下之「氣」的生生不已，故活動義只能落在「氣」上說，而不能就它自身來說。此義的本體，如伊川、朱子所說的「太極之理」等即屬之。[8]

　　至於本文所謂「全體論與整體實存的思路」，其義則是指：

　　　　思想家們並不以一套人為設計的、分解的存有層序之理論架構，來區分、來框套，以及來解釋天地萬物及人類的生命、社會、歷史與文化等，而是直接就整個實存的宇宙人生之大化流行來說本體，並認為本體之中，本就含有相反而又相成，相滅而又相生，同時互為隱顯，渾然相融的兩股勢能或動力，如陰與陽、翕與闢、乾與坤或靜與動等。而由於它們之間彼此不斷地相互起作用，不斷地一陰一陽、一翕一闢、一乾一坤或一靜一動等，因而帶動或引發了整個實存的宇宙人生之生生不息和永續發展的這樣的一種思路。[9]

---

[8] 有關牟先生之說，可參閱其《心體與性體》（台北：正中書局，1987年）、《從陸象山到劉蕺山》（台北：學生書局，1979年）與《中國哲學十九講》（台北：學生書局，1991年）等書。

[9] 筆者原先係使用「辯證的思路」一詞，但由於學界所熟知與習用的「辯證」，主要是黑格爾與

　　而具有這種思路的思想家，在解釋宇宙人生時，通常並不會預設著「超越的分解」的理論架構。他們並不認為宇宙人生乃是異質的兩層或多層的存有（在），也不認為在宇宙萬有之前、之上或背後，有所謂獨立自存、永恆普遍的本體存在；相反地，他們往往是就實存的宇宙人生之總體存在與流行來說本體。而此本體，如借用牟先生之詞，也是「即存有即活動」的。只是此「存有」與「活動」，並非指「分解的思路」下之形上存有與活動義，而是合形上、形下一體而言的。只此宇宙人生之總體存在，便是「存有」，此總體存在之生化流行，便是「活動」。除了宇宙人生之總體存在與流行外，別無其他本體可說。此義的本體，如王船山「即氣言體」的「氣體」[10] 即屬之。

　　而在簡要說明了這兩種「思路」後，接著我們便正式來論述梨洲的「理氣論」。

參、梨洲的「理氣論」

梨洲論及「理」、「氣」關係的文字相當多，在其著作中隨處可見，他說：

　　1、天地間只有一氣充周，生人生物……流行而不失其序，是即理也。理不可見，見之於氣。（《黃宗羲全集・第一冊》[11]，《孟子師說》，卷2）

　　2、天地間祇有一氣，其升降往來即理也。（《明儒學案・上冊》[12]，卷3，〈崇仁學案三〉）

馬克斯兩人所說之義，亦即：他們的說法已成為「辯證」一詞的「傳統義」與「主流義」，因此筆者雖一直向人說明「辯證的思路」中的「辯證」一詞之義，乃筆者所自行界定的「系統義」，但仍有許多學者產生錯解或誤解。茲為避免上述情況再度發生，本文遂將「辯證的思路」一詞改為「全體論與整體實存的思路」一詞，並在其後以（即「辯證的思路」）或（辯證的思路）標示之，以信實傳達筆者之意。

[10] 關於船山的「即氣言體」，及「氣」之意涵，請參見王船山：《張子正蒙注》及《讀四書大全說》，均收入《船山遺書全集》（台北：中國船山學會、自由出版社，1972年）、唐君毅：《中國哲學原論・原教篇》（台北：學生書局，1984年）、曾昭旭：《王船山哲學》（台北：遠景出版公司，1983年）與林安梧：《王船山人性史哲學之研究》（台北：東大圖書公司，1987年）等書。

[11] 《黃宗羲全集》，台北：里仁書局，1987年。

[12] 黃宗羲著・沈芝盈點校：《明儒學案》，台北：華世出版社，1987年。

3、愚以為心外無性，氣外無理。（《宋元學案‧第二冊》[13]，卷 15，〈伊川學案上〉）

又在評述楊東明、羅欽順與其師劉蕺山等人之學時說：

4、「盈宇宙間只是渾淪元氣，生天生地，生人物萬殊，都是此氣為之。而此氣靈妙，自有條理，便謂之理。夫惟理氣一也……」先生此言，可謂一洗理氣為二之謬矣。（《明儒學案‧中冊》，卷 29，〈北方王門學案〉）（筆者案：此則係梨洲評論並贊同楊東明之說）

5、蓋先生之論理氣最為精確，謂通天地，亙古今，無非一氣而已。氣本一也，而一動一靜，一往一來，一闔一闢，一升一降，循環無已。積微而著，由著復微，為四時之溫良寒暑，為萬物之生長收藏，為斯民之日用彞倫，為人事之成敗得失，千條萬緒，紛紜膠轕，而卒不克亂，莫知其所以然而然，是即所謂理也。初非別有一物，依于氣而立，附于氣以行也。（《明儒學案‧下冊》，卷 47，〈諸儒學案中一〉）（筆者案：此則係梨洲評論並贊同羅欽順之說）

6、蓋離氣無所為理，離心無所為性。佛者之言曰：「有物先天地，無形本寂寥，能為萬象主，不逐四時凋。」此是其真贓實犯。奈何儒者亦曰「理生氣」，所謂毫釐之辨，竟亦安在……先生大指如是……有宋以來，所未有也。（同上，卷 62，〈蕺山學案〉）（筆者按：此則係梨洲評論並贊同其師劉蕺山之說）

我們由以上的六則引文，可以很清楚地看到：梨洲乃是用負面遮撥與正面表詮這兩種方式，來表達對「理」、「氣」關係之看法的。

首先，就負面遮撥這一面來說，梨洲反對用「分解的思路」來理解「理」、「氣」的關係。他反對將「理」、「氣」二分，反對在「氣」之前、之上或之外，

---

[13] 黃宗羲原著‧全祖望補修‧陳金生、梁運華點校：《宋元學案》，台北：華世出版社，1987 年。

有所謂形上、超越的「理」可獨立自存的論點，也反對將它們視為兩種異層、異質的存在（有）：

在「引文6」中，雖然梨洲並未直接表達他的理氣觀，但由於他高度贊同其師劉蕺山的理氣觀，故我們實可將蕺山的觀點當成是他的觀點來處理。他與蕺山均反對佛家所持「有物先天地[14]，無形本寂寥，能為萬象主，不逐四時凋」，以及儒者所持「理生氣」[15] 的論點，亦即：他們都反對有個「先」於「氣」——在「氣」之前、之上或背後存在——的「理」，能衍生出「氣」這樣的論點。

在「引文5」中，梨洲也贊許羅欽順的理氣觀，而反對「別有一物，依于氣而立，附于氣以行」的說法，換言之，他反對將「理」、「氣」二分，反對將「理」視為「氣」之外的另一「物」。

而在「引文4」中，梨洲也贊同楊東明「理氣一也」的觀點，而批駁「理氣為二」的謬論。換言之，他反對將「理」、「氣」二分，反對將它們視為兩種

---

[14] 梨洲與蕺山所反對的「有物先天地」的「先」字，其義至少有二：一是指「時間上的先」；二是指「形而上的先」或「存在層級上的先」。當「先」指「時間上的先」時，則他們所反對的乃是：在天地還沒有形成或誕生之前，就有某「物」已先存在的看法；而當「先」做「形而上的先」或「存在層級上的先」解時，則他們所反對的便是：在天地（自然界或形下世界）之上或背後，有某形上、超越的「物」（道、原理或實體等）存在，來做為天地萬物的最高根據與終極原理這樣的見解。然而，不管「先」之義為一或為二，其實都可以很明顯地看出：他們是堅決反對以「分解的思路」來「理」、「氣」的關係的。

[15] 梨洲與蕺山所反對的「理生氣」說，我們至少可以從「時間上的先後」與「形而上的先後」這兩個脈絡來解釋：就「時間上的先後」來說，可解釋成：在時間順序上，先存在的「理」，產生、衍生了晚出的「氣」。此時，「理氣」關係便近似於「母子」關係——在「理氣」關係上，「理」先「氣」後，而「理」衍生「子」，這便如同在「母子」關係上，「母」先「子」後，而「母」生育「子」；而就「形而上的先後」來說，則可解釋成：形上、超越層的「理」（它可活動，可不活動），創造、衍生或實現了形下、現象層的「氣」：若「理」可活動，則它可以無中生有，如同基督宗教中的「上帝」創造世界一樣地來創造「氣」，來一併創造實然的物質宇宙與應然的道德價值；也可以不管「氣」的物質性來源，而只點化、潤澤「氣」，賦予「氣」道德的價值；或引發、妙運「氣」，使其活動與運行合理合度，就如同《中庸》所說天命、性體對天地萬物的作為一樣；更可以用「不生之生」、「作用的保存」（筆者案：此二語係牟先生在詮釋道家義理性格時所使用，詳見其《中國哲學十九講》與《才性與玄理》等書）等方式，來「實現」「氣」，來使天地萬物「自生」；而若「理」不可活動，則它亦可靜態地做為「氣」，做為現象世界一切存在及活動的最高依據與終極原理，就如同朱子所說的「理」對「氣」的關係一樣。然而，不管我們將此句作以上的何種解釋，都可以很明顯看出：梨洲與蕺山確實都反對以本文所謂「分解的思路」，來看待世界，以及來理解「理」、「氣」的關係。

異質異層的存在（有）。也正因如此，所以他才會在「引文 3」中堅持「氣外無理」的主張。

其次，就正面表詮這一面來說，則梨洲在「引文 1」中，明確主張「天地間只有一氣充周」；在「引文 2」中，也抱持「天地間祇有一氣」的見解；而在「引文 4」中，又贊同楊東明「盈宇宙間只是渾淪元氣，生天生地，生人物萬殊，都是此氣為之」的論點；同時，在「引文 5」中，他還高度稱許羅欽順「通天地，亙古今，無非一氣而已」的見解，因此，我們可以合理推斷：

在梨洲心目當中，他的確是認為天地間除了「氣」之外，再也沒有做為與「氣」相對的「理」存在，或其他可離「氣」而存之「物」了。「氣」乃是瀰漫天地、充塞六合，以及運行於古往今來之所有時空的。因此，我們可以說：「氣」，其實就是構成天地萬物的「本體」（筆者按：此「本體」並非指在「分解的思路」下，那形上超越、永恆普遍的本體），就是天地萬物的終極根源和依據。正是由於「氣」本身的「循環無已」，才衍生出「四時之溫良寒暑」、「萬物之生長收藏」與「斯民之日用彝倫」等（引文 5），因此，「氣」可說是一切存有與價值的無盡藏。

至於「理」，依梨洲之見，則並非是離「氣」獨存，與「氣」相對的另一物，它其實就是「氣」自身的「流行而不失其序」（引文 1），就是「氣」本身的「升降往來」（引文 2），就是「靈妙」之「氣」流行的「自有條理」（引文 4），也就是「循環無已」的「氣」之「卒不克亂，莫知其所以然而然」（引文 5）者，因此，「理」其實只是「氣」自身的條理與秩序罷了，它與「氣」根本就是一體渾融地存在、呈現而不可分的，是以梨洲才贊同楊東明「理氣一也」的論點。而他這樣的見解，似乎是以「全體論與整體實存的思路」（辯證的思路），來看待與表述「理」、「氣」之關係的。

以下的這幾則引文，不僅可以進一步呈現梨洲對「理」、「氣」關係的看法，同時也可以幫助我們理解他所說的「氣」的意涵。不過，在論述它們時，我們會將「太極」、「無極」與「陰陽」等詞帶進來一起討論，這是因為梨洲有時會依行文的方便，或依解說文本的需要，而隨機隨文地用它們之中的任一者，來稱呼與替代「理」。明白了這個道理，我們接著便來論述以下的引文，以進一步來瞭解他的「理氣論」與「氣」的意涵。梨洲說：

7、理為氣之理，無氣則無理。(《明儒學案・上冊》，卷7，〈河東學案

上〉〉

8、理不能離氣以為理，心不能離身以為心。(《明儒學案‧中冊》，卷38，〈甘泉學案二〉)

9、夫所謂理者，氣之流行而不失其則者也。太虛中無處非氣，則亦無處非理…我與天地萬物一氣流通，無有礙隔。(同上，卷22，〈江右王門學案七〉)

10、蓋大化流行，不舍晝夜，無有止息，此自其變者而觀之，氣也；消息盈虛，春之後必夏，秋之後必冬，人不轉而為物，物不轉而為人，草不移而為木，木不移而為草，萬古如斯，此自其不變者而觀之，理也。(《明儒學案‧上冊》，卷2，〈崇仁學案二〉)

11、天地之間，只有氣更無理。所謂理者，以氣自有條理，故立此名耳…宋儒言理能生氣，亦只誤認理為一物。(《明儒學案‧下冊》，卷50，〈諸儒學案中四〉)

12、「佛家欲直悟未有天地之先，言語道斷，心行處滅，此正邪說淫辭。彼蓋不知盈宇宙間一氣也。即使天地混沌，人物銷盡，只一空虛，亦屬氣耳。此至真之氣，本無終始，不可以先後天言，故曰『一陰一陽之謂道』。若謂『別有先天在形氣之外』，不知此理安頓何處？蓋佛氏以氣為幻，不得不以理為妄，世儒分理氣為二，而求理於氣之先，遂墮佛氏障中。」非先生豈能辨其毫釐耶？(《明儒學案‧上冊》，卷20，〈江右王門學案五〉)(筆者按：此則係梨洲同意並稱讚王塘南之說)

又說：

13、通天地，亙古今，無非一氣而已。氣本一也，而有往來、闔闢、升降之殊，則分之為動靜。有動靜，則不得不分之為陰陽。然此陰陽之動靜也，千條萬緒，紛紜膠轕，而卒不克亂，萬古此寒暑也，萬古

此生長收藏也，莫知其所以然而然，是即所謂理也，所謂太極也。以其不紊而言，則謂之理；以其極至而言，則謂之太極。識得此理，則知「一陰一陽」即是「為物不貳」也。其曰無極者，初非別有一物依於氣而立，附於氣而行。或曰因「易有太極」一言，遂疑陰陽之變易，類有一物主宰乎其間者，是不然矣⋯而二氏又以無能生有，于是誤認無極在太極之前，視太極為一物，形上形下，判為兩截。(《宋元學案‧第一冊》，卷 12，〈濂溪學案下〉，〈梨州太極圖講義〉)

14、夫大化只此一氣，氣之升為陽，氣之降為陰，以至於屈伸往來，生死鬼神，皆無二氣，故陰陽皆氣也。其升而必降，降而必升，雖有參差過不及之殊，而終必歸一，是即理也。(《明儒學案‧上冊》，卷 13，〈浙中王門學案三〉)

　　在以上的八則引文中，梨洲依然是用負面遮撥與正面表詮這兩種方式，來表達他對「理」、「氣」關係之看法的。

　　就負面遮撥這一面來說，他仍舊反對用「分解的思路」來看待「理」、「氣」的關係。他反對將「理」、「氣」二分，反對在「氣」之前、之上或之外，有所謂形上、超越的「理」可獨立自存的論點，也反對將它們視為兩種異層異質的存在（有）。易言之，他反對割裂存有，反對將實存的世界一分為二：

　　在「引文 7」與「引文 8」中，他反對「理」可離「氣」而存的說法，而抱持若「無氣則無理」，以及「理不能離氣以為理」等主張。而「理」之不能離「氣」，就像「心」之不能離「身」的情形一樣：「身」、「心」是渾融為一而不可分的，若離「身」，則「心」便不可存與不可說了；同理，「氣」、「理」也是渾融為一而不可分的，若離「氣」，則「理」也不可存與不可說了。

　　在「引文 11」中，他也明確反對宋儒「理能生氣」之說，並認為：宋儒此說，基本上乃是誤認「理」為「氣」之前、之外或之上的另一「物」，而事實上，「理」是不能離「氣」而存在的。

　　而在「引文 12」當中，他更是贊同王塘南之說，而反對佛氏與宋儒「理氣二分」與「理先氣後」的論點。他與塘南均認為：佛氏「欲直悟未有天地之先」，其實只是一「邪說淫辭」罷了；他們並質疑佛氏：若謂「別有先天（之理）在形氣之外」，那「理」將安置於何處？他們又批判宋儒「求理於氣之先」

的論點，並認為該論點根本就是墮入「佛氏障中」，是受佛氏矇蔽與影響的謬論。

至於在「引文 13」當中，則梨洲不僅將「陰陽」、「太極」與「無極」三詞均視為「理」的代稱（此義後詳），同時還明確反對「理先氣後」、「太極先於陰陽」與「無極先於太極」等論點。我們由「初非別有一物依於氣而立，附於氣而行」、「遂疑陰陽之變易，類有一物主宰乎其間者，是不然矣」與「二氏又以無能生有，于是誤認無極在太極之前」等語句，便可知本文所言不虛。

而就正面表詮這一面來說，則至少有二義可說：

一是梨洲認為「氣」乃是宇宙萬物的本體：

梨洲不僅明白表示：「通天地、亙古今，無非一氣而已」（引文 13）、「氣本一也」（引文 13）、「夫大化只此一氣」（引文 14）與「天地之間，只有氣更無理」（引文 11），同時又稱許塘南「盈宇宙間一氣也」之說，因此，我們可以再次斷定：

在梨洲心目中，他確實是認為天地間除了「氣」之外，再也沒有做為與「氣」相對的「理」存在（「理」只不過是「氣之理」而已），或其他可離「氣」而獨立自存的東西存在。「太虛中」是「無處非氣」（引文 9）的，即使是「天地混沌，人物銷盡，只一空虛，亦屬氣耳」（引文 12）。因此，「氣」乃是生成宇宙萬物的本體。

二是梨洲係以「全體論與整體實存的思路」（辯證的思路），來看待「理」、「氣」的關係的：

他認為：「理」、「氣」只是一，只是同一實存的宇宙本體的兩個不同的面向、樣貌或特性而已！它們其實是「一體兩面」與「同指而異名」的。雖然我們可以為了溝通與表述上的方便，而在理論上或語文的使用上，將它們「暫時」區分為形上的、無形而不可見、不可感的「理」，以及形下的、有形而可見、可感的「氣」，但若回到具體實存的世界，則它們其實乃是渾然為一而斷不可分的。換言之，「理」、「氣」並非異層異質的存有（有），它們根本就是一體渾融地存在與呈現的：

在「引文 7」與「引文 9」中，他分別表達「理為氣之理」，以及「理」係「氣之流行而不失其則者」的見解。他更進一步指出：因「理為氣之理」與「理氣是一」的緣故，故「太虛中無處非氣，則亦無處非理」也。

在「引文 11」中，他也堅決表達「天地之間，只有氣更無理」的立場。

他並再次指出：「所謂理者，以氣自有條理，故立此名耳」。因此，「理」、「氣」根本就是渾融一體的，它們係同一宇宙本體之兩面。

而在「引文10」當中，梨洲更是清楚表達了他對「理」、「氣」關係的看法。他認為：對於同一大化流行的宇宙本體，我們若「自其變者」、自其「不舍晝夜，無有止息」的這一面來看，則稱之為「氣」；而若「自其不變者」、自其「消息盈虛，春之後必夏，秋之後必冬，人不轉而為物，物不轉而為人，草不移而為木，木不移而為草，萬古如斯」的這一面來看，則稱之為「理」。換言之，「理」「氣」乃是同一實存宇宙的不同面向罷了！它們是「一體兩面」與「同指而異名」的。

而梨洲這種「理氣一也」的見解，其實就是以「全體論與整體實存的思路」（辯證的思路），來看待與表述「理」、「氣」的關係的。

而在上述的諸引文中，「引文13」是特別值得我們加以注意的，這是因為它涉及了梨洲如何看待「理」、「氣」與「太極」、「無極」、「道」和「陰陽」等詞之關係的問題。而經筆者的仔細爬梳後，發現：

> 依梨洲之見，「理」、「太極」、「無極」、「道」與「陰陽」等，其實都只是同一本體之「氣」的不同稱謂罷了，它們乃是同指而異名的。

首先，梨洲明白表示：「氣」運行的「莫知其所以然而然，是即所謂理也，所謂太極也。以其不紊而言，則謂之理；以其極至而言，則謂之太極」，因此，「理」其實就是「太極」，兩者的指涉相同，而只是稱謂不同而已：「理」是就「氣」運行之「不紊」而言的；而「太極」則是就「氣」運行之「極至」來說的。

其次，梨洲又指出：若「識得此理，則知『一陰一陽』即是『為物不貳』也。其曰無極者，初非別有一物依於氣而立，附於氣而行。或曰因『易有太極』一言，遂疑陰陽之變易，類有一物主宰乎其間者，是不然矣…而二氏又以無能生有，于是誤認無極在太極之前，視太極為一物」。梨洲的這段話，大約有三個重點：一是「一陰一陽」之「道」（「一陰一陽之謂道」）即是「為物不貳」的「太極」（理），「道」即「太極」即「理」也；二是「無極」即是「太極」，兩者為同一「物」，而非「無極」在「太極」之前，「無極」是一「物」，「太極」又是一「物」；三是「陰陽」（之氣）即是「太極」（之理），非「陰陽」之「氣」

（「引文14」：「陰陽皆氣也」）之前或之上，有一「太極」「主宰乎其間」。

　　總之，在「引文 13」當中，梨洲似乎是主張即「理」即「氣」即「道」即「太極」即「無極」即「陰陽」的，而這正顯示出：他乃是以「全體論與整體實存的思路」（辯證的思路），來看待「理」、「氣」的關係的。

　　以下的這四則引文，更可做為上述論點的佐證。梨洲評述羅欽順的話說：

> 15、朱子自以理先氣後之說解周子，亦未得周子之意也。羅整菴《困知記》謂：「『無極之真，二五之精，妙合而凝』三語，不能無疑。凡物必兩而後可以言合。太極與陰陽，果二物乎？其為物也果二，則方其未合之先，各安在邪？朱子終身認理氣為二物，其原蓋出於此。」…非「二五之精」，則亦無所謂「無極之真」矣。朱子言無形有理即是，是尋「無極之真」于「二五之精」之外，雖曰無形而實為有物，亦豈無極之意乎！（《宋元學案・第一冊》，卷12，〈濂溪學案下〉）

又引述並贊同其師劉蕺山的話說：

> 16、「一陰一陽之謂道」，即太極也。天地之間，一氣而已，非有理而後有氣，乃氣立而理因之寓也。就形下之中而指其形而上者，不得不推高一層以立至尊之位，故謂之太極；而實無太極之可言，所謂「無極而太極也」。使實有是太極之理為此氣從出之母，則亦一物而已，又何以生不息，妙萬物而無窮乎？今曰理本無形，故謂之無極，無乃轉落註腳。太極之妙，生生不息而已矣。生陽生陰，而生水火木金土，而生萬物，皆一氣自然之變化。（同上）

在《再答忍庵宗兄書》中又說：

> 17、弟以為一陰一陽之為道，道即太極也。離陰陽無從見道。所謂「易有太極，是生兩儀」，此為作《易》者言之。因兩儀而見太極，非有先後次第也。宗兄之意，是先有太極，而後分陰陽。當其未分陰陽之時，不知太極寄于何所？「有物先天地，無形本寂寥，能為萬象主，不遂

四時凋」,此二氏之言也,《易》豈有是乎?(《黃梨洲文集》[16],頁 445)

又批評舒梓溪對周濂溪《太極圖說》的繹義說:

18、視太極若為一物,岐陰陽而二之,所以有天之太極,人之太極,物之太極,蓋不勝其支離矣。(《明儒學案‧下冊》,卷 53,〈諸儒學案下一〉)

在以上的四則引文中,梨洲仍舊是用負面遮撥與正面表詮這兩種方式,來表達他對「理」、「太極」、「無極」、「道」、「陰陽」與「氣」等關係之看法的。首先,就負面遮撥這一面來說,在「引文 15」中,他反對朱子以「理先氣後」之說,來詮解釋周濂溪的理氣觀,而認為朱子之說實「未得周子之意也」;他也反對朱子「尋『無極之真』于『二五之精』之外」的作法,並質疑說:「亦豈無極之意乎?」他又呼應羅欽順「太極與陰陽,果二物乎?」的質疑,言下之意,即反對將「太極」與「陰陽」二分與視為二物。

在「引文 16」中,他與蕺山均反對有一「太極」之「理」,在「氣」之前或之上,而能衍生出「氣」的論點。他們都認為:實際上根本就沒有在「氣」之前或之上的形上超越、獨立自存的「太極」之「理」存在,因此,他們說:「實本無太極之可言」,並且反問說:「使實有是太極之理,為此氣從出之母,則亦一物而已,又何以生生不息,妙萬物而無窮乎?」亦即:假使真的有一能衍生出「氣」的「太極」之「理」存在的話,那麼此「太極」之「理」也只不過是一個「物」而已!既然它只是一個「物」,那麼又何以自己能「生生不息」地產生動能,來無止盡地妙運天地萬物呢?

而在「引文 17」與「引文 18」當中,梨洲則是分別反對忍庵和舒梓溪所持「先有太極,而後分陰陽」,以及「視太極若為一物,岐陰陽而二之」的主張。他並質問忍庵說:「當其未分陰陽之時,不知太極寄于何所?」,同時又批評舒梓溪「天之太極,人之太極,物之太極」的說法太過「支離」了。言下之意,不僅「太極」與「陰陽」是不可分的,而且「太極」自身也是不可分的。

---

[16] 《黃梨洲文集》,北京:中華書局,1959 年。

　　其次，就正面表詮這一面來說，在「引文 16」當中，梨洲所讚同的蕺山論點，約有三點可說：一是「一陰一陽」的「道」就是「太極」；二是「氣」乃是構成天地萬物的本體，不管是「太極」、「陰陽」、「五行」，或者是「萬物」，都是「氣」，此由「太極之妙，生生不息而已矣。生陽生陰，而生水火木金土，而生萬物，皆一氣自然之變化」等句可知；而因「太極」亦是「理」（「太極之理」），故我們實可說：「太極」既是「理」，亦是「氣」；三是「太極」之「理」因無形可見，故稱之為「無極」，而究其實「無極」即「太極」，兩者同指而異名也。

　　而在「引文 17」當中，梨洲更是直截了當地指出：「一陰一陽」的「道即太極也」，換言之，他認為：「陰陽」即「道」即「太極」也，三者乃是渾融為一的。

　　綜合以上所說，我們可以得到以下的兩點小結：

　　一、依梨洲之見，「氣」、「理」、「太極」、「無極」、「道」與「陰陽」等，其實都只是宇宙本體的不同稱謂罷了，它們乃是同指而異名的：

　　就本體構成天地萬物、瀰漫宇宙、充塞六合與綿亙古今者，稱之為「氣」；就「氣」之運行「自有條理」、自有「不變」與「不紊」者，而「莫知其所以然而然」者，稱之為「理」；就「氣」化育天地萬物之變化莫測的作用之「極至」，或就「氣」做為天地萬物的造化根源，其地位至尊無上的情形，稱之為「太極」；就「太極」或「氣」本身之無有極至、無形可見，則稱之為「無極」；而就「太極」或「氣」自身含有兩股相反相成之勢能，而健動不息、變易不已，並能不斷引發與帶動萬物之化育的情形稱之為「道」或「陰陽」等。總之，它們都是宇宙本體的不同稱謂，通通都是同指而異名的，它們之中的任一者，均指涉或代表著宇宙本體的某一面向、特性或樣貌。

　　二、做為宇宙本體的「太極」、「無極」、「道」與「陰陽」等，它們既是「理」，也是「氣」：

　　此點我們從「太極之理」（引文 16）、「理氣一也」（引文 4）、「一陰一陽之謂道，道即太極也」（引文 17）、「所謂理也，所謂太極也」（引文 13）、「『一陰一陽』即是『為物不貳』」（引文 13）、「理本無形，故謂之無極」（引文 16）、「陰陽皆氣也」（引文 14）與「太極之妙…生陰生陽，而生水火木金土，而生萬物，皆一氣自然之變化」（引文 16）等語句，即可合理推知。

肆、結　論

□　□經由以上的論述，我們可對本文作出以下的總結：

就如同梨洲師父劉蕺山反對以「分解的思路」，而主張用「全體論與整體實存的思路」（辯證的思路），來思維與表述其「理氣論」與哲學思想的情形一樣，梨洲也反對以「分解的思路」，而主張用「全體論與整體實存的思路」（辯證的思路），來看待「理」、「氣」之關係的：

就負面遮撥這一面來說，他反對將「理」、「氣」二分，反對將它們視為兩種異層、異質的存在（有）。換言之，他反對割裂存有，反對割裂實存的世界。

而就正面表詮這一面來說，則他主張「理」、「氣」是一，是同一實存的宇宙本體的兩個不同的面向、樣貌或特性，它們的指涉相同，而只是稱謂不同而已！雖然我們可以為了溝通與表述上的方便，而在理論上或語文的使用上，將它們暫時區分為形上的、無形而不可見、不可感的「理」，以及形下的、有形而可見、可感的「氣」，但若回到具體實存的世界，則它們其實是渾融為一而斷不可分的。換言之，「理」、「氣」根本就是一體渾融地存在與呈現的。

梨洲以下的這一段話，更可證明本文對梨洲「理氣論」的觀點是言之成理的。茲抄錄於下，一則承繼上述論點，並與「前言」相呼應；二則歸向以下總結，做為「結論」的最佳註腳。梨洲說：

> 19、理氣之名，由人而造。自其浮沉升降者而言，則謂之氣；自其浮沉升降不失其則者而言，則謂之理。蓋一物而兩名，非兩物而一體也。[17]（《明儒學案‧下冊》，卷44，〈諸儒學案上二〉）

總之，梨洲乃是就「實存的宇宙之總體存在與流行」（氣）來說本體，而並不承認在實存的宇宙之前、之上或背後，有所謂獨立自存、永恆普遍的形上

---

[17] 「理」、「氣」係「一物而兩名」，而非「兩物而一體」，意即：「理」、「氣」乃是「同一實存的宇宙本體、同一存有」（一物）的「兩個暫時性的稱謂」（兩名），而不是「兩個異層異質的存在（有）、兩個不同的東西」（兩物）結合在一起、結合成一體（一體）。言下之意，梨洲主張「理氣是一」，而反對「理氣合一」。因才一說「合」，則似乎就預設著「未合前理、氣係各自為一物」的論點，而這是他萬萬不能同意的。（筆者按：牟先生立基於「兩層存有論」而對宋明理學所作的詮釋，雖說是清楚與精闢之至，但似乎是「兩物而一體」，而非「一物而二名」或「一體而兩面」。）

本體（理）存在。因此，他的「理氣論」與其師蕺山的「理氣論」的特性是相似的，它們同為「全體論與整體實存的思路」（辯證的思路）型態之學無疑！

　　本文曾發表於「黃宗羲民本思想國際學術研討會」（浙江餘姚，浙江省社會科學院・餘姚市人民政府，2006 年 4 月），並經筆者修潤而成。

試論黃梨洲哲學思想的特性

壹、前　言

　　筆者之所以撰寫本文，係由以下的四個問題意識所引發：

　　一、明末大儒劉宗周（蕺山）的哲學思想，依筆者多年來的研究，應屬於「全體論與整體實存的思路」（即「辯證的思路」）型態之學[1]。而做為蕺山最著名弟子的黃宗羲（梨洲），其學與師學的型態究竟是相近或相異的？亦即：其學到底屬不屬於「全體論與整體實存的思路」（辯證的思路）型態之學？

　　二、中國與宋元明史上最重要的兩部學術史與思想史的學案體鉅著：《宋元學案》與《明儒學案》，梨洲究竟是根據何種學術觀點來撰述？

　　三、我們該如何來解讀梨洲哲學思想中最重要的兩個基本命題——「盈天地皆心也」[2]與「盈天地間皆氣也」（《明儒學案‧下冊》，卷62，〈蕺山學案〉）——之間的關係？換言之，它們是彼此一致，還是相互矛頭的兩個命題？

　　四、梨洲曾說：「理」與「氣」，乃是「一物而兩名，非兩物而一體也」（《明儒學案‧下冊》，卷44，〈諸儒學案上二〉）。究竟我們該如何來解讀這句話才相應呢？才能恰當地呈現梨洲哲學思想的特性呢？

　　當然，這四個問題意識是密切相關的，它們都指向梨洲哲學思想的特性問題，只是彼此的切入點與著眼點不同而已！第一個問題，係由師承關係與思想淵源，來看梨洲哲學思想的特性；第二個問題，是由兩部著作，來看梨洲哲學思想的特性；第三與第四個問題，則是由梨洲自己所說的話，來看他哲學思想的特性。因此，四個問題雖說殊異，然而指歸卻是相同的。

　　但或許有人會問：學界通常是把梨洲歸為清初或清代學人的，研究他的哲

---

[1]　參見拙著：《宋明儒學新論》（高雄：高雄復文出版社，2005年）與拙文：《劉蕺山哲學思想研究》（台南：成功大學中國文學研究所博士論文，2003年）等。

[2]　黃宗羲著‧沈芝盈點校：《明儒學案‧上冊》（台北：華世出版社，1987年），〈明儒學案序〉。又，以下凡徵引自《明儒學案》的梨洲原文，均出自此本（共分上、中、下三冊）。

學思想，究竟與大會 ³ 的明史或明代學術（史）研究有何關聯呢？

　　對此，筆者想這樣回答：

　　一、就梨洲的主觀心願而言，係自認為明人，而不願為滿族統治下之清人。此點我們從他前半生從事「反清復明」運動，以及後半生「始終保持了『亡國大夫』、『故國遺民』的氣節，既未入清廷當官，也不肯參加官方的正式活動」⁴ 等，便可得知。更何況他窮盡心力撰寫《明儒學案》與《明文海》等書，其實就是為了要保存、傳承與弘揚有明一代的學術文章，故若將他只視為清代哲人，或只列為清初三大家之一，則他如地下有知，恐怕也不能同意吧？！

　　二、就時代的劃分而言，梨洲身處明、清兩代交替之際，前半生屬明末，後半生屬清初，故似無一定理由非得將他歸為清代學人或哲人不可。既是如此，則將他視為明末學人或哲人，不也是言之成理嗎？

　　三、就與文學史的比較而言，在中國文學史上，既有許多「遺民詩人」或「遺民詞人」──如宋元之際的文天祥、汪元量、蔣捷與張炎等，他們在文學史上均被歸為南宋文學家，那在中國哲學史上，又何嘗不可以有所謂的「遺民哲人」？因此，若將梨洲視為明代的「遺民哲人」，其實也是合情合理的。

　　四、就研究明代的學術思想而言，梨洲既然根據其學術觀點來撰述《明儒學案》，那麼瞭解他的哲學思想特性，對於瞭解明代的學術思想史，當然會有相當助益。至少可以讓我們去思索：「《明儒學案》中的理學家思想」與「理學家原典中的理學家思想」，究竟有何異同？

　　由以上四點，可知：對梨洲哲學思想的研究，不僅可以劃入明代學術思想（史）的研究範圍內，同時對明代學術思想（史）的研究，也是有所助益的。

　　而在正式論述梨洲哲學思想的特性之前，本文擬先將論述的基礎：「分解的思路」與「全體論與整體實存的思路」（辯證的思路），稍作說明。

貳、「分解的思路」與「全體論與整體實存的思路」⁵

　　「分解的思路」與「全體論與整體實存的思路」（辯證的思路），不僅是筆

---

³ 「第 12 屆明史國際學術研討會」，遼寧大連，中國明史學會‧遼寧師範大學，2007 年 8 月。

⁴ 沈善洪主編‧吳光執行主編：《黃宗羲全集‧第十二冊》，〈清初啟蒙思想家黃宗羲傳〉（吳光撰），浙江杭州，浙江古籍出版社，2005 年。

⁵ 本小節所述，係將拙著：《宋明儒學新論》頁 28~38 的內容，作一精簡與修潤而成。

者近幾年來分判宋明理學（與中國哲學）為「兩型」的主要標準與依據，同時
也是筆者解讀與衡定蕺山哲學思想特性的主要標準與依據。[6]所謂「分解的思
路」，其義係指：

> 思想家們基於他們的感官經驗或真實的存在感受，如：驚異、好奇、
> 怖慄、罪惡、絕望、憂患、惻隱、羞恥、煩惱、痛苦與受束縛、不自
> 由等，或「窮知究慮地去構思一套存有層序的理論架構，來區分、解
> 釋天地萬物和人類的生命、社會、歷史與文化等」（按：此常見於諸多
> 西方傳統哲人）；或「經由實踐、體證而開顯出生命的某種境界或境地，
> 於是對實存世界有一看法，並將此看法通過一套人為設計的概念與理
> 論框架，來對實存世界作一區分與解釋」（按：此有時見於某些中國傳
> 統哲人）的這樣一種思路。

　　而具有這種思路的思想家，在解釋宇宙人生時，常常會預設著「超越的分
解」架構。他們常會認為：一、宇宙人生，實際上是兩層或多層存有（在）的。
而且這兩層或多層的存有（在），基本上乃是異質的；二、在天地萬物之前、
之上或背後，是有所謂獨立自存、永恆普遍的本體存在的。[7]
　　至於所謂「全體論與整體實存的思路」（辯證的思路），其義則是指：

> 思想家們並不以一套人為設計的、分解的存有層序之理論架構，來區
> 分、來框套，以及來解釋天地萬物及人類的生命、社會、歷史與文化
> 等，而是直接就整個實存的宇宙人生之大化流行來說本體，並認為本

---

[6] 有關這兩種「思路」的詳細意義及其相關例釋，請參見拙著：《宋明儒學新論》與拙文：《劉
蕺山哲學思想研究》等。又，筆者近幾年來研究宋明理學與蕺山哲學時，所提出的分判標準
原本為「分解的思路」與「辯證的思路」兩詞，但由於其中的「辯證」一詞，學界所熟知與
習用者，乃是黑格爾與馬克斯兩人所說之義，亦即：他們的說法已成為「辯證」一詞的「傳
統義」與「主流義」，是以筆者雖一直向人說明「辯證的思路」中的「辯證」一詞之義，乃筆
者所自行界定的「系統義」，但仍有許多學者產生錯解或誤解。茲為避免上述情況再度發生，
本文遂將「辯證的思路」一詞改為「全體論與整體實存的思路」一詞，並在其後以（即「辯
證的思路」）或（辯證的思路）標示之，以信實傳達筆者之意。

[7] 拙見以為：程頤、朱子與老子即是較偏屬於「分解的思路」之思想家，如程朱的「理氣論」
與老子的「道論」，基本上均預設著「超越的分解」架構：前者的「理」與「氣」，為異層異
質的存有（在）；而後者的「道」與「天地萬物」，亦為異層異質的存有（在）。

體之中，本就含有相反而又相成，相減而又相生，同時互為隱顯，渾
然相融的兩股勢能或動力，如陰與陽、翕與闢、乾與坤或靜與動等。
而由於它們之間彼此不斷地相互起作用，不斷地一陰一陽、一翕一闢、
一乾一坤或一靜一動等，因而帶動或引發了整個實存的宇宙人生之生
生不息和永續發展的這樣的一種思路。

　　而具有這種思路的思想家，在解釋宇宙人生時，通常並不會預設著「超越
的分解」架構。他們並不認為宇宙人生乃是異質的兩層或多層的存有（在），
也不認為在天地萬物之前、之上或背後，有所謂獨立自存、永恆普遍的本體存
在；相反地，他們往往是就實存的宇宙人生之總體存在與流行來說本體的。[8]

<h2 style="text-align:center">參、梨洲的「理氣論」[9]</h2>

　　梨洲哲學其實是一個相當完足的體系，他在「理氣論」與「心性論」等方
面，都有一致的看法。而這樣的看法，適足以顯現出他的思路與哲學特性。他
論及「理」、「氣」關係的文字相當多，而且在論述時也常會依行文的方便或需
要，而隨機將「太極」、「無極」與「陰陽」等詞一起帶進來討論。他說：

1、天地間只有一氣充周，生人生物……流行而不失其序，是即理也。
理不可見，見之於氣。（《黃宗羲全集・第一冊》，《孟子師說》，卷2）

2、天地間祇有一氣，其升降往來即理也。（《明儒學案・上冊》，卷3，
〈崇仁學案三〉）

3、愚以為心外無性，氣外無理。（《宋元學案・第二冊》，卷15，〈伊川
學案上〉）

---

[8] 拙見以為：張載、王船山、劉蕺山與黃梨洲等，即是較偏屬於「全體論與整體實存的思路」
之思想家，他們均是就「實存的宇宙人生之總體存在與流行」（按：如實存的氣、心、意、獨
與物等）來說本體，並且都沒有預設著「超越的分解」架構。
[9] 本小節所述，係將拙文：〈黃梨洲的「理氣論」初探〉（「黃宗羲民本思想國際學術研討會」，
浙江餘姚，浙江省社會科學院・餘姚市人民政府，2006年4月）的內容，作一精簡與修潤而
成。

4、理為氣之理，無氣則無理。(《明儒學案‧上冊》，卷 7，〈河東學案上〉)

5、理不能離氣以為理，心不能離身以為心。(《明儒學案‧中冊》，卷 38，〈甘泉學案二〉)

6、夫所謂理者，氣之流行而不失其則者也。太虛中無處非氣，則亦無處非理…我與天地萬物一氣流通，無有礙隔。(同上，卷 22，〈江右王門學案七〉)

又說：

7、蓋大化流行，不舍晝夜，無有止息，此自其變者而觀之，氣也；消息盈虛，春之後必夏，秋之後必冬，人不轉而為物，物不轉而為人，草不移而為木，木不移而為草，萬古如斯，此自其不變者而觀之，理也。(《明儒學案‧上冊》，卷 2，〈崇仁學案二〉)

8、天地之間，只有氣更無理。所謂理者，以氣自有條理，故立此名耳…宋儒言理能生氣，亦只誤認理為一物。(《明儒學案‧下冊》，卷 50，〈諸儒學案中四〉)

9、通天地，亙古今，無非一氣而已。氣本一也，而有往來、闔闢、升降之殊，則分之為動靜。有動靜，則不得不分之為陰陽。然此陰陽之動靜也，千條萬緒，紛紜膠轕，而卒不克亂，萬古此寒暑也，萬古此生長收藏也，莫知其所以然而然，是即所謂理也，所謂太極也。以其不紊而言，則謂之理；以其極至而言，則謂之太極。識得此理，則知「一陰一陽」即是「為物不貳」也。其曰無極者，初非別有一物依於氣而立，附於氣而行。或曰因「易有太極」一言，遂疑陰陽之變易，類有一物主宰乎其間者，是不然矣…而二氏又以無能生有，于是誤認無極在太極之前，視太極為一物，形上形下，判為兩截。(《宋元學案‧

第一冊》，卷 12，〈濂溪學案下〉，〈梨州太極圖講義〉）

10、夫大化只此一氣，氣之升為陽，氣之降為陰，以至於屈伸往來，
生死鬼神，皆無二氣，故陰陽皆氣也。其升而必降，降而必升，雖有
參差過不及之殊，而終必歸一，是即理也。（《明儒學案‧上冊》，卷 13，
〈浙中王門學案三〉）

同時在評述王塘南、楊東明、羅欽順與其師劉蕺山等人之學時，也說：

11、「佛家欲直悟未有天地之先，言語道斷，心行處滅，此正邪說淫辭。
彼蓋不知盈宇宙間一氣也。即使天地混沌，人物銷盡，只一空虛，亦
屬氣耳。此至真之氣，本無終始，不可以先後天言，故曰『一陰一陽
之謂道』。若謂『別有先天在形氣之外』，不知此理安頓何處？蓋佛氏
以氣為幻，不得不以理為妄，世儒分理氣為二，而求理於氣之先，遂
墮佛氏障中。」非先生豈能辨其毫釐耶？（《明儒學案‧上冊》，卷 20，
〈江右王門學案五〉）（筆者按：此則係梨洲同意並稱讚王塘南之說）

12、「盈宇宙間只是渾淪元氣，生天生地，生人物萬殊，都是此氣為之。
而此氣靈妙，自有條理，便謂之理。夫惟理氣一也……」先生此言，
可謂一洗理氣為二之謬矣。（《明儒學案‧中冊》，卷 29，〈北方王門學
案〉）（筆者案：此則係梨洲評論並贊同楊東明之說）

13、蓋先生之論理氣最為精確，謂通天地，互古今，無非一氣而已。
氣本一也，而一動一靜，一往一來，一闔一闢，一升一降，循環無已。
積微而著，由著復微，為四時之溫良寒暑，為萬物之生長收藏，為斯
民之日用彝倫，為人事之成敗得失，千條萬緒，紛紜膠轕，而卒不克
亂，莫知其所以然而然，是即所謂理也。初非別有一物，依于氣而立，
附于氣以行也。（《明儒學案‧下冊》，卷 47，〈諸儒學案中一〉）（筆者
案：此則係梨洲評論並贊同羅欽順之說）

14、蓋離氣無所為理，離心無所為性。佛者之言曰：「有物先天地，無

形本寂寥，能為萬象主，不逐四時凋。」此是其真贓實犯。奈何儒者亦曰「理生氣」，所謂毫釐之辨，竟亦安在⋯⋯先生大指如是⋯⋯有宋以來，所未有也。（同上，卷 62，〈蕺山學案〉）（筆者按：此則係梨洲評論並贊同其師劉蕺山之說）

　　由以上的 14 則引文，我們可以很清楚地看到：梨洲乃是用「負面遮撥」與「正面表詮」這兩種方式，來表達對「理」、「氣」關係之看法的：

　　首先，就「負面遮撥」這一面來說，梨洲反對用「分解的思路」來理解「理」、「氣」的關係。他反對將「理」、「氣」二分，反對在「氣」之前、之上或之外，有所謂形上、超越的「理」可獨立自存的論點，也反對將它們視為兩種異層、異質的存在（有）。換言之，他反對割裂存有，反對將實存的世界一分為二：

　　在「引文 3」、「引文 4」與「引文 5」中，他反對「理」可離「氣」而存的說法，而抱持著「氣外無理」、「無氣則無理」，以及「理不能離氣以為理」等主張。而「理」之不能離「氣」，就像「心」之不能離「身」的情形一樣：若離「身」，則「心」便不可存與不可說了；同理，若離「氣」，則「理」也不可存與不可說了。

　　在「引文 8」中，他也反對宋儒「理能生氣」[10]之說，並認為：宋儒此說，基本上乃是誤認「理」為「氣」之前、之外或之上的另一「物」，而事實上，「理」是不能離「氣」而存在的。

　　在「引文 11」中，他也贊同王塘南之說，而反對佛氏與宋儒「理氣二分」

---

[10] 梨洲所反對的「理能生氣」說，至少可以從「時間上的先後」與「形而上的先後」（或「存在層級上的先後」）這兩個脈絡來解讀：就「時間上的先後」來說，可解釋成：在時間順序上，先存在的「理」，產生、衍生了晚出的「氣」。此時，「理氣」關係便近似於「母子」關係——在「理氣」關係上，「理」先「氣」後，而「理」衍生「氣」，這便如同在「母子」關係上，「母」先「子」後，而「母」生育「子」；而就「形而上的先後」來說，則可解釋成：形上、超越層的「理」（它可活動，可不活動），創造或衍生了形下、現象層的「氣」：若「理」可活動，則它可以無中生有，如同基督宗教中的「上帝」創造世界一樣地來創造「氣」，來一併創造實然的物質宇宙與應然的道德價值；也可以不管「氣」的物質性來源，而只點化、潤澤「氣」，賦予「氣」道德的價值；或引發、妙運「氣」，使其活動與運行合理合度，就如同《中庸》所說天命、性體對天地萬物的作為一樣；而若「理」不可活動，則它亦可靜態地做為「氣」，做為現象世界一切存在及活動的最高依據與終極原理，就如同朱子所說的「理」對「氣」的關係一樣。然而，不管我們將此句作以上的何種解釋，都可以很明顯看出：梨洲確實是反對以本文所謂「分解的思路」，來看待世界，以及來理解「理」、「氣」之關係的。

與「理先氣後」[11]的論點。他與塘南均認為：佛氏「欲直悟未有天地之先」，其實只是一「邪說淫辭」罷了；他們並質疑佛氏：若謂「別有先天（之理）在形氣之外」，那「理」將置於何處？他們又批判宋儒「求理於氣之先」的論點，並認為該論點根本就是墮入「佛氏障中」，是受佛氏矇蔽與影響的謬論。

在「引文 12」中，梨洲也贊同楊東明「理氣一也」的觀點，而批駁「理氣為二」的謬論。換言之，他反對將「理」、「氣」二分，反對將它們視為兩種異質、異層的存在（有）。正因如此，所以他才會在「引文 3」中堅持「氣外無理」的主張。

在「引文 13」中，梨洲更是贊許羅欽順的理氣觀，而反對「別有一物，依于氣而立，附于氣以行」的說法，換言之，他反對將「理」、「氣」二分，反對將「理」視為「氣」之外的另一「物」。

而在「引文 14」中，雖然梨洲並未直接表達他對「理」、「氣」關係的看法，但由於他高度贊同其師劉蕺山的理氣觀，故我們實可將蕺山的觀點當成是他的觀點來處理。他與蕺山均反對佛者所持「有物先天地[12]，無形本寂寥，能為萬象主，不逐四時凋」，以及儒者所持「理生氣」的論點，亦即：他們都反對有個「先」於「氣」——在「氣」之前、之上或背後存在——的「理」，能衍生出「氣」這樣的論點。

至於在「引文 9」當中，則梨洲不僅將「陰陽」、「太極」與「無極」三詞均視為「理」的代稱（按：此義後詳），同時還明確反對「理先氣後」、「太極先於陰陽」與「無極先於太極」等論點。我們由「初非別有一物依於氣而立，附於氣而行」、「遂疑陰陽之變易，類有一物主宰乎其間者，是不然矣」與「二氏又以無能生有，于是誤認無極在太極之前」等語句，便可知本文所言不虛。

而就「正面表詮」這一面來說，則至少有二義可說：

11　「理先氣後」說，我們也可從「時間上的先後」與「形而上的先後」（或「存在層級上的先後」）這兩個脈絡來解讀，而且它們的解釋也近於「註10」中的解釋。

12　梨洲與蕺山所反對的「有物先天地」的「先」字，其義至少有二：一是指「時間上的先」；二是指「形而上的先」或「存在層級上的先」。當「先」指「時間上的先」時，則他們所反對的乃是：在天地還沒有形成或誕生之前，就有某「物」已先存在的看法；而當「先」做「形而上的先」或「存在層級上的先」解時，則他們所反對的便是：在天地（自然界或形下世界）之上或背後，有某形上、超越的「物」（道、原理或實體等）存在，來做為天地萬物的最高根據與終極原理這樣的見解。然而，不管「先」之義為一或為二，其實都可以很明顯地看出：他們是堅決反對以「分解的思路」來「理」、「氣」的關係的。

　　一是梨洲認為「氣」乃是宇宙萬物的本體：

　　梨洲不僅明白表示：「天地間只有一氣充周，生人生物」（引文 1）、「天地間祇有一氣」（引文 2）、「我與天地萬物一氣流通」（引文 6）、「通天地、互古今，無非一氣而已」（引文 9）、「氣本一也」（引文 9）、「夫大化只此一氣」（引文 10）與「天地之間，只有氣更無理」（引文 8）；在「引文 12」中，他還贊同楊東明「盈宇宙間只是渾淪元氣，生天生地，生人物萬殊，都是此氣為之」的論點；而且在「引文 13」中，他也高度稱許羅欽順「通天地，互古今，無非一氣而已」的見解；同時在「引文 11」中，他又稱許王塘南「盈宇宙間一氣也」之說，因此，我們實可以合理地判斷與認定：

　　在梨洲心目當中，他的確是認為天地間除了「氣」之外，再也沒有做為與「氣」相對的「理」存在（「理」只不過是「氣之理」而已），或其他可離「氣」而存之「物」了。「氣」乃是瀰漫天地、充塞六合，以及運行於古往今來之所有時空的。「太虛中」是「無處非氣」（引文 6）的，即使是「天地混沌，人物銷盡，只一空虛，亦屬氣耳」（引文 11）。因此，我們可以說：「氣」，其實就是構成天地萬物的「本體」，就是天地萬物的終極根源和依據。正是由於「氣」本身的「循環無已」，才衍生出「四時之溫良寒暑」、「萬物之生長收藏」與「斯民之日用彝倫」等（引文 13），因此，「氣」可說是一切存有與價值的無盡藏。

　　二是梨洲係以「全體論與整體實存的思路」（辯證的思路），來看待「理」、「氣」之關係的：

　　「氣」既然是宇宙「本體」，那麼「理」呢？它與「氣」的關係又是怎樣的呢？關於這點，梨洲的看法是：「理」並非是離「氣」獨存，而與「氣」相對的另一「物」（存有），它其實就是「氣之理」（引文 4），就是「氣之流行而不失其則者」（引文 6），就是「氣」自身的「流行而不失其序」（引文 1），就是「氣」本身的「升降往來」（引文 2），就是「靈妙」之「氣」流行的「自有條理」（引文 12），也就是「循環無已」的「氣」之「卒不克亂，莫知其所以然而然」（引文 13）者，因此，「理」其實只是「氣」自身的條理與秩序罷了，它與「氣」根本就是一體渾融地存在、呈現而不可分的，是以梨洲才說：「所謂理者，以氣自有條理，故立此名耳」（引文 8），才說：「太虛中無處非氣，則亦無處非理」（引文 6），也才贊同楊東明「理氣一也」的論點。而他這樣的見解，顯然是以「全體論與整體實存的思路」（辯證的思路），來看待與表述「理」、「氣」之關係的。亦即，梨洲主張：

　　「理」、「氣」只是一，只是同一實存的宇宙本體的兩個不同面向、樣貌或特性而已：對於同一大化流行的宇宙本體，我們若「自其變者」、自其「不舍晝夜，無有止息」的這一面來看，則稱之為「氣」（引文7）；而若「自其不變者」、自其「消息盈虛，春之後必夏，秋之後必冬，人不轉而為物，物不轉而為人，草不移而為木，木不移而為草，萬古如斯」的這一面來看，則稱之為「理」（引文7）。換言之，「理」「氣」乃是「一體之兩面」與「同指而異名」的。雖然我們可以為了溝通與表述上的方便，而在理論上或語文的使用上，將它們「暫時」區分為形上的、無形而不可見、不可感的「理」，以及形下的、有形而可見、可感的「氣」，但若回到具體實存的世界，則它們其實乃是渾然為一而斷不可分的。亦即：「理」、「氣」並非異層、異質的存有（有），它們根本就是一體渾融地存在與呈現的。

　　而在上述的諸引文中，「引文9」是特別值得我們加以注意的，這是因為它涉及了梨洲如何看待「理」、「氣」與「太極」、「無極」、「道」和「陰陽」等詞之關係的問題。而經筆者的仔細爬梳後，發現：

> 依梨洲之見，「理」、「道」、「太極」、「無極」與「陰陽」等，其實都只是同一本體（氣）的不同稱謂罷了，它們乃是「同指而異名」的。

　　首先，梨洲明白表示：「氣」運行的「莫知其所以然而然，是即所謂理也，所謂太極也。以其不紊而言，則謂之理；以其極至而言，則謂之太極」，因此，依梨洲之見，「理」其實就是「太極」，兩者的指涉相同，而只是稱謂不同罷了：「理」是就「氣」運行之「不紊」而言的；而「太極」，則是就「氣」運行之「極至」來說的。

　　其次，梨洲又指出：若「識得此理，則知『一陰一陽』即是『為物不貳』也。其曰無極者，初非別有一物依於氣而立，附於氣而行。或曰因『易有太極』一言，遂疑陰陽之變易，類有一物主宰乎其間者，是不然矣…而二氏又以無能生有，于是誤認無極在太極之前，視太極為一物」。梨洲的這段話，大約有三個重點：一是「一陰一陽」之「道」（一陰一陽之謂道）即是「為物不貳」的「太極」（理），「道」即「太極」即「理」也；二是「無極」即是「太極」，兩者為同一「物」，而非「無極」在「太極」之前，「無極」是一「物」，「太極」又是一「物」；三是「陰陽」（之「氣」）即是「太極」（之「理」），非「陰陽」之「氣」

（「引文14」：「陰陽皆氣也」）之前或之上，有一「太極」「主宰乎其間」。

總之，在「引文9」當中，梨洲乃是主張即「氣」即「理」即「道」即「太極」即「無極」即「陰陽」的，而這正顯示出：他乃是以「全體論與整體實存的思路」（辯證的思路），來看待「氣」、「理」、「道」、「太極」、「無極」與「陰陽」等之關係[13]，以及來思維與表述其「理氣論」的。

而由梨洲這樣的見解，我們便可清楚而相應地來解答「前言」中的第四個問題意識——「理」與「氣」，乃是「一物而兩名，非兩物而一體也」——了。茲先將梨洲的原文條列如下，然後再作析論：

> 15、理氣之名，由人而造。自其浮沉升降者而言，則謂之氣；自其浮沉升降不失其則者而言，則謂之理。蓋一物而兩名，非兩物而一體也。（《明儒學案‧下冊》，卷44，〈諸儒學案上二〉）

首先，梨洲指出：「理」與「氣」這兩個「名稱」（稱謂），乃是「由人而造」的；其次，他說：「自其浮沉升降者而言，則謂之氣」，而若「自其浮沉升降不失其則者而言，則謂之理」。換言之，「理」與「氣」乃是指涉著「本體」（「其」）的兩個不同面向或狀態的稱謂而已！它們其實是「一體兩面」的。因此，梨洲最後才說：「理」與「氣」，「蓋一物而兩名，非兩物而一體也」。換言之，「理」與「氣」，乃是「同一實存的宇宙本體、同一存有」（一物）的「兩個不同稱謂」（兩名），而不是「兩種異層異質的存有（在）、兩個不同的東西」（兩物），到最後「結合為一體」（一體）。言下之意，梨洲乃是主張「理氣是一」，而反對「理氣合一」的。因才一說「合」，就似乎已預設著「未合前理氣是各自為一物」的論點，而這是他萬萬不能同意的。[14]

---

[13] 對同一實存的宇宙本體來說，就它構成天地萬物、瀰漫宇宙、充塞六合與綿亙古今者，稱之為「氣」；就「氣」之運行「自有條理」、自有「不變」與「不紊」者，而「莫知其所以然而然」者，稱之為「理」；就「氣」化育天地萬物之變化莫測的作用之「極至」，或就「氣」做為天地萬物的造化根源，其地位至尊無上的情形，稱之為「太極」；就「太極」或「氣」本身之「無有極至」、「無形可見」，則稱之為「無極」；而就「太極」或「氣」自身含有兩股相反相成之勢能，而健動不息、變易不已，並能不斷引發與帶動萬物之化育的情形稱之為「道」或「陰陽」等。總之，它們都是宇宙本體的不同稱謂，通通都只是「一物之多名」與「一體之多面」罷了，它們也通通都是「同指而異名」的，它們之中的任一者，均指涉或代表著宇宙本體的某一面向、特性或樣貌。

[14] 拙見以為：牟宗三先生立基於「兩層存有論」而對宋明理學所作的詮釋，雖說是精闢之至，

肆、梨洲的「心性論」

　　上述乃是梨洲對「理」、「氣」關係的看法。但這樣的看法只能解答「前言」中的第四個問題意識，而無法充分處理另外三個問題意識，因此，接下來我們還要進一步來論述他的「心性論」，看看他：一者，是如何來看待「心」、「氣」之關係的；二者，是如何來看待「心」、「性」之關係的。

　　其實，梨洲的「心性論」是和他的「理氣論」密切相關的。就如同他在看待「理」、「氣」的關係時一樣，他仍舊是反對用「分解的思路」，而主張用「全體論與整體實存的思路」（辯證的思路），來看待「心」與「氣」，以及「心」與「性」之關係的。就「心」、「氣」關係來說，他不僅反對「心」、「氣」、「理」三分，同時還主張「心即氣」、「心只是氣」、「心亦氣」與「心即氣之靈處」，他說：

　　1、天地間只有一氣充周，生人生物。人稟是氣以生，心即氣之靈處，所謂知氣在上也。心體流行，其流行而有條理者，即性也。猶四時之氣，和則為春，和盛而溫則為夏，溫衰而涼則為秋，涼盛而寒則為冬，寒衰則復為春。萬古如是，若有界限於間，流行而不失其序，是即理也。理不可見，見之於氣；性不可見，見之於心；心即氣也。（《黃宗羲全集・第一冊》，《孟子師說》，卷2）

　　2、天地之間，只有氣更無理。所謂理者，以氣自有條理，故立此名耳。亦以人之氣本善，故加以性之名耳。如人有惻隱之心，亦只是氣，因其善也，而謂之性。（《明儒學案・下冊》，卷50，〈諸儒學案中四〉）

　　3、理也，氣也，心也，岐而為三，不知天地間祇有一氣，其升降往來即理也。人得之以為心，亦氣也。（《明儒學案・上冊》，卷3，〈崇仁學案三〉）

但似乎是「兩物而一體」，而非「一物而兩名」或「一體而兩面」的。

在「引文3」中，他明確反對「理」、「氣」、「心」「歧而為三」，亦即：他反對以「分解的思路」，來看待在「理」、「氣」、「心」三者的關係，反對將它們視為三種不同的存在（三物）。而因上節中梨洲已明白表示：「理氣是一」與「理氣是一物之兩名」，故在此我們實可將他的話轉說成是：他反對「心」、「氣」「歧而為二」，亦即：：他反對以「分解的思路」，來看待在「心」、「氣」的關係，反對將它們視為兩種不同的存在（兩物）。

而在「引文1」中，他清楚指出：「天地間只有一氣充周，生人生物」，因人是「稟是氣以生」的，故人之「心」即「氣」也，即「氣之靈處」也；在「引文2」中，他也指出：「天地之間，只有氣」，而人的「惻隱之心，亦只是氣」；同時在「引文3」中，他更是明白表示：「天地間祇有一氣」，而人得此「一氣」以為「心」，故「心」，若就其實，則「亦氣也」。

因此，我們實可說：梨洲確實是以「氣」來說「心」的，確實是認為「心」也是「氣」的。但現在的問題是：他這樣說的「心」，到底是何種意義的「心」呢？我們應該如何來理解才恰當呢？若「氣」是宇宙本體的代稱，那「心」呢？「心」可否也是宇宙本體的代稱呢？對此，梨洲的回答如下：

> 4、盈天地皆心也，變化不測，不能不萬殊。心無本體，工夫所至，即其本體，故窮理者，窮此心之萬殊，非窮萬物之萬殊也……先儒之語錄，人人不同，只是印我之心體，變動不居。（《明儒學案·上冊》，〈黃梨洲先生原序〉）

> 5、盈天地間皆心也，人與天地萬物為一體，故窮天地萬物之理，即在吾心之中。後之學者，錯會前賢之意，以為此理懸空於天地萬物之間，吾從而窮之，不幾於義外乎？（《明儒學案·上冊》，〈序〉）

我們由「引文4」的「盈天地皆心也」與「心體」，以及「引文5」的「盈天地間皆心也」等詞句，便可合理推知：梨洲除了認為「氣」是宇宙本體外，同時也認為「心」是宇宙本體。因此，「心」、「氣」都可作為宇宙本體的代稱，它們也是「一物之兩名」與「一體之兩面」，而非「兩物而一體」的：「心」與「氣」都是指涉著宇宙本體，它們本是「一物」與「一體」的，只是「氣」是以客觀、外顯與存有的方式講，而「心」則是用主觀、內隱與作用的方式講，

然講法雖不一，但兩者卻是「同指而異名」的。而梨洲這樣的看法，不正好顯示出：他也是用「全體論與整體實存的思路」（辯證的思路），來看待「心」、「氣」關係的嗎？

而梨洲既然反對用「分解的思路」，而主張用「全體論與整體實存的思路」（辯證的思路），來看待「心」、「氣」的關係，因此，他所說的「盈天地皆心也」與「盈天地間皆氣也」兩句話，當然就沒有矛盾了。[15]如此一來，不是就解答了「前言」中的第三個問題意識了嗎？

而上述的論點，也可在「引文5」的「人與天地萬物為一體」一句中，找到間接的佐證：

拙見以為：「人與天地萬物為一體」，應解為「人與天地萬物本為、原為一體」，而不宜解作「人與天地萬物合為一體」。上節中我們曾引梨洲「理不能離氣以為理，心不能離身以為心」之說，而說明「理氣關係」就如同「心身關係」一樣。而「理」、「氣」既然本為一體，那「心」、「身」當然也是本為一體的。而「人」本是「心」、「身」的渾融統一體的，不管說「人」、說「心」或說「身」，其指涉都是相同的[16]；同時，「氣」的全幅內容即是「天地萬物」，因此，「人與天地萬物本為一體」，其實也可轉說成是「人與氣本為一體」、「心與天地萬物本為一體」、「心與氣本為一體」，以及「身與天地萬物本為一體」、「身與氣本為一體」的，換言之，「心」、「身」、「人」、「氣」（以及「理」）與天地萬物都是本為一體的。這樣一來，我們說梨洲也是用「全體論與整體實存的思路」（辯證的思路），來看待「心」與「氣」的關係，說「心」、「氣」也是「一物之兩名」，而非「兩物而一體」的，不也是言之成理的嗎？

而這樣與「氣」為一，與「氣」同為宇宙本體代稱的「心」，它與「性」的關係又是怎樣的呢？對此，梨洲認為：「心」、「性」的關係就如同「氣」、「理」的關係一樣，「心性是一」，「心」是「性」的先決條件，因而「離心無性」，「性」只不過是「心之性」，是「心」自身的條理而已！他說：

---

[15] 其實，依梨洲這樣的「思路」，不只可說「盈天地皆心也」與「盈天地皆氣也」等句，更可說「盈天地皆道也」、「盈天地皆理也」、「盈天地皆性也」與「盈天地皆萬物也」等句，而且它們也通通都不矛盾，而只是同一種意思的不同表述方式而已！

[16] 「人」、「身」、「心」三者，俱為「實存的人生命」之代稱，「身」是就外顯與物質那一面講；「心」是就內隱與精神性那一面講；而「人」則是整體、統合地講，三者「同指而異名」，係「一體三面」與「一物三名」也！

6、夫在天為氣者，在人為心；在天為理者，在人為性。理氣如是，則心性亦如是，決無異也。人受天之氣以生，祇有一心而已，而一動一靜，喜怒哀樂，循環無已。當惻隱處自惻隱，當羞惡處自羞惡，當恭敬處自恭敬，當是非處自是非，千頭萬緒，感應紛紜，歷然不能昧者，是即所謂性也。初非別有一物，立於心之先，附於心之中也。(《明儒學案·下冊》，卷47，〈諸儒學案中一〉)

7、大化流行，不舍晝夜，無有止息，此自其變者而觀之，氣也……萬古如斯，此自其不變者而觀之，理也。在人亦然，其變者，喜怒哀樂、已發未發、一動一靜、循環無端者，心也；其不變者，惻隱羞惡、辭讓是非、牿之反覆、萌蘗發見者，性也。(《明儒學案·上冊》，卷2，〈崇仁學案二〉)

8、惻隱、羞惡、辭讓、是非，心也，仁義禮智，指此心之即性也。非先有仁義禮智之性，而後發之為惻隱、羞惡、辭讓、是非之心也（梨洲自註：觀此知李見羅道性編亦一偏之論。）凡人見孺子入井而怵惕，嘑蹴而不屑，此性之見於動者也。即當其靜，而性之為怵惕不屑者，未嘗不在也。凡動靜者，皆心之所為也，是故性者心之性，舍明覺自然、自有條理之心，而別求所謂性，亦猶舍屈伸往來之氣，而別求所謂理矣。(《明儒學案·下冊》，卷47，〈諸儒學案中一〉)

又說：

9、李見羅著〈道性善編〉：「單言惻隱之心四者，不可竟謂之性，性是藏於中者」，先儒之舊說皆如此。故求性者，必求之人生以上，至於「心行路絕」而後已，不得不以悟為極則，即朱子之「一旦豁然貫通」，亦未免墮此蹊徑。佛者云「有物先天地，無形本寂寥，能為萬象主，不逐四時凋」，恰是此意，此儒佛之界線所以不清也。不知舍四端之外何從見性？仁義禮智之名，因四端而後有，非四端之前先有一仁義禮智之在中也……四端之外，懸空求一物以主之，亦何以異於是哉！(《黃宗羲全集·第一冊》，《孟子師說》，卷2)

10、心體流行，其流行而有條理者，即性也……性不可見，見之於心；
心即氣也……流行之中，必有主宰。主宰不在流行之外，即流行之有
條理者。自其變者而觀之謂之流行，自其不變者而觀之謂之主宰。(《黃
宗羲全集‧第一冊》，《孟子師說》，卷2)

以上的五則引文，至少透露出以下兩點訊息：

一、既然「心」是「氣」，而「性即理也」[17]，那「心」、「性」之間的關
係就可以由「理」、「氣」之間的關係直接推出。此點我們從「引文6」的「在
天為氣者，在人為心；在天為理者，在人為性。理氣如是，則心性亦如是，決
無異也」等語句，便可合理推知。依梨洲，就「天」來說，是「理氣關係」；
而就「人」來說，則是「性心關係」。因為「心即氣」與「性即理」的緣故，
所以「理氣關係」便與「性心關係」一致或相近。若是在「理氣論」上「離氣
無理」、「氣外無理」與「理氣是一」，那在「心性論」上，當然也是「離心無
性」、「心外無性」[18]與「心性是一」的。而這樣的訊息在以下更是清楚呈現出
來。

二、就如同在「理氣論」中的表述方式一樣，梨洲也是用「負面遮撥」與
「正面表詮」這兩種方式，來表達對「心」、「性」關係之看法的：

首先，就「負面遮撥」這一面來說，梨洲也是反對用「分解的思路」來理
解「性」、「心」之關係的。他反對將「性」、「心」二分，反對在「心」之前、
之上或之外，有所謂形上、超越的「性」可獨立自存的論點，也反對將它們視
為兩種異層、異質的存在（有）。換言之，他反對割裂生命，反對將實存的人
之生命一分為二：

在「引文6」中，他反對「性」是「心」之外的另一物的說法，而清楚指
出：「初非別有一物，立於心之先」，或「附於心之中」。意即：他反對在「心」
之前、之上或之外，另有一所謂的「性」可存在的論點，也反對將「性」視為
在「心」之中的另一「物」的見解，換言之，他反對將「心」、「性」視為兩種
不同的存在（有）。

---

[17] 「性即理」是所有宋明儒者的共識，戴山與梨洲這對師徒當然也是認同的。
[18] 引自上節：「梨洲的『理氣論』」之「引文3」。

在「引文8」中，他也明確反對「仁義禮智」之「性」先於「惻隱、羞惡、辭讓、是非」之「心」的見解。他認為：並「非先有仁義禮智之性，而後」才「發之為惻隱、羞惡、辭讓、是非之心」的；他又認為：若「舍明覺自然、自有條理之心，而別求所謂性」，這樣就如同「舍屈伸往來之氣，而別求所謂理」的情形一樣，是不合理也不可能的。這是因為在「理氣論」上「離氣無理」，那在「心性論」上，當然也是「離心無性」的，故絕不能「離心以求性」的。

在「引文 10」當中，他也反對「主宰」的「性」在「流行」的「心」之外，而提出「主宰不在流行之外」的見解。

而在「引文9」當中，他更明確反對李見羅「惻隱之心四者，不可竟謂之性」、宋儒「求性者，必求之人生以上」，以及佛者「有物先天地」等的說法，而質疑說：「不知舍四端之外何從見性？」他並認為：並非是「四端（之心）之前」已「先有一仁義禮智（之性）之在中」的，同時還指出：若在「四端之外，懸空求一物（筆者按：「一物」即「性」也）以主之」，則根本與李見羅、宋儒和佛者的見解一樣，都是錯認「心」「性」為二物的。

而就「正面表詮」這一面來說，則梨洲乃是主張用「全體論與整體實存的思路」（辯證的思路），來看待與表述「心」、「性」之關係的。他認為：「心」、「性」是一體的，「心」、「性」乃是「一物之兩名」或「一體之兩面」，它們是「同指而異名」的；唯「心」、「性」雖是一體，但兩者之中仍以「心」為首出之名，這是因為有「心」斯有「性」、「性」只是「心之性」，只是「心氣」(或「心體」)流行的條理的緣故：

在「引文6」中，梨洲首先指出：「理氣如是，則心性亦如是，決無異也。」由於他主張「理氣是一」，且又認為「性心關係」就如同「理氣關係」，「決無異也」，因此，他自然是認定「心性是一」的；接著，他又指出：「心」的「當惻隱處自惻隱，當羞惡處自羞惡，當恭敬處自恭敬，當是非處自是非，千頭萬緒，感應紛紜，歷然不能昧」的作用與表現，就是所謂的「性」。換言之，「心」的合理、如理表現即是「性」，因此，我們可以說：「性」其實就是「心之性」與「心之條理」罷了。

在「引文8」中，梨洲也是抱持「性者心之性」的主張。他認為：「惻隱、羞惡、辭讓、是非」等作用，乃是「心」；而「心」本身的「仁義禮智」之「理」（條理與規範），則是指「此心之即性也」。故「性」者，究其實乃是「心之性」而已，亦即是「心」自身的條理與規範罷了。因此，「心」、「性」根本是一體

的。而這樣的「性」，不管「心」是「動」是「靜」，都是永遠存在的。我們決不可用「有無」而只能用「隱顯」來看待「性」。

在「引文9」中，梨洲也表示：「仁義禮智之名，因四端而後有」，亦即：「仁義禮智」此「性」，此「理」之名，乃是依於「四端之心」而後產生的。換言之，「性」乃是因「心」而見，「性」乃是「心之性」與「心之理」罷了。

而在「引文 10」當中，梨洲更是明白表示：「心體」（心氣）之「流行而有條理者」，或者是「心體」（心氣）「流行之中」的「主宰」，就是所謂的「性」。換言之，「性」並不是「心」之外、之上或背後的另一獨立自存之「物」，它其實就是「心」自身的條理與主宰而已，它與「心」是一體的，是「一物之兩名」與「一體之兩面」的，因此，梨洲才又說：「自其變者而觀之謂之流行，自其不變者而觀之謂之主宰」，亦即：就同一實存的「心體」（心氣）來說，「自其變者而觀之」，則謂之「流行」（心），而若「自其不變者而觀之」，則謂之「主宰」（性），換言之，「心」（心氣流行）、「性」（心氣流行本身的條理與主宰）是「同指而異名」，是同一實存本體的不同稱謂而已。

至於在「引文 7」中，雖然梨洲並未直接指出「心性是一」，但他明言：對於同一實存的「大化流行」（宇宙本體），若「自其變者而觀之」，則謂之「氣」；而若「自其不變者而觀之」，則謂之「理」；而「人」的情形也是如此（在人亦然），若自「其變者，喜怒哀樂、已發未發、一動一靜、循環無端者」而觀之，則謂之「心」；而若自「其不變者，惻隱羞惡、辭讓是非、牿之反覆、萌蘗發見者」而觀之，則謂之「性」。由於「理」、「氣」是一，是「一物之兩名」與「一體之兩面」，以及「理氣關係」與「性心關係」是相似的緣故，因此，「心」、「性」當然也是一，也是是「一物之兩名」與「一體之兩面」的。而這不正顯示出梨洲係以「全體論與整體實存的思路」（辯證的思路），來看待與表述「心」、「性」之關係的嗎？

伍、結　論

由上所述，可知：

一、梨洲乃是反對以「分解的思路」，而主張用「全體論與整體實存的思路」（辯證的思路），來看待「理」「氣」、「心」「氣」與「心」「性」等關係，以及來思維與表述其學的。

　　二、就「理氣關係」來說，梨洲反對將「理」、「氣」二分，反對將它們視為兩種異層、異質的存在（有），反對在「氣」之前、之上或之外，另有一「理」獨立自存的說法。換言之，他認為「理」、「氣」並不是「兩物而兩體」的；而就「心氣關係」來說，則他也反對將「心」、「氣」二分，反對將它們視為兩種不同的存在（兩物）。換言之，他也認為「心」、「氣」並不是「兩物而兩體」的；至於就「心性關係」來說，則梨洲不僅反對將「心」、「性」二分，反對將它們視為兩種異層、異質的存在（有），也反對在「心」之前、之上或之外，另有一「性」可獨立自存的說法。換言之，他也反對「心」、「性」二分，也認為它們並非是「兩物而兩體」的。總之，他反對割裂存有，反對割裂實存宇宙人生。而這剛好顯示出：他反對以「分解的思路」，來看待「理」與「氣」、「心」與「氣」，以及「心」與「性」等之關係的。

　　三、梨洲不僅主張「理」、「氣」是一，「心」、「性」是一，同時還認為「心」、「氣」也是一。換言之，在梨洲眼中，「理」、「氣」、「心」、「性」等詞，全部都是同一實存的宇宙本體的代稱，它們之中的任一者，都指示本體的某一面向或特性，它們通通都是「同指而異名」的，也通通都是「一物之多名」與「一體之多面」的，它們的指涉都相同，而只是稱謂不同而已！雖然我們可以為了溝通與表述上的方便，而在理論上或語文的使用上，將它們暫時標誌為「理」、「氣」、「心」、「性」等，但若回到具體實存的宇宙人生中，則它們其實是渾融為一而斷不可分的。換言之，「理」、「氣」、「心」、「性」等根本就是一體渾融地存在與呈現的。而這顯示出：他是以「全體論與整體實存的思路」（辯證的思路），來看待「理」與「氣」、「心」與「氣」，以及「心」與「性」之關係的。

　　四、依梨洲之見，不僅「理」、「氣」、「心」、「性」等是一，它們全部都是同一實存的宇宙本體之代稱，就連「理」、「氣」、「心」、「性」，與「太極」、「無極」、「道」及「陰陽」等，也通通都是一，它們也全部都是同一實存的宇宙本體之代稱：對同一實存的宇宙本體來說，就它構成天地萬物、瀰漫宇宙、充塞六合與綿亘古今者，稱之為「氣」；就「氣」之運行「自有條理」、自有「不變」與「不紊」者，而「莫知其所以然而然」者，稱之為「理」；就「氣」化育天地萬物之變化莫測的作用之「極至」，或就「氣」做為天地萬物的造化根源，其地位至尊無上的情形，稱之為「太極」；就「太極」或「氣」本身之「無有極至」、「無形可見」，則稱之為「無極」；而就「太極」或「氣」自身含有兩股相反相成之勢能，而健動不息、變易不已，並能不斷引發與帶動萬物之化育的

情形稱之為「道」或「陰陽」等。總之，它們都是宇宙本體的不同稱謂，通通都只是「一物之多名」與「一體之多面」罷了，它們也通通都是「同指而異名」的，它們之中的任一者，均指涉或代表著宇宙本體的某一面向、特性或樣貌。而這也顯示出：他乃是以「全體論與整體實存的思路」（辯證的思路），來看待「理」、「氣」、「心」、「性」、「太極」、「無極」、「道」與「陰陽」等之關係，以及來思維與表述其學的。

五、雖然「理」、「氣」、「心」、「性」與「太極」、「無極」、「道」及「陰陽」等詞，都可作為宇宙本體的代稱，它們通通都是「同指而異名」、「一物之多名」與「一體之多面」的，但其實梨洲認為：「氣」與「心」二詞，才是宇宙本體最重要的稱謂。這是因為他認為：「理為氣之理」、有「氣」斯有「理」，以及「性為心之性」、有「心」斯有「性」的緣故。其中，「氣」是客觀、外顯與存有地說，是就實存的大宇宙說的；而「心」，則是主觀、內隱與作用地說，是就實存的小宇宙（人之生命）說的，但大小宇宙根本就是同一而斷不可分的。因此，他才會屢次說「盈天地皆氣也」與「盈天地皆心也」等語句。

而由上述的論點，我們便可來解答「前言」中的四個問題意識：

一、梨洲的哲學思想的特性，與其師蕺山的哲學思想的特性，基本上是相近或一致的，它們同為「全體論與整體實存的思路」（辯證的思路）型態之學，都是就「實存的宇宙人生之總體存在與流行」來說本體的。

二、梨洲乃是根據其「全體論與整體實存的思路」（辯證的思路）型態之學，來撰寫《宋元學案》與《明儒學案》等學術著作的。

三、「盈天地皆心也」與「盈天地間皆氣也」兩句，並非自相矛頭的兩個命題，它們其實是完整統合的，其實只是梨洲對於同一實存的宇宙人生之本體所作的不同描述而已。若說它們有何不同，則只是說時的側重點不同罷了：前者（盈天地皆心也）側重於由主觀、內隱與作用面來說本體；而後者（盈天地間皆氣也）則側重在由客觀、外顯與存有面來說本體。

四、說「理」與「氣」，乃是「一物而兩名，非兩物而一體也」，其義係指：「理」、「氣」乃是「同一實存的宇宙本體、同一存有」（一物）的「兩個暫時性的稱謂」（兩名），而不是「兩個異層異質的存在（有）、兩個不同的東西」（兩物）結合在一起、結合成一體（一體）。言下之意，梨洲主張「理氣是一」，而反對「理氣合一」。因才一說「合」，則似乎就預設著「未合前理氣是各自為一物」的論點，而這是他萬萬不能同意的。

　　總之，梨洲乃是就「實存的宇宙之總體存在與流行」（氣、心）來說本體，而並不承認在實存的宇宙之前、之上或背後，有所謂獨立自存、永恆普遍的超越本體（理、性）存在。因此，蕺山與梨洲這對師徒的哲學思想的特性是相似的，它們同為「全體論與整體實存的思路」（辯證的思路）型態之學無疑！

　　本文曾發表於「第 12 屆明史國際學術研討會」（遼寧大連，中國明史學會・遼寧師範大學，2007 年 8 月），並經筆者修潤而成。

熊十力晚期體用哲學性格之衡定

壹、前　言

　　本文係筆者博士論文——《劉蕺山哲學思想研究》（以下簡稱《劉文》）[1]
——的後續發展之一。

　　在《劉文》中，筆者曾主張：蕺山哲學與熊十力晚期的體用哲學，均屬（筆
者所界定的）「全體論與整體實存的思路」（辯證的思路）之哲學[2]。而這樣的
學問型態，其實也就是、或者說是非常近似於熊氏晚年所說的「全體論」型態
之哲學。[3] 惟在《劉文》中，筆者僅著力於蕺山哲學的析論，而並未對熊氏的
體用哲學，作一嚴謹而深入的論證。因此，在寫完《劉文》後，筆者便一直思
索如何來證成上述論點。而本文就是在這樣的情況下所撰寫的。

　　由於對「體」「用」問題的思索與探討，不僅是熊氏一生極為用心之所在，
同時也是他哲學中最具特色之內容，因此，本文的論述，將以其「體用哲學」
為主；又由於熊氏晚年，在其專論「體」「用」問題的《體用論》一書刊行時，

---

[1]　陳立驤：《劉蕺山哲學思想研究》，台南：成功大學中文所博士論文，2003 年 6 月。

[2]　筆者原先係使用「辯證的思路」一詞，但由於學界所熟知與習用的「辯證」，主要是黑格爾與
馬克斯兩人所說之義，亦即：他們的說法已成為「辯證」一詞的「傳統義」與「主流義」，因
此筆者雖一直向人說明「辯證的思路」中的「辯證」一詞之義，乃筆者所自行界定的「系統
義」，但仍有許多學者產生錯解或誤解。茲為避免上述情況再度發生，本文遂將「辯證的思路」
一詞改為「全體論與整體實存的思路」一詞，並在其後以（即「辯證的思路」）或（辯證的思
路）標示之，以信實傳達筆者之意。

[3]　《劉蕺山哲學思想研究》第二章。又，熊氏晚期的體用哲學，其實就是典型的「全體論」哲
學。他甚至於直接表明說：體用哲學的「體」，既是指宇宙「本體」、「實體」，同時也是指「全
體」，這是因為宇宙「實體」「完然大全，無有封畛，故稱曰全體。」（熊十力：《體用論》【台
北：學生書局，1987 年】，頁 247）依熊氏之意，「全體論」係說明宇宙萬象如何生成發展的
一派理論，它乃是「專以解決宇宙論中之體用問題」（同上，〈贅語〉，頁 1）的。此派認為：
「宇宙萬象，不是許多許多細分之和集，而是一大勢力，圓滿無虧，周流無礙，德用無窮。
譬如大海水，分化而成無量眾漚相，全體是生生活躍，故恆起分化。」（同上，頁 243~244）
事實上，熊氏本人，便是以「全體論」來說明、來代表他晚期的體用哲學的。因此，本文說
「熊氏晚期的體用哲學」，其實也可理解或轉說成是「熊氏晚期的全體論哲學」。讀者若想要
迅速掌握「全體論」的輪廓與概略，可參酌《體用論》的〈第四章·成物〉。

嘗自道：

> 此書，實依據舊撰《新唯識論》而改作。《新論》有兩本。一、文言本。
> 寫於病中，極簡略；二、語體文本。值國難，寫於流亡中。此書既成，
> 《新論》兩本俱毀棄，無保存之必要。[4]

　　故依熊氏之意，《體用論》乃其體用哲學的真正成熟之作，因此，本文對
其體用哲學的論述，便將集中在他「晚期」（案：此「晚期」係指熊著《體用
論》、《明心篇》與《乾坤衍》等書刊行時期）之所說——尤其是《體用論》一
書之所說；至於其「早期」（案：此「早期」係指《新唯識論》「文言本」與「語
體文本」等書刊行時期）的體用哲學，以及其早、晚兩期體用哲學之異同比較，
則留待日後，筆者再另撰專文來加以論述。

　　依筆者淺見，熊十力晚期的體用哲學，係屬於典型的「全體論」哲學，亦
即是「全體論與整體實存的思路」（辯證的思路）之哲學。而這樣的哲學型態，
基本上是近於船山與蕺山哲學的。[5] 關於蕺山哲學，筆者已先後發表了數篇論
文來加以論述 [6]；而船山哲學，筆者亦曾撰寫過〈王船山「天道論」性格之衡
定〉[7] 一文來說明；唯獨熊氏哲學，筆者尚未有專文來加以析論。因此，在分

---

[4]　《體用論》，〈贅語〉，頁 5~6。

[5]　雖說熊氏、蕺山與船山三人之學，均同屬「全體論與整體實存的思路」（辯證的思路）之哲學，
但三者的側重點，其實還是有所不同的：熊氏與蕺山兩人，雖然都很重視「實存的宇宙人生
之全體存在與流行」（即「本體」）之乾闢、陽明與健動而不物化的那一德性與面向（即「道
德心」），但兩者的說法，仍是有精粗之別的：熊氏言說的重點，是擺在道德心之諸德性與德
用上的；而蕺山言說的重點，則是由道德心往更內在、更隱微的意根、獨體與性體上講，並
由此以貞定人的生命，護住家、國與天下的價值、意義與尊嚴，因此，蕺山的說法，其實是
比熊氏來得精緻與細膩些的；至於船山，雖然也很重視道德心，但他更重視的是：如何將此
心的作用推擴出去，以及物潤物。因此，他言說的重點便是：由實存的道德心，通往實存的
家、國、天下與歷史、文化，以立人達人，並用以矯正佛、老與陽明末流之病。當然，筆者
此處的說法是極為粗略的，如要具說服力，則仍須充分的論證，甚至於需要寫出多篇論文或
多本專書行！在此僅稍稍提出，以供學界參考與指教。

[6]　筆者關於蕺山哲學的論著，除了《劉文》外，尚有以下諸篇：〈劉蕺山哲學的定性與系屬研究
——從「兩型四系說」中「兩型」的區分標準談起〉，南京大學建校一百周年「中國思想史國
際學術研討會」，中國大陸，南京，2002 年 5 月；〈劉蕺山「理氣論」性格之衡定〉，「明清浙
東學術文化國際研討會」，中國大陸，寧波，2003 年 12 月；以及〈劉蕺山義理性格之衡定〉，
《高苑學報》，期 8，2002 年。

[7]　陳立驤：〈王船山「天道論」性格之衡定〉，《鵝湖月刊》第 28 卷第 4 期總號第 328 號，2002
年 10 月。

別闡述過船山與蕺山哲學後，再以本文來闡述熊氏哲學，不亦宜乎！

　　以下我們將分成三步驟，來論述熊氏晚期的體用哲學：首先是簡要說明本文詮解與衡定熊氏體用哲學的標準；其次是徵引與析論熊氏本人的說法，以印證本文所說；最後則提出總結，以完成本文的論述。

貳、熊氏體用哲學的衡定標準——「思路」[8]

　　本文認為：衡定或評價一個思想家，其實是可以有多種標準的，譬如：思想家的「理論內容」、「思維方式」、「生命型態（或風格）」、「對當時或後世所產生的影響」、「身世背景或所屬階級」與「生理性別」等，都可做為衡定的標準。而本文衡定熊氏體用哲學的標準，主要就是他的「思維方式」，亦即是「思路」也。

　　由於「分解的思路」與「全體論與整體實存的思路」（辯證的思路）乃是兩種相當典型的思路；又由於筆者乃是用它們來分判宋明理學，來衡定蕺山與船山哲學的；更由於本文也是用它們來衡定熊氏的體用哲學的，因此，為了要使讀者對熊氏的體用哲學與宋明諸儒之學，有更相應的認識，在此，我們將對所謂的「分解的思路」與「辯證的思路」二詞，稍作界說：

　　本文所謂「分解的思路」，其義係指：

> 思想家們基於他們真實的存在感受，如：驚異、好奇、怖慄、罪惡、憂患、惻隱、羞恥、痛苦與受束縛、不自由等，或窮知究慮地去構思一套存有層序的理論架構，來區分、解釋天地萬物和人類的生命、社會、歷史與文化等；或經由實踐、體證而開顯出生命的某種境界（或境地），於是對實存世界有一看法，並將此看法通過一套人為設計的概念與理論框架，來對實存世界作一區分與解釋的這樣一種思路。[9]

　　而具有這種思路的思想家，在解釋宇宙人生時，常常會預設著「超越的分

---

[8]　本小節所述，係將拙文：《劉蕺山哲學思想研究》第二章的部分內容，作一精簡與修潤而成。

[9]　「分解」一詞，其實是有多種意義的，如：「超越的分解」、「經驗的分解」、「邏輯的分解」、「心理學的分解」與「語文的分解」等。而本文所謂「分解的思路」中之「分解」一詞，其義則是筆者自己所作的「系統的界定」，而不一定等同於以上「分解」之諸義。

解」架構。他們常會認為：在宇宙萬有之前、之上或背後，有所謂獨立自存、永恆普遍的本體存在。而這本體，若依宋明儒之說，則它便是既超越、又內在的道德實體（或原理），我們可以用「天」、「道」、「性」、「命」、「理」、「中」、「誠」、「仁」、「神」、「易」、「良知」、「太極」與「天理」等稱謂，來指點與稱呼它。同時，若依牟宗三先生之說，則它又有「即存有即活動」與「只存有而不活動」等性質之分。[10]

至於本文所謂「全體論與整體實存的思路」（辯證的思路），其義則是指：

> 思想家們並不以一套人為設計的、分解的存有層序之理論架構，來區分、來框套，以及來解釋天地萬物及人類的生命、社會、歷史與文化等，而是直接就整個實存的宇宙人生之大化流行來說本體，並認為本體之中，本就含有相反而又相成，相滅而又相生，同時互為隱顯，渾然相融的兩股勢能或動力，如陰與陽、翕與闢、乾與坤或靜與動等。而由於它們之間彼此不斷地相互起作用，不斷地一陰一陽、一翕一闢、一乾一坤或一靜一動等，因而帶動或引發了整個實存的宇宙人生之生生不息和永續發展的這樣的一種思路。[11]

而具有這種思路的思想家，在解釋宇宙人生時，通常並不會預設著「超越的分解」架構。他們通常並「不」認為：在宇宙萬有之前、之上或背後，有所謂獨立自存、永恆普遍的本體存在；相反地，他們往往是就實存的宇宙人生之總體存在與流行，來說本體。而此本體，如借用牟氏之詞，也是「即存有即活動」的。只是此「存有」與「活動」，乃是合形上、形下一體而為言的：只此天地萬物、宇宙人生之總體存在，便是「存有」；此總體存在自身之變化流行、生生不息與健動不已等，便是「活動」。除了天地萬物、宇宙人生及其生化之外，別無其他本體可說。如王船山的「即氣言體」[12]和熊氏晚期的體用哲學等，

---

[10] 「只存有而不活動」與「即存有即活動」（或「即活動即存有」）二詞之義，可參閱牟著《心體與性體‧第一冊》（台北：正中書局，1987年）的〈第一部：綜論〉。

[11] 此處所說，其義亦是筆者自己所作的「系統的界定」。

[12] 船山的「即氣言體」，係指「從氣來說本體、氣即是本體」之義。惟此「氣」，係指「宇宙總體之存在與流行」，而並非只是「物質」或「材質」而已！故「氣」實乃無限之密藏與無限之活動歷程，它既是「天」，同時也是「誠」、「神」、「道」、「心」、「性」、「理」與「易」等。關於船山的「即氣言體」，以及「氣」之意涵，可參見王船山：《張子正蒙注》及《讀四書大

就是「全體論與整體實存的思路」（辯證的思路）中，相當著名的兩例。

參、熊氏晚期的體用哲學

　　對於熊氏晚期的體用哲學，本文擬分成三個步驟來加以論述：首先是說明在熊氏理論中，「體」「用」所各自代表的意義；其次是分別用「負面遮撥」與「正面表詮」這兩種方式，來說明其體用哲學的「形式意義」。惟此「形式意義」乃是專門針對「體用關係」來立說的；最後則是對其體用哲學的「內容意義」（實質意義），作一闡述。

　　對於「體」與「用」，熊氏有他自己所規定的特殊用法，他說：

　　體用二字，從來學人用得很泛濫。本論在宇宙論中談體用，其意義殊特。讀者須依本論之體系而索解。（《體用論》，頁 61）

既然如此，那麼，熊氏到底是如何來規定「體」與「用」的意義呢？他說：

　　體者，宇宙本體之省稱。（自註：本體，亦云實體。）用者，則是實體變成功用。（自註：實體是變動不居、生生不竭，即從其變動與生生，而說為實體之功用。）（《體用論》，頁 61）

　　宇宙實體，簡稱體。實體變動，遂成宇宙萬象，是為實體之功用，簡稱用。此中宇宙萬象一詞，為物質和精神種種現象之通稱。（同上，〈贅語〉，頁 1）

又說：

　　實體與本體二名，雖有一字不同，而其義則一也。本者，言其本來有

故…實者，言其真真實實。（同上，頁8）

現象與功用二名，其稱雖異，其實一也。從其變動不居而言，則名功用。從其變動不居，宛然有相狀昭著而言，則名現象。故曰名異而實同也。（同上，頁224）

由熊氏之說，可知：他所說的「體」，乃是指：「宇宙本體」或「宇宙實體」。而此兩名稱雖有一字不同，但意義卻是相同的；他所說的「用」，則可指：（一）「功用」：宇宙實體自身變動不居、生生不竭的作用與性能；（二）「現象」：宇宙實體變動，所產生宛然有相狀昭著的一切物質與精神的種種現象。而由於「功用」必然呈現為宛然有相狀的心物萬象，而「現象」也一定是實體生生不息、變動不居的性能顯現與展示，因此它們根本就是「二而一」的，故熊氏才說它們其實是「名異而實同」的。所以我們實可說：熊氏所說的「用」，係指：宇宙實體本身變動不居、生生不竭的性能，以及由此性能所產生宛然有相狀昭著的一切物質與精神的種種現象。

「體」與「用」的意義既然如上所述，那麼，熊氏又是如何來看待它們的關係呢？對此，他至少採用了「負面遮撥」與「正面表詮」這兩種方式，來論述「體」「用」關係：

就「負面遮撥」這一面來說，首先，他堅決反對離「用」以求「體」，或「體」在「用」外的思想。他說：

功用以外，無有實體。（《體用論》，〈贅語〉，頁4）

汝若徹悟體用不二，當信離用便無體可說。倘復狐疑，當給汝三十棒。（《體用論》，頁5）

本論以體用不二立宗。學者不可向大用流行之外，別求實體。（筆者案：在熊氏的用法中，「功用」與「大用」、「流行」或「大用流行」等詞，常可互用）余自信此為定案未堪搖奪。平生歷盡辛苦而後有獲，非敢妄書也。（同上，頁62~63）

我們由熊氏說「當信離用便無體可說」、「余自信此為定案未堪搖奪」與「倘復狐疑，當給汝三十棒」等句時，那種斷然的語氣，可推知：他真的是堅決反對離「用」求「體」，以及「體」在「用」外之思想的。

由於熊氏堅決反對離「用」求「體」與「體」在「用」外的思想，因此，他便很自然地也反對以「體」為「用」之「第一因」這樣的想法，他說：

> 孔子直接肯定萬物為主，不說實體為萬物之第一因……假若說實體為萬物之第一因，便是向萬物頭上安頭，即使萬物喪失自己，並令人對現實世界發生很壞的觀想。[13]

> 或人以為由實體，發生功用……彼意蓋云：實體是獨立的。功用，是從實體發生出來的。故實體不即是功用……倘以此說為然，則實體乃與造物主不異。何可若是迷謬乎？（《體用論》，頁 247~248）

依熊氏之見，我們是不可以視「體」為「用」的「第一因」的。因為若是這樣看待「體」「用」關係，則不僅會造成「實體」「與造物主不異」，同時也將會「使萬物喪失自己，並令人對現實世界發生很壞的觀想」。因此，他明確反對「體」為「用」之「第一因」的思想，明確反對「體」先自存，而後再由「體」去產生「用」這樣的論點。他並認為：這樣的思想，乃是人類迷信與荒謬的根源，因此，他才質疑說：「何可若是迷謬乎？」

而熊氏既然反對離「用」以求「體」，既然反對「體」在「用」外，也既然反對「體」為「用」的「第一因」，因此，他便很自然地也反對用「先」「後」——時間上與存在層級上的「先」「後」——等次序，來看待「體」「用」的關係。他說：

> 余…為窮原之學，近取諸身，遠取之物。深悟、深信……實體決不是潛隱於萬有背後，或超越乎萬有之上。亦決不是恆常不變、離物獨存。（《體用論》，頁 299）

---

[13] 熊十力：《乾坤衍》（台北：學生書局，1983 年），〈第二分‧廣義〉，頁 281。

> 所謂實體，不是高乎心物萬象之上，不是潛隱乎心物萬象背後⋯如一
> 元唯心論者，說有絕對精神，是乃變相之上帝⋯是先民宗教情感遺習，
> 不可不捨去。（同上，頁 222）

又在回答弟子韓元愷的問題時，說：

> 功用者，生生不息、變動不居之謂。宇宙萬象，原是實體之生生與變
> 動而已！不是實體如母，萬象如子，成為各別也。故萬象亦名功用。（同
> 上，〈韓序〉，頁 2）

　　依熊氏，「體」「用」關係，並「不是實體如母，萬象如子」，因此，我們
決不可說：在時間順序上，「先」有個獨立自存的「實體」（體）存在，然「後」
再由它（祂）去衍生出宇宙萬象（用）來，就好像母親生孩子般；同時，「實
體」也不是宗教信仰中的「上帝」，也不是一元唯心論者所說的「絕對精神」，
它「決不是潛隱於萬有背後」，決「不是潛隱乎心物萬象背後」，也決「不是高
乎心物萬象之上」或「超越乎萬有之上」，更「決不是恆常不變」而「離物獨存」
的。因此，我們也決不可說：在存在層級上，「先」有個形上超越、獨立自存
的「實體」（體）存在，然「後」再由它（祂）去衍生出宇宙萬象（用）來，
就好像上帝創造世界一般。而我們由引文中的「深悟」、「深信」、「不是」、「決
不是」與「不可不捨去」等語詞，便可合理推知：熊氏真的是徹底反對用時間
上與存在層級上的「先」、「後」次序，來看待「體」「用」關係的。
　　綜合以上所說，可知：就「負面遮撥」這一面來說，熊氏不僅反對離「用」
求「體」與「體」在「用」外的思想；同時也反對以「體」為「用」之「第一
因」的看法；甚至於他還反對「體」對於「用」，具有時間與存在層級上的優
先性這樣的論點。他並斷然指出：「實體」「決不是潛隱於萬有背後」，或「超
越乎萬有之上」；也「決不是恆常不變」而「離物獨存」的。而他這樣的說法，
不僅顯示出：他反對以（本文所謂）「分解的思路」，來看待「體」、「用」的關
係，同時還恰好近於或同於本文在上節中所說——具有「全體論與整體實存的
思路」（辯證的思路）之思想家，通常並不認為在天地萬物及人類的生命、社
會、歷史與文化等之前、之上或背後，有所謂獨立自存、永恆普遍的本體存在
——的論點，因此，筆者在《劉文》中與本文「前言」中，對熊氏晚期的體用

哲學所持的相關論點，不是也言之有據嗎？

　　而就「正面表詮」這一面來說，則他首先提出了「體」是「用」的自身這樣的主張。他說：

> 祇有就功用上，領會實體的性質。汝今應知：功用有精神質力等性質，此即是實體的性質。何以故？實體即是功用的自身故。譬如眾漚有濕潤與流動等性質，此即是大海水的性質，以大海水即是眾漚的自身故。（《體用論》，頁 4）

> 余⋯深悟、深信：萬有之實體，即是萬有自身。（自註：譬如大海水，即是眾漚的自身。此喻最切，否則很難說明此理。）（同上，頁 299）

　　由於他在以上的兩則引文中，都以「海漚之喻」來說明「體」是「用」的自身之觀念，同時又認為「此喻最切，否則很難說明此理」，因此，我們便可利用此喻來理解他所說：「體」是「用」的自身之道理。

　　依熊氏，「體」（實體）就如同「海」（大海水），而「用」（功用）就如同「漚」（眾漚）。（在大海水全都變成了漚的情況下，）我們如要尋覓大海水及其性質，則只有就無量的眾漚上來領會才行！為什麼呢？這是因為「大海水即是眾漚的自身」之緣故。因此，「眾漚有濕潤與流動等性質，此即是大海水的性質」。我們切不可離開無量眾漚去找大海水，也切不可離開眾漚的性質去領會大海水的性質；同理，我們如要尋覓實體及其性質，則只有從功用上來領會才行！為什麼呢？這是因為「實體即是功用的自身」之緣故。因此，「功用有精神質力等性質，此即是實體的性質」。我們切不可離開功用去找實體，也切不可離開功用的性質去領會實體的性質。

　　我們由熊氏說「深悟、深信：萬有之實體，即是萬有自身」時，那種斷然而幾近信仰的肯定語氣，可合理推知：從「正面表詮」這一面來說，他確確實實是主張「體」是「用」的自身（或自體）的。

　　而除了提出「體」是「用」的自身之主張外，熊氏另外還主張實體變成功用。而且此主張至少包含三義：一是實體「自身」變成功用；二是實體自身「全部」都變成功用；三是實體在任何時空與任何情況下，都以功用的型態存在與

呈現。

　　由於熊氏反對「體」對於「用」，具有時間與存在層級上的優先性，也由於他主張「體」是「用」的自身，因此，實體變成功用，依熊氏之見，只能是實體「自身」變成功用，而不是實體如母、如上帝般先存在，然後因其變動，再去生出功用來（按：此點在上文中已提及）。因為若是如此，則「體」「用」將成兩重世界，這樣就不能說「體」是「用」的自身了，就不能說是「體用不二」[14]了。他在回答某人的問題時，說：

> 有問：「實體變成功用一語。若將變成二字，改作變起，似較好。」答曰「否！否！倘如汝說，將以為：由實體自身變起一種向外動作的功用。如此，則實體猶如造物主，而不即是功用也。余不用變起二字，而直曰變成者，防人之曲解也。須知：一言乎變，則是實體自身發起變動，已含有起字的意義，不必復言起也。成字，則明示實體起變，便將他自身完完全全成了翕闢的功用。譬如大海水起變，便將他自身完全成翻騰的眾漚。這一成字，才見體用不二，無可曲解。（《體用論》，頁 255~256）

　　熊氏的回答，至少有三個重點：（一）說「實體變成功用」比說「實體變起功用」好，意義也較為精準：前者表示實體自身變成功用，「體」即是「用」的自身；而後者則容易使人產生「由實體自身變起一種向外動作的功用」與「實體猶如造物主，而不即是功用」的誤解；（二）一說「變」，就表示「實體自身發起變動」，就已含有「起」的意義；（三）一說「成」，就「明示實體起變，便將他自身完完全全成了翕闢的功用」，這就如同「大海水起變，便將他自身

---

[14]　「體用不二」，不僅是熊氏《體用論》的中心思想，同時也是他晚期體用哲學的核心主張。因此，如要了解熊氏哲學，它實在是一大關鍵所在。事實上，本文的整個論述，說穿了，就是在闡釋它。因此，通觀本文後，當可對它有一概略性的認知。不過，熊氏本人也曾對它，作過一簡略但完整的（定論式）說明，茲抄錄於下，以供讀者參考：「本論以體用不二立宗。本原、現象，不許離而為二。（自註：本原，謂實體。）真實、變異，不許離而為二。（自註：佛家生滅法，是變異。不生不滅法，是真實。西哲以現象是變異，本體是真實。其失與佛法等耳。）絕對、相對，不許離而為二。心物，不許離而為二。（自註：心物祇是兩方面，非異體。）質力，不許離而為二。天人，不許離而為二。種種原理，皆稟大易之辯證法。」（《體用論》，頁 336）

完全成翻騰的眾漚」的情形一樣。因此，用「成」字，「才見體用不二，無可曲解」。

　　上述三點中，除了有實體自身變成功用的意義外，尚包含有實體變成功用，乃是實體自身「全部」都變成功用的意義在內。而此義，熊氏在其他地方，也曾屢屢提及。他說：

> 須知：實體是完完全全的變成萬有不齊的大用，即大用流行之外，無有實體。譬如大海水全成為眾漚，即眾漚外無大海水。體用不二亦猶是。（《體用論》，頁 10）

> 實體以其自身完全變成生生不已的功用。譬如大海水以其自身完全變成翻騰的眾漚。（同上，頁 323）

　　我們由兩引文中的「完全」與「完完全全」等詞，可知：在熊氏的心目中，實體自身變成功用，並不是部分變成，而是全部都變成功用的。

　　而由於實體自身全部都變成功用，因此，我們實可說：實體在任何情況下，都是以功用的型態存在與呈現，而並不存在沒有變成功用的實體。他說：

> 實體無有不變動時，即無有不成為功用或現象之時。（《乾坤衍》，〈第二分・廣義〉，頁 237）

> 宇宙萬象…是一大勢力，圓滿無虧，周流無礙，德用無窮，浩然油然，分化而成萬殊的物事。譬如大海水，分化而成無量眾漚相。全體是生生活躍，故恆起分化。（自註：恆字，吃緊。無有不分化時，故言恆。）（《體用論》，頁 243~244）

　　依熊氏之見，由於實體是「生生活躍」、「恆起分化」與「無有不變動」之時的，因此，它（祂）當然是「無有不成為功用或現象之時」。我們決不能說：在宇宙形成與發展的過程中，有某一時空或某種狀況，實體未變成功用；也決不能說：實體曾經有過未變成功用的時期。而應該說：不管任何情況、任何時候，實體「總是」與「永遠」以功用的型態存在與呈現。因為只有這樣，才符

合熊氏體用哲學的真義。

　　而除了以上的主張外，熊氏關於「體」「用」關係，最直接與最完整的「正面表詮」就是：即「體」即「用」與即「用」即「體」了。他說：

> 當知體用可分，而實不可分。可分者，體無分別，（自註：譬如大海水，元是渾全的。）用乃萬殊。（自註：譬如眾漚，現作各別的。）實不可分者，即體即用，（自註：譬如大海水，全成為眾漚。）即用即體。（自註：譬如眾漚以外，無有大海 水。）（《體用論》，頁105）

> 實體變成生生不息的無量功用，譬如大海水變成騰躍不住的眾漚。（自註：於此可悟即體即用之理。）無量功用，皆以實體為其自身…譬如眾漚，各各以大海水為其自身。（自註：甲漚的自身，是大海水。乙漚的自身，亦是大海水。乃至無量數的漚，皆然。由此可悟即用即體之理。即用即體者，謂功用即是實體。如眾漚自身即是大海水也。）（同上，頁218~219）

　　他指出：「體」「用」關係，乃是「可分而實不可分」的。由於「體」是「渾全」的，而「用」卻呈現為萬殊的「各別」相狀，因此，我們遂可在認知或理論上，對它們作一暫時性的區分，此之謂「體用可分」；但此區分畢竟只是認知或理論上的暫時區分而已，它並不表示「體」「用」在實際上確實可截然劃分，而為兩重世界；相反的，一落到實存世界中，則它們根本只是渾融一體而「實不可分」的。但為何它們「實不可分」呢？熊氏的回答是：因為「即體即用」與「即用即體」的緣故。他並用了「海漚之喻」來作說明：

　　「譬如大海水變成騰躍不住的眾漚」、「譬如大海水，全成為眾漚」：就「大海水」來說，它就是無量的「眾漚」。若問「大海水」是什麼，那它就是自身所全部變成的無量「眾漚」；同理，「實體變成生生不息的無量功用」，就「體」來說，它就是「用」。若問「體」是什麼，那它就是自身所全部變成的「用」——此之謂「即體即用」。

　　「譬如眾漚，各各以大海水為其自身」、「甲漚的自身，是大海水。乙漚的自身，亦是大海水。乃至無量數的漚，皆然」、「譬如眾漚以外，無有大海水」：就每一「漚」的自身來說，它就是「大海水」。若問無量的「眾漚」是什麼，

那它們就是全體渾融的「大海水」；同理，「無量功用，皆以實體為其自身」、「功用即是實體」：就每一「用」的自身來說，它就是「體」。若問無量的「用」是什麼，那它們就是全體渾融的「體」——此之謂「即用即體」。

因此，依熊氏，「體」「用」關係最恰當的正面表詮，就是：「即體即用」與「即用即體」。「體」「用」根本是一而不可分的。而此義，若用筆者所理解的唐君毅先生的詞語來說，「即體即用」就相當於「即存在即流行」；「即用即體」就相當於「即流行即存在」，「存在」與「流行」根本是一體而不可分的：就「宇宙人生之總體存在」（存在）說「體」，就「此總體存在自身之流行」（流行）說「用」，兩者根本只是一。而這樣的說法，恰好又與本文在上節中對「全體論與整體實存的思路」（辯證的思路）之學問型態的論點近似，因此，筆者在《劉文》與本文「前言」中，對熊氏晚期的體用哲學所持的相關論點，不是也言之成理嗎？

上述乃熊氏對「體」「用」關係的看法，但那僅是熊氏晚期體用哲學的「形式意義」而已，而尚未觸及其實質內容；以下我們則擬進一步來論述其實質內容，以具體呈現其「內容意義」。

由於「即體即用」、「即用即體」、「體用實不可分」與「體是用的自身」等緣故，因此，我們實可說：「體」的性質就是「用」的性質，而「用」的性質當然也就是「體」的性質。故以下論述熊氏體用哲學的「內容意義」時，說「體」即是說「用」，說「用」亦即是說「體」，彼此是可互相通用的。

我們若問熊氏：「實體的實質內容是什麼？」則他的回答首先便是：「宇宙實體具有複雜性，非單純性。」[15] 他說：

> 實體是具有物質、生命心靈等複雜性，非單純性…實體本有物質心靈等複雜性。是其內部有兩性相反，所以起變動，而成功用。功用有心靈物質兩方面，因實體有此兩性固也。（自註：實體元有物質心靈兩種性質，故其變動成為功用，便分為心物兩方面。）（《明心篇》，頁19）

他認為：因「實體本有物質心靈等複雜性」，故「功用」亦「有心靈物質

---

[15] 熊十力：《明心篇》（台北：學生書局，1984年），〈自序〉，頁1。

兩方面」；又認為：「實體是具有物質、生命心靈等複雜性，非單純性」。至此，他的「實體具有複雜性，非單純性」的主張已昭然揭露。我們由引文中的「本有」與「元有」等詞，可知：他是確信此一主張的。但，我們不禁要問：在他的用法中，「心靈」與「生命」有何關係？它們是名異而實同的嗎？還是名實皆異？對此，他又表示：

> 生命心靈本來不二，而有兩名。特舉其生生不已之德而言，則曰生命。特舉其炤明無闇之德而言，則曰心靈。名雖不一，其所指目者，非兩體也。（《明心篇》，頁 10）

> 生命心靈，名異、實同，不可析之為二。故本書，有時以生命心靈二名並舉。有時僅舉心靈，而生命一名之義，自在其中。有時僅舉生命，而心靈一名之義，亦在其中。（同上，頁 11）

依熊氏之見，「生命心靈本是一物」（同上，頁 12）它們雖是「兩名」，但所指（涉）卻非「兩體」，而是「一體」：就「其生生不已之德而言，則曰生命」；而就「其炤明無闇之德而言，則曰心靈」。因此，它們根本是「名異實同」、「本來不二」，而不可「析之為二」的。所以，一說「心靈」，則「生命一名之義，自在其中」；而一說「生命」，則「心靈一名之義」，也自然「在其中」了。

由於物質、心靈等性質皆實體所固有，因此，它們其實只是（同）一（實）體之兩面，而非兩體。對此，熊氏也表示：

> 心物祇是兩方面，（自註：單言心，即攝生命在內。單言物，即攝能力在內⋯）確不是兩體。（自註：心物是一體，非可分為二。）（《明心篇》，頁 155）

> 心物不可分割。（自註：心物為功用的兩方面，非異體故，不可分割。）（同上，〈自序〉，頁 2）

我們由熊氏之說，可知：他確實是抱持「心」「物」只是一體之兩面，而非兩體之論點的。因此，它們根本是「不可分割」的。

　　「心」「物」既然是實體所元有的性質，既然是一體而「不可分割」的，因此，它們當然也是渾融為一而無「先」「後」[16] 之分的：

> 心物同體，無先後可分。理應如是，何用狐疑。（《體用論》，頁 21）

> 心靈與物質互不相似故，不可說心靈為物質作因，又不可說物質能為心靈作因。總之，物不從心生，心亦不從物生…心物相望，都無因果關係。是義決定。（自註：就心對物而言，本無因果關係。就物對心而言，亦本無因果關係。）（《明心篇》，頁 6）

　　依熊氏之見，因「心」「物」彼此的特性不相似，因此它們之間「本無因果關係」。而因「心物相望，都無因果關係」，所以，我們既不能說：在宇宙發展的過程中，先有「心」（精神）存在，然後再由祂衍生出「物」（物質）來；同時也不能說：先有「物」（物質）存在，然後再由祂衍生出「心」（精神）來。它們根本就是渾融為一而無分先後的。因此熊氏才又說：「心與物畢竟是渾淪之流。」（《明心篇》，頁 12）

　　而實體除了具有心靈、物質等複雜性外，它（祂）同時還具有健動與生生諸德。熊氏說：

> 本體顯為無窮無盡的大用，應說是變易的。然大用流行，畢竟不曾改易其本體固有生生、健動，乃至種種德性。（《體用論》，頁 9）

> 本體流行，唯是陽明、剛健、開發無息…而已。（同上，頁 22）

又說：

> 本體畢竟不改易其自性…能顯發其本體固有剛健、清淨諸德。（同上，頁 18）

---

[16] 此「先」「後」，亦含有「時間」與「存有層序」的先後之義。

一切法雖繁然萬殊，而實為變動不居、流行不息、故故都捐、新新而起、大生、廣生、大有無盡之渾然全體。（同上，頁 210）

又在解釋本體所具之「德」時，說：

德具二義，曰德性，曰德用。（同上，頁 28）

依熊氏，由於本體本具與「不改」其「健動」、「陽明」、「清淨」與「生生」諸「德性」，因此它便顯為「變動不居」、「流行不息」與「新新而起」之「無窮無盡」的「德用」。故在熊氏眼中，整個宇宙萬象，根本「渾是生生不息真機流行」（《體用論》，頁 217）的，根本是「生生活躍、充然大有」與「無滯無盡」（同上，頁 236）的。換言之，「體」「用」是本具「生德」（案：「生生之德」曰「生德」，見《體用論》，頁 95）的，是「生生之盛大不容已」（同上，頁 96）的，也是「生生之和暢無鬱滯」（同上）的。

以上說本體流行，是陽明、剛健與開發無息的，是健動不息與生生不已的。但問題是：本體流行何以能如此呢？其動能何在？是外鑠的呢？還是內發的？對這些問題，熊氏的回答是：

心物兩方，一名為闢，（自註：闢，有剛健、開發、升進、炤明等等德性，易之所謂乾也。）一名為翕，（自註：翕，有固閉和下墜等性。易之所謂坤也。）翕是化成物。不守其本體。（自註：化，猶變也。易曰：坤化成物。）闢，是不化為物。保任其本體的剛健、炤明、純粹諸德。一翕一闢，是功用的兩方面，心物相反甚明。（自註：闢，即心也。翕，即物也。）…翕闢雖相反，而心實統御乎物。遂能轉物，而歸合一。（自註：轉者，轉化之也。）故相反所以相成。（《明心篇》，頁 20~21）

宇宙萬物，莫非精與質變化之所為。精與質成化，實由精為主導。精者，剛健、充實、富於創造，而動以不容已。此其所以統御乎質也。質既形成實物，便趨於凝固閉塞。精神潛運於物質中，幾乎莫得發露。然其剛健之德，創造之能，終能開導物質，而有生物出現。自此，生機體改造，日益精利。宇宙不復是物質層之錮閉狀態，而為生命力洋

溢流通之宇宙。（同上，頁 214~215）

實體…萬變無窮…最普遍的法則，余以為不外相反相成的一大法則…變，決定要率循相反相成的法則。（《體用論》，頁 10~12）

他的這些話，至少包含了三個重點：

一、實體之「萬變無窮」，宇宙萬物之不已發展，必循「相反相成」之法則。

二、心靈、物質兩方面，亦可分別稱為「闢」（或「心」、「乾」與「精」等）與「翕」（或「物」、「坤」與「質」等）。「闢」，具有「剛健、開發、升進、昭明等等德性」；而「翕」則具有「固閉和下墜等性」。「翕」是「化成物」，而「不守其本體」的；而「闢」則是「不化為物」，以「保任其本體的剛健、昭明、純粹諸德」性的。它們彼此的性質是「相反」的。

三、「宇宙萬物，莫非精（或闢）與質（或翕）變化之所為」。但「翕闢雖相反」，雖是「精與質成化」，然「實由精為主導」、「心實統御乎物」，故「遂能轉物，而歸合一」。而這「轉物」的過程是：「質既形成實物，便趨於凝固閉塞。精神潛運於物質中，幾乎莫得發露。然其剛健之德，創造之能，終能開導物質，而有生物出現。自此，生機體改造，日益精利。宇宙不復是物質層之錮閉狀態，而為生命力洋溢流通之宇宙矣。」因此，「翕」「闢」雖「相反」，但終是「相成」的。

以上三點，都是在說明：「本體何以能流行？」以及「本體流行，何以是陽明、剛健與開發無息的？何以是健動不息與生生不已的？」等問題。我們若將這三點加以精簡化，則可得到以下的答案：「翕闢成變」、「動能內發」、「相反相成」與「心能轉物」。

由上所述，我們可發現到：熊氏的這些看法，其實是相當近似於本文在「全體論與整體實存的思路」（辯證的思路）定義中之所說。而這不也再次顯現出：他那「全體論」型態的體用哲學，基本上是近於或同於蕺山那「全體論與整體實存的思路」（辯證的思路）之哲學嗎？不也再次證明：筆者在博士論文與本文「前言」中的論點，其實是言之成理的嗎？

肆、結　論

經由以上的論述，我們可以得到以下四點結論：

一、熊氏晚期體用哲學的「形式意義」，就「負面遮撥」這一面來說，他不僅反對離「用」求「體」以及「體」在「用」外的思想；也反對「體」為「用」之第一因的說法；同時還反對以「時間」及「存有層級」上的「先」「後」次序，來看待「體」「用」關係的論點。而他這樣的看法，不僅顯示出：他反對用「分解的思路」來看待「體」「用」關係；同時也和戴山反對用「分解的思路」，來看待「理」「氣」、「道」「器」與「心」「性」等關係的情形，不謀而合。[17]

二、熊氏晚期體用哲學的「形式意義」，就「正面表詮」這一面來說，則他不僅主張「體」是「用」的自身（自體）；同時還主張：「體」自身變成「用」、「體」自身全部都變成「用」，以及「體」在任何情形下，皆以「用」的型態存在與呈現；他更進一步主張：即「體」即「用」與即「用」即「體」。而他這樣的見解，不僅顯示出：他乃是以「全體論與整體實存的思路」（辯證的思路）來看待「體」「用」關係；同時也和戴山用「全體論與整體實存的思路」（辯證的思路），來看待「理」「氣」、「道」「器」與「心」「性」等關係的情形，極為類似。[18]

三、而就熊氏晚期體用哲學的「內容意義」來說，則至少包含：「體」「用」具有「心」、「物」等複雜性，而非單純性；「心」、「物」雖異性但同體，不可分割；「體」具健動與生生諸德；以及「翕」「闢」成變，相反相成等四個論點。而他這樣的論點，不僅再次顯示出：他乃是用「全體論與整體實存的思路」（辯證的思路），來看待宇宙萬物及其生成變化的；同時也和戴山看待宇宙萬物及其生成變化的「思路」相同或相似。[19]

四、由於熊氏並非以「分解的思路」，而是以「全體論與整體實存的思路」（辯證的思路），來看待天地萬物的生成變化，以及來思維與表述其體用哲學的。因此，他的體用哲學與戴山哲學，在型態上可說是極為近似或相同的：它們均屬「全體論與整體實存的思路」（辯證的思路）型態的哲學，所以筆者在

---

[17]　《劉文》，第三章、第四章。
[18]　同上。
[19]　同上，第三章。

《劉文》與本文「前言」中所持的論點，可說是言之有據與論之成理的。

　　本文曾發表於「當代儒學國際學術研討會」（浙江杭州，浙江省社會科學院，2004 年 4 月），並經筆者修潤而成。

儒學與現代化
——從筆者宋明儒學與中國哲學研究的問題意識談起，並藉由對牟宗三「良知自我坎陷說」的省察，以嘗試提出「儒學與現代化」的另一個簡要模型與建議

壹、前　言

　　本文不僅是筆者「宋明儒學」（即「宋明理學」）十餘年研究計畫的延伸發展之一，同時也是我自提出宋明儒學與傳統中國哲學，可概分為「兩型」——「分解的思路」與「全體論與整體實存的思路」（辯證的思路）型態之學——以來，第一次對「儒學與現代化」問題，所省思與撰寫的第一篇正式論文。[1]

　　筆者近幾年來，一直致力於宋明儒學與傳統中國哲學的重新「詮解」（詮釋與理解）。在我心中，總是盤旋著兩個問題意識：

　　一、「正面積極」地講，我們該如何「儘可能」地用「比較」道地的現代漢語白話文，來詮解宋明儒學與傳統中國哲學；而「負面消極」地說，則是我們如何能避免用「逆格義」的方式，或是如何能儘量少借用西方哲學的理論架構，來詮解宋明儒學與傳統中國哲學？

　　二、我們該如何以「清楚」且「相應」的方式，來詮解宋明儒學與傳統中國哲學？

　　而這兩個問題意識，其實都指向我們該「如何建立宋明儒學與傳統中國哲

---

[1] 筆者在就讀成功大學中文所博士班時，即曾撰述過〈「良知自我坎陷說」的省察〉一文，並發表於（台灣）「第五屆南區五校中文系研究生論文發表會」（高雄，中山大學，1999 年）。該文雖說是筆者第一次對儒學與現代化問題，所省思與撰寫的第一篇正式論文，惟當時筆者尚未很清楚地自覺到，宋明理學與傳統中國哲學可概分為「兩型」，是以筆者才說本文係我提出宋明儒學與傳統中國哲學，可概分為「兩型」——「分解的思路」與「全體論與整體實存的思路」（辯證的思路）之學——以來，第一次對儒學與現代化問題，所省思與撰寫的第一篇正式論文。究其實，本文可算是筆者第二篇有關儒學與現代化的第二篇正式論文。

學詮釋的主體性」：用中國（漢、華）的語文，依中國人的思維模式，來理解中國傳統的學問，而不必老是戴著西方哲學——如古希臘哲學、中世紀神學、近代理性論與經驗論，以及現代存在主義、現象學與分析哲學等——的有色眼鏡，來理解與詮釋宋明儒學及中國哲學。[2]

但或許有人會質疑：在目前由西方文化所主導的全球化潮流中，現代中國人在看待自己祖先的學問時，怎麼有可能擺脫西學的影響呢？又，假如不借用西學的理論架構，又怎能「清楚」地詮釋籠統、含糊的宋明儒學與傳統中國哲學呢？

對於這兩點質疑，筆者有以下三點淺見回應：

一、因許多現代漢語白話文的「術語」與「詞彙」，都是國人從西學直譯，或是透過日人對西學的間接翻譯而來，且它們也都早已「內化」於現代漢語白話文之中，故我們確實不可能「完全」擺脫西學的影響來看待傳統中國哲學，是以本文才說「儘可能」地用「比較」道地的現代漢語白話文，來詮解宋明儒學與中國哲學。但，借用西學的「術語」與「詞彙」，是一個問題；而借用西學看待宇宙、人生、知識、歷史與文化等的「理論架構」，則又是另一個問題，它們乃是兩個不同的問題。我們或許無法完全避免借用西學的「術語」與「詞彙」，但卻可自覺地儘量避免用西學的「理論架構」，如：超越／現象二分、超驗／經驗二分、應然／實然二分、精神／物質二分、心／物二分、理想／現實二分、神／人二分等，來詮解宋明儒學與中國哲學。

二、即使不借用西學的「理論架構」，也未必就不能「清楚」地詮解宋明儒學與中國哲學。筆者承認：與中國哲學相比，西方哲學確實理路較為清晰、論證較為嚴謹、邏輯性較強，且理論架構也較為鮮明，但這並不代表中國哲學就沒有理路、論證、邏輯與理論架構。只要我們對中國哲學能同情地理解，能不預設立場，能先拋棄一些成見，然後深入中哲經典中去仔細爬梳與尋繹其理路，這樣便可找到傳統中國哲人的思維模式與義理特色，同時也能樹立與重現其理論架構。更何況詮釋得清不清楚，其實主要是與詮釋者自己的學術能力——語文的表達能力、概念的分析能力與理論的論證能力等，密切相關的。因此，我們實不能說：如果不借用西學的理論架構，就無法將傳統中國哲學詮釋清

---

[2] 若依此，則筆者近幾年來的學術研究，可說是環繞著「如何建立宋明儒學與中國哲學詮釋的主體性？」此一「主要問題意識」而展開，也可說是環繞著上述兩個「次要問題意識」而展開。它們根本是「二而一」與「一而二」的：前者是總體地說；而後者，則是分開地說。

楚！

　　三、對傳統中國哲學的詮釋，「清不清楚」，是一個問題；而「相不相應」，則又是另一個問題。就算我們借用西學的理論架構，而將傳統中國哲學詮釋「清楚」了，但這並不代表此一詮釋就是「相應」的；相反的，我們可能是戴著西學的有色眼鏡來看待與詮解傳統中國哲學的，亦即：我們的詮釋其實是「西人眼裡的中國哲學」或是「為了給西方人看的中國哲學」，而非深具中國特色的道地中國哲學。由於筆者所真正關心的乃是：如何「清楚」並「相應」地詮釋傳統中國哲學？因此，我認為老是借用西學的理論架構，來詮釋傳統中國哲學的作法，其實是有待商榷的。[3]

　　在上述的兩大問題意識下，我竟意外發現了當代新儒學大師牟宗三先生，詮釋宋明理學與中國哲學的部分盲點：牟先生的詮釋是很「清楚」沒錯，但行文卻非「道地」的漢語白話文，且有時也不是很「相應」。因牟先生的學術著作，語文表達過於艱澀，不僅常文白夾雜（筆者按：演講稿例外），且有時雜有歐式語法，致令一般非新儒家的學者常望之卻步或無法卒讀；同時他借用康德「物自身／現象」二分的架構，並將康德「自由意志」的設準實體化、超越內在化，而建構了進乎康德哲學所形成的「兩層存有論」的理論架構，確實是很「清楚」地詮釋了多數宋明儒學，但對張載、劉宗周（甚至於王船山、黃宗羲）等人之學的詮釋卻是「不相應」的。由此發現，我乃重新閱讀宋明儒學的原典，而逐漸形成了自己對宋明儒學一個整體性看法，我並將它寫成博士論文──《劉蕺山哲學思想研究》，以及多篇期刊與研討會的論文[4]，同時還從中

---

[3]　以上論點或引自拙文：〈周敦頤《太極圖說》「無極」與「太極」關係之研究〉（《鵝湖月刊》第 33 卷第 1 期總號第 385 號，2007 年 7 月）之「前言」；或在拙文「前言」的基礎上，作一增補與修潤而成。

[4]　筆者近幾年來研究宋明理學的論文，除了《劉蕺山哲學思想研究》（台南：成功大學中國文學研究所博士論文，2002 年 6 月）外，尚有〈牟宗三宋明儒學「三系說」的省察──從「三系說」到「兩型四系說」〉（台北：《鵝湖月刊》第 26 卷第 3 期總號第 303 號，2000 年 9 月）、〈周濂溪〈太極圖說〉本體性格之衡定〉（「2000 年東亞漢學會議」，日本，福岡，2000 年 12 月）、〈張載天道論性格之衡定〉（台北：《鵝湖月刊》第 26 卷第 11 期總號第 311 號，2001 年 5 月）、〈劉蕺山義理性格之衡定〉（高雄：《高苑學報》第 8 期，2002 年）、〈劉蕺山哲學的定性與系屬研究──從「兩型四系說」中兩型的區分標準談起〉（南京大學建校一百周年「中國思想史國際學術研討會」，南京大學，2002 年 5 月）、〈王船山天道論性格之衡定〉（台北：《鵝湖月刊》第 28 卷第 4 期總號第 328 號，2002 年 10 月）、〈宋明理學分系標準之研究〉（「2003 年人文學與社會科學學術研討會」，高雄，輔英科技大學，2003 年 11 月）、〈劉蕺山「理氣論」性格之衡定〉（「明清浙東學術文化國際研討會」，寧波，2003 年 12 月）、〈劉蕺山論氣質之性與義理

擇要結集出版了《宋明儒學新論》[5]一書。而在上述的論文與專書中，我提出了一個新的論點：

> 宋明理學，依理學家們「思路」（思維方式）之不同，可概分為「分解的思路」與「全體論與整體實存的思路」（辯證的思路）這兩種義理型態。像程頤、朱子之學，即「比較」近於「分解的思路」之型態；而張載、劉蕺山與王船山（甚至是黃宗羲）等人之學，則「比較」偏屬於「全體論與整體實存的思路」之型態。

而本文，便是在這樣的背景與論點下所撰寫的。因此筆者才說：本文是筆者宋明儒學十餘年研究計畫的延伸發展之一。

依筆者淺見，牟先生關於「儒學與現代化」此一議題，最重要的代表性說法：「良知自我坎陷說」（按：以下簡稱「自我坎陷說」），其實就是屬於「分解的思路」下之理論。因此說預設了「超越的分解」架構，預設了「兩層存有」──形上/形下、超越/現象、先驗/經驗──的超越區分。「良知」為形上超越層之道德本體，它既超越又內在，「即存有即活動」，既是道德之根與價值之源，也是「乾坤萬有基」；而「認知心」則為形下現象層之知性主體，它與物平列、相對而了解、研究物，以獲得科學知識，並開出民主政治。

牟先生這樣的說法，基本上是借用了佛家「一心開二門」、黑格爾歷史哲學與康德「物自身／現象」二分的架構，並將它們轉化至（他所詮解的）陸王心學；同時又依陸王心學的立場，來講儒學與現代化的問題。本文即旨在藉由對「自我坎陷說」的省察，以嘗試提出儒學與現代化的另一個簡要模型與建議。我們希望依傳統中國哲人的思維模式，來講儒學與現代化的問題。茲為論述之需，本文擬將論述的理論基礎與區分稍作說明，以為下文的論證預作準備。

之性〉（高雄：《高苑學報》第 11 期，2005 年）、〈朱子與陳亮的歷史評論──以「漢唐之爭」為中心的探討〉（「陳亮國際學術研討會」，杭州・永康，2004 年 10～11 月）與〈呂東萊的「本體論」初探〉（「呂祖謙暨浙東學術文化國際研討會」，金華， 2005 年 11 月）等多篇期刊與研討會論文。

5　陳立驤：《宋明儒學新論》，高雄：高雄復文出版社，2005 年。又，此書共收入《劉蕺山哲學思想研究》、〈牟宗三宋明儒學「三系說」的省察──從「三系說」到「兩型四系說」〉、〈張載天道論性格之衡定〉與〈王船山天道論性格之衡定〉等四篇論文。

貳、「分解的思路」和「全體論與整體實存的思路」

「分解的思路」與「全體論與整體實存的思路」（辯證的思路），不僅是筆者近幾年來分判宋明理學（與中國哲學）為「兩型」的主要標準與依據，同時也是筆者解讀與衡定蕺山哲學思想特性的主要標準與依據。它們的意義分別由筆者所自行界定，因此，以下的定義，均是筆者所作的「系統的定義」（系統義），此點還請讀者能先行理解。[6]

所謂「分解的思路」，其義係指：

> 思想家們基於他們的感官經驗或真實的存在感受，如：驚異、好奇、怖慄、罪惡、絕望、憂患、惻隱、羞恥、煩惱、痛苦與受束縛、不自由等，或「窮知究慮地去構思一套存有層序的理論架構，來區分、解釋天地萬物和人類的生命、社會、歷史與文化等」（按：此常見於諸多西方傳統哲人）；或「經由實踐、體證而開顯出生命的某種境界或境地，於是對實存世界有一看法，並將此看法通過一套人為設計的概念與理論框架，來對實存世界作一區分與解釋」（按：此有時見於某些中國傳統哲人）的這樣一種思路。

而具有這種思路的思想家，在解釋宇宙人生時，常常會預設著「超越的分解」的架構。他們常會認為：一、宇宙人生，實際上是兩層或多層存有（在）的。而且這兩層或多層的存有（在），基本上乃是異質的；二、在宇宙萬有之前、之上或背後，有所謂獨立自存、永恆普遍的本體存在。[7]

---

[6] 有關這兩種「思路」的詳細意義及其相關例釋，請參見拙著：《宋明儒學新論》與《劉蕺山哲學思想研究》等。又，筆者近幾年來研究宋明理學與蕺山哲學時，所提出的分判標準原本為「分解的思路」與「辯證的思路」兩詞，但由於其中的「辯證」一詞，學界所熟知與習用者，乃是黑格爾與馬克斯兩人所說之義，亦即：他們的說法已成為「辯證」一詞的「傳統義」與「主流義」，是以筆者雖一直向人說明「辯證的思路」中的「辯證」一詞之義，乃筆者所自行界定的「系統義」，但仍有許多學者產生錯解或誤解。茲為避免上述情況再度發生，本文遂將「辯證的思路」一詞改為「全體論與整體實存的思路」一詞，並在其後以（即「辯證的思路」）或（辯證的思路）標示之，以信實傳達筆者之意。

[7] 拙見以為：程頤、朱子與老子即是較偏屬於「分解的思路」之思想家，如程朱的「理氣論」與老子的「道論」，基本上均預設著「超越的分解」架構：前者中的「理」與「氣」，為異層異質的存有（在）；而後者中的「道」與「天地萬物」，亦為異層異質的存有（在）。又，牟先

　　至於所謂「全體論與整體實存的思路」（辯證的思路），其義則是指：

> 思想家們並不以一套人為設計的、分解的存有層序之理論架構，來區
> 分、來框套，以及來解釋天地萬物及人類的生命、社會、歷史與文化
> 等，而是直接就整個實存的宇宙人生之大化流行來說本體，並認為本
> 體之中，本就含有相反而又相成，相滅而又相生，同時互為隱顯，渾
> 然相融的兩股勢能或動力，如陰與陽、翕與闢、乾與坤或靜與動等。
> 而由於它們之間彼此不斷地相互起作用，不斷地一陰一陽、一翕一闢、
> 一乾一坤或一靜一動等，因而帶動或引發了整個實存的宇宙人生之生
> 生不息和永續發展的這樣的一種思路。

　　而具有這種思路的思想家，在解釋宇宙人生時，通常並不會預設著「超越
的分解」的理論架構。他們並不認為宇宙人生乃是異質的兩層或多層的存有
（在），也不認為在宇宙萬有之前、之上或背後，有所謂獨立自存、永恆普遍
的本體存在；相反地，他們往往是就實存的宇宙人生之總體存在與流行來說本
體。[8]

　　而在簡要說明了這兩種思路後，接著我們便正式來省察牟先生的「自我坎
陷說」。

生也是較偏屬於「分解的思路」之思想家，他對中國哲學的詮釋，也常常預設著「超越的分
解」。對他來說，「理」與「氣」、「道」與「器」，基本上乃是「兩物而一體」（「兩個異層異質
的存在【有】、兩個不同的東西」【兩物】結合在一起、結合成一體【一體】），而非「一物之
兩名」（「同一實存的宇宙本體、同一存有」【一物】的「兩個暫時性的稱謂」【兩名】）與「一
體之兩面」（同一實存本體的兩個不同面向）的。換言之，他是主張「理氣合一」與「道器合
一」，而反對「理氣是一」與「道器是一」的。

[8] 拙見以為：張載、王船山、劉蕺山與黃梨洲等，即是較偏屬於「全體論與整體實存的思路」
之思想家，他們均是就「實存的宇宙人生之總體存在與流行」（如實存的氣、心、意、獨與物
等）來說本體，並且基本上都沒有預設著「超越的分解」架構。黃梨洲就曾說過：「理」與「氣」，
乃是「一物而兩名，非兩物而一體也」（《明儒學案・下冊》，卷44，〈諸儒學案上二〉），亦即，
他認為：「理」與「氣」，乃是「同一實存的宇宙本體、同一存有」（一物）的「兩個暫時性的
稱謂」（兩名））與，而並非是「兩個異層異質的存在（有）、兩個不同的東西」（兩物）結合
在一起、結合成一體（一體））的。換言之，他是主張「理氣是一」、是「一體之兩面」（同一
實存本體的兩個不同面向）的，而反對「理氣合一」的論點的。

參、「良知自我坎陷說」的省察

由於多年前筆者即曾發表過〈「良知自我坎陷說」的省察〉（按：以下簡稱〈省察〉）一文，而且在該文中，筆者也曾從三方面——「自我坎陷說」的簡要說明、系統內省思與系統外考察——來加以論述，因此，本文為節省篇幅與行文方便計，將先在此把〈省察〉的主要論點，逐一以條列方式簡要列出（而儘量不再引用牟先生的原文來加以析論），然後再以上節所說的兩種「思路」來省思與衡定「自我坎陷說」，並另外提出筆者對儒學與現代化問題的一個初步模型與建議。

一、「自我坎陷說」的簡要說明

（一）「自我坎陷說」的意涵，是隨著牟先生學思歷程的發展而漸漸擴大的：先前為「文化」的，之後便加入了「哲學」的意義。換言之，它既可以採哲學的方式講，而為一「哲學理論」；同時也可以採文化的方式講，而為一「文化理論」。

（二）50 至 70 年代，牟先生使用「自我坎陷」一詞，主要是偏於「文化」意義的。期間，他所關注的焦點乃是：如何從中國傳統文化開出民主與科學？亦即是中國現代化的問題。他認為：中國之所以未能產生民主與科學，最主要的原因乃是中國文化「理性的架構表現」不夠，而只有「理性的運用表現」。因此，中國現代化的主要關鍵，乃是如何從「理性的運用表現」轉出「理性的架構表現」。如能轉出，則當可從傳統的儒家內聖之學開出民主與科學等新外王。

（三）牟先生認為：要從內聖通向外王，從「理性的運用表現」轉出「理性的架構表現」，不能是「直通、直轉」，而必須是「曲通、曲轉」；他又認為：雖然科學與民主是道德理性（良知）的內在要求，但因它們與道德理性的本性相違反，故由道德理性發展至民主與科學，中間需要一種「逆」的過程，即「轉折上的突變」。這種「逆」、這種「轉折上的突變」，就是道德理性自覺地自己否定自己，轉而形成逆其自性之反對物。而這樣的過程，也就是道德理性（良知）的「自我坎陷」。

（四）70 年代之後，牟先生又賦予「自我坎陷說」哲學的意涵，並進而確立

了民主與科學的哲學依據。如此一來,「自我坎陷說」的用法,便從原來「文化」意義的搖身一變而為「哲學」意義的了。

（五）而當「自我坎陷說」的用法為「哲學」義時,則它所擬聯結的乃是「本體與現象」、「中學與西學」的問題。在牟先生看來:依西方哲學傳統,人有限而不能無限;人只有感觸的直覺,而沒有智的直覺;人只能認識現象,而不能證成物自身;人只能建立「現象界的存有論」（即「執的存有論」）,而不能建立「本體界的存有論」（即「無執的存有論」）。故西學的特長在知識論,但卻無法證成道德的形上學。因此,西學是下開有餘,而上達不足。但依中國哲學傳統,人即有限而可無限;人不只有感觸的直覺,且尚有智的直覺;人不僅能認識現象,同時也能證成物自身。故人不僅能建立「現象界的存有論」（執的存有論）,而且也能建立「本體界的存有論」（無執的存有論）。惟中國哲學雖有此意涵,然在實際的歷史發展中,卻是偏重上達而下開不足,故雖證成了高深的道德或實踐的形上學,但卻開展不出知識論。故西學之所長恰為中學之所短,西學之所短適為中學之所長。如何在保存中國哲學（或儒學）「道德理性」與「本體界的存有論」的優位前提下,開出「知識理性」與「現象界的存有論」,而賦予民主與科學的哲學根據,並妥善地將它們聯繫起來,使「上達下開通而為一」,實在是當代儒學發展的重要課題。為此,牟先生遂提出了「自我坎陷說」。

（六）依牟先生之見,經由「自我坎陷」,我們的心靈便由與物無對、無我相的「道德的我」轉而為主客、能所對列、有我相的「邏輯的我」、「形式的我」與「架構的我」,亦即由「道德主體」轉而為「認知主體」,而且「道德主體」只有經由這一步「辯證的開顯」,才能充分實現自己,才能成就民主與科學,也才能解決人的一切特殊和具體的問題。然而知性、民主與科學本來沒有,乃是「依道德理性自覺要求而有,故曰『無而能有』,但由於它們是知體明覺之權用,因而仍可把它們化歸於道德理性而不失德性之本義」[9]。就是說道德理性也能自覺地撤銷它們,使歸之於無。可以說是無而能有,有而能無,上下收放自如。故「自我坎

---

[9] 顏炳罡:〈牟宗三先生的自我坎陷說與當代文化癥結〉,收入《當代新儒家論文集外王篇》（台北:文津出版社・1991年）,頁205。

陷說」：一來可聯結本體界與現象界；二來可開出認識論，作為民主科學的哲學基礎；三來亦可彌補中國哲學的短處，消化西學歸宗儒學，使儒學成為一下開上達究極圓滿之教，所以實在是一個相當重要的理論。

二、「自我坎陷說」的「系統內」省思[10]

（一）就「系統內」的省思來說，「自我坎陷說」至少有兩大問題值得探討：一是動態的、具有道德內容的、實體義的良知，如何可能直接坎陷為靜態的、純形式的、虛的認知心（知性）？二是即使能直接坎陷為認知心，就真能開出民主與科學嗎？就真能客觀、如實地去了解、接納與消化異質文化（包括西方文化）嗎？還是另需其他條件的配合？

（二）關於第一個問題，〈省察〉以為良知當然可以坎陷為認知心，只不過並不是直接坎陷，而是要在坎陷前稍做迂迴，讓良知先行退位，然後再行坎陷，如此在理論上當可更為周延。因為若具有道德實體義的、動態的良知直接坎陷、直接自我否定，則會形成以感性及欲望為內容的放失心與情識心，而不會形成純形式的、虛的、靜態的認知心。認知心當有另一個純形式的、虛的、靜態的、超越的依據，而這個依據可以是儒家式的，也可以是道家式的：就前者（儒家式）來說，就是「仁智合一」、「智者樂水」的「智（慧）」。而在此講「自我坎陷」，其過程便是仁智合一的良知，自覺地使仁暫時脫離，成為「純粹的智（慧）」，然後再由「純粹的智」坎陷為異層但同質的認知心或純粹的知性[11]；而就後者（道家式）來說，就是超越的、虛靈的「玄智」或「道心」。而在此講「自我坎陷」則需連同儒、道兩家思想一起講，其過程乃是先由儒家的良知讓開一步，轉為同為形上層的道家的道心，再由道家的道心坎陷為異層但同質的認知心。[12]　然不論是儒家式的「智（慧）」或道家式的「玄智」、

---

[10] 本文所謂「系統內」的省思，並不是指在完全同意牟先生的論點下，僅對其論證過程作一省察，而是採取「寬鬆的解釋」，亦即只在理論的「大方向與基本立場」上肯定牟先生之說，但在理論的「具體內容」方面則容許稍作修飾或增補。因為容許修補，所以也可能帶進一點儒學之外的思想。如依一般用法，則此省思已不純然在「系統內」；然依本文用法，則仍屬「系統內」之批評無疑。這是必須先聲明的一點。

[11] 智慧屬於形上層，與物無對；而知性，則屬於形下層，與物形成主客對列之局，故曰異層。

[12] 關於此義，王邦雄先生亦曾論及，只不過他是通過先秦思想史，由孔孟（道德心）到老莊（觀

「道心」與「觀照的虛靜心」等，其實「指涉」都是相同的，它們都表示心超然的觀照作用，同質同層，只是兩家所賦予的名稱不同而已。而由於「指涉」相同，故〈省察〉雖援引道家義理，但其實仍可將此一問題的論述，列入「系統內」的省思之中。

（三）至於第二個問題，則牽涉到認知心的作用及其限制的問題。〈省察〉認為：認知心對於科學的開展，有決定性的影響，但對於民主政治的開展與異質文化的吸收、消化等，則相對影響較小。這是因為科學乃依知識理性而成立，所另需配合的條件較少；而民主的開展與文化的融攝，則除了知識理性之外，尚需有較多條件的配合，如政、經、社會發展的水準、人民有無開放的心態等。故果真良知能坎陷為認知心，則開出科學較無問題，但是否能開展出成熟的民主政治與能否客觀、如實地了解及融攝異質文化，則有待商榷。

（四）如果真要發展出成熟的民主政治，真要如實、客觀地了解及融攝異質文化，則除了認知心之外，「超然開放的心態」也是不可或缺的條件，否則將無以竟其功。而這「超然開放的心態」，即是儒家仁智合一的「智（慧）」，或是道家的「玄智」、「道心」或「觀照的虛靜心」。試問：中國之融攝佛教文化，難道不是經由道家「無」的智慧的接引嗎？[13] 西方人如果不放下白人種族與文化的優越感，那麼有可能了解與吸納真正優美的東方文化嗎？如果單靠認知心就可竟其功的話，那麼以現今歐美科學之昌明與民主之先進（按：兩者都代表著歐美人知識理性的高度展現），何以對東方文化的了解及融攝仍甚膚淺？又，具不同信念或不同宗派的學者、甚至大師，他們的知性都高度發達，但為何彼此之間卻無法溝通呢？所以「自我坎陷說」如要成立，如要從內聖開出新外王，除了知性主體要清明外，也還要有一顆超越的、觀照的虛靜心才行！

三、「自我坎陷說」的「系統外」考察

照的虛靜心），再由老莊到荀韓（認知的虛靜心）的發展進程來立論的。王先生之說，詳參〈論儒學客觀化的曲成問題——為「一心開二門」進一解〉一文，收入《國立中央大學人文學報》第五期（台灣中壢：中央大學，1987年），頁 49~50。

[13] 一般以為道家的「無」與佛教的「空」義理相近，故易於融攝。其實這只見到一面，而未見另一面。

（一）「系統外」的考察，基本上可分成兩部分：一是對「自我坎陷說」的基本立場與前提提出質疑；二是從現實的層面來對「自我坎陷說」作一考察。

（二）就第一部分來說，由於「自我坎陷說」乃是依陸王心學而立論的，但問題是：講儒學的現代化一定只能依陸王心學的立場嗎？「內聖外王」非得是陸王心學式的嗎？有沒有可能鬆動這個立場，將儒學的基本精神加以擴大，而從其他儒者的義理來講現代化？或是不要只單就儒家義理，而可就整個傳統文化來講現代化？如果儒學的基本精神只能限定是陸王心學式的內聖外王，那麼荀子、朱子等人算不算是儒者呢？不要說他們兩位，恐怕中國歷史上稱得上是儒者的也不過幾位而已，正史中「儒林傳」與「道學傳」裡的人物只怕多數都要被排除在儒家之外了。如果容許學者們對儒學的本質有不同的看法，或對內聖外王的意涵有不同的解釋，則荀學、船山學、程朱之學與漢儒之學，其實也都可以講現代化的問題的。

（三）而就第二部分來說，則至少有兩個問題可說：一是「自我坎陷說」這樣的解釋模式，與人類文化史的發展及民主科學的出現等史實是否相應？二是它的理論實效性如何？就前者而言，雖然牟先生在立說時借用了佛家「一心開二門」與康德「現象與物自身」的區分等觀念，但其實他的解釋模式基本上是採黑格爾哲學式的。[14] 換言之，牟先生認為：中國文化如要現代化，如要產生民主與科學，則必須先在中國人的觀念上做一改造，讓中國人除了有傳統的道德意識外，還要能從道德意識坎陷出認知意識，並在觀念上先肯定民主與科學的價值，如此一來才能真正開出民主與科學，才能使中國文化現代化。因此，他根本是以哲學的方式來處理文化問題的。哲學觀念是種子（因），而文化現象是果實（果）。但問題是：在人類歷史上，文化的變遷往往是先從現象層開始，然後才

---

[14] 依黑格爾，生活（或現象）世界的一切制度、文化等，其實都只是理念（或觀念）世界的「精神實體」（絕對精神）之逐步展現與客觀化而已！它們本身並無真正的獨立性可言。換言之，他將現象界「講成是自覺理念秩序的實現，只重視內在的精神如何呈現而為一外在的文化，甚至進一步也把自然世界收歸於理念領域。」（勞思光：《中國文化路向問題的新檢討》【台北：東大圖書公司，1993 年】，頁 21。）

　　及於理念層的。如中國君主專制政體的出現，並非是古代中國人先在觀念上肯定此政體的價值，然後再據以建構它；反而是一歷史事實的演變結果，是在戰國七雄長期征戰、併吞後所產生的。而產生後人們才對它表現出某種看法與態度——不管是贊成或反對；又如日本的現代化歷程，也不是多數日本人先在觀念上肯定現代文化的價值，然後才展開現代化的工作，而是日本在面臨西方帝國主義的強大壓力下所被迫產生的。他們先從技術層面的科技與工作效率著手，然後及於制度層面的改革，最後才達到觀念層面的反省；此外，又如台灣的現代化過程，也並不是多數台灣人先在觀念上肯定現代文化的價值，然後自覺地「自我坎陷」來發展它，反而是大家先發展經貿，先加強生產，先把現實的民生問題處理好，等到上述問題得到某種程度的解決時，大家才又來關心自己的政治權益，才來發展民主政治，並不斷地在理念上加以反省。[15] 因此，牟先生的「自我坎陷說」，雖然在理論有其精彩之處，然與史實的發展，卻是不大相應的。

（四）而就「自我坎陷說」的理論實效性來說，則同意其說、並躬身力行而努力開出民主與科學者,恐怕僅限於一部分的當代新儒家與人文學界之學者。而若是涉及了廣大的社會大眾與史實，則其影響力是很小的，甚至可以說是沒什麼影響的，因此，若專就此而論，則「自我坎陷說」的理論實效性其實是不太大的。

四、〈「良知自我坎陷說」的省察〉總結

（一）若我們僅對「自我坎陷說」作一「系統內」的省思，則雖然在大方向與原則上我們同意該說，但它其實仍有補足與潤飾的空間，這就是「超然開放的心態」，亦即是儒家的「智」或道家的「道心」。也唯有心態超然開放，才能無我，才能化掉許多成見與執著，也才能平心靜氣地去觀照

---

[15] 當然，在上述的例子中，也有人是先有某種理念，然後才發起或參與社會改造運動的。不過，那只限於極少數的先知和學者，而與社會上絕大多數人是毫不相關的。筆者以為：某種理念對於維持某種文化成果是必要條件，但卻不是創造該文化成果的充分條件。亦即：有某種理念，未必能產生某種文化成果，但若無該種理念，則該種文化成果就無法繼續維持了。如有民主觀念，未必能產生民主政治；但若無民主觀念，則民主政治的成果就無法安穩維持了。

一切。在超然開放的心態中，如認知能力可充分展現，則便易於了解與融攝各異質文化，也較能發展出真正成熟的民主政治。

（二）而若對它作一「系統外」的考察，則我們對它的評價便多所保留：一者，它僅是在（狹義的）儒家——陸王一系的立場上立論，而排除了其他儒學系統及儒家之外的各學派參與現代化的論述；二者，它那援用黑格爾歷史哲學的解釋模式，與人類歷史的發展及台灣民主化的過程並不相應，並不能充分解釋現代化的實情；三者，它在現實層面的功效與影響力都偏低，僅限於人文學界一隅，而與廣大的群眾無涉。

（三）基於以上理由，因此，「自我坎陷說」的價值恐怕是偏於「本質意義」的理論層面，尤其是對陸王學的內在轉化而言，是非常有價值的；但若是涉及了中國傳統各家思想的現代化論述、現實層面上與史實相應否，及理論的實效性問題，則其價值便較不易彰顯出來了。

肆、「實存的心之自我轉換說」的初步提出

以上為〈省察〉一文的重點簡述。而我們由上述亦可得知：「自我坎陷說」其實是偏屬於筆者所說「分解的思路」下之理論，它預設著「超越的分解」，建立在「形上超越層／形下現象層」兩層存有的架構之上：良知（道德理性）屬形上超越層的存有、道德主體與道德本體；而認知心（知識理性）則屬形下現象層的存在與認知主體。又，它亦屬於（牟先生所詮解的）陸王心學系統下之理論；而牟先生這樣的說法，其實乃是借用了康德「物自身／現象」二分的架構、黑格爾歷史哲學與佛家「一心開二門」的說法，並將它們轉化至（他所詮解的）陸王心學，因此，基本上他乃是借用並轉化西方哲學（與中印佛學）的理論架構，來談中國、儒學、中國哲學與中國文化現代化的問題的。

但現在的問題是：

> 講中國、儒學、中國哲學與中國文化的現代化，是否仍有其他的講法？有沒有可能在「分解的思路」型態之學外，尚有其他不同「思路」型態下的現代化理論？有沒有可能不需借用西方哲學的理論架構，而只用傳統中國人的思維模式，就可以來理解中國傳統的學問，以及來講中國現代化的問題？

　　對於上述的問題，筆者的答案是肯定的。而且以筆者對宋明儒學與中國哲學研究的多年心得，我認為：「全體論與整體實存的思路」（辯證的思路）型態之學，可能才是儒學與中國哲學的真正主流所在。亦即：傳統中國哲人在看待宇宙人生與講論學問時，他們常是就「實存的宇宙之總體存在與流行」來看與來說的，而並沒有預設兩層或多層存有的「超越的分解」架構。因為這樣的緣故，所以筆者遂在牟先生的「分解的思路」型態下之「自我坎陷說」外，不揣鄙陋地另行提出一個屬於「全體論與整體實存的思路」（辯證的思路）型態的現代化假說與模型：「實存的心之自我轉換說」[16]。

　　「實存的心之自我轉換說」，乃是筆者所自行構思與提出的[17]。它不僅是屬於「全體論與整體實存的思路」（辯證的思路）下的假說（模型），同時也是依傳統中國人的立場與思維模式，所提出來的一個有關儒學與現代化的假說（模型）。

　　拙見以為：理解與詮釋傳統中國哲學，並不一定要預設著「超越的分解」架構，並不一定非得要戴著「兩層存有」（按：如形上/形下、超越/現象、先驗/經驗）的超越區分，或「多層存有」（按：如柏拉圖的「四層存在構造說」）等理論架構，同時也不一定要借用西方哲學的理論架構才行！我們其實是可以就傳統中國哲人的典型思維模式——全體論與整體實存的思路，就整個實存的宇宙總體之存在與流行，來理解與詮釋傳統中國哲學的。在這樣的情形下，我們便可將「心」詮解成是「實存的心」，而不再是與形下現象層之「物」（物質、材質、肉體、形軀等）相對稱的形上超越（又內在）之「心」；便可將「氣」詮解成是「實存的氣」，而不再是與形上超越之「理」相對稱的形下現象之「氣」（大氣、氣體、物質世界等）。此時，「心」（實存的心）是主觀、內在地說，是就生命的主觀感受與作用來說，它代表著實存本體的主觀、內在的那一面向；而「氣」（實存的氣）則是客觀、外在地說，是就生命本身之力道、能量，以及生命所存在的客觀場域來說，它們根本就是（同）一（實存本）體之兩面的，以及「一物之兩名」（同一實存的宇宙本體、同一存有的兩個暫時性的稱謂）的，彼此乃是斷不可分的。「心」與「氣」其實只是本體的不同稱謂而已！

---

[16] 當然，此說目前仍是十分粗略的。它有待於筆者日後撰寫論文或專書來加以證成。

[17] 此說雖是筆者所自行構思與提出的，但在二十多年前，其實是有受到以研究船山學與愛情學聞名的曾昭旭教授之啟發的。茲為忠於筆者之學術良知與不敢掠美計，故特此聲明。

而且不只是「心」與「氣」，就算是「性」、「天」、「易」、「道」、「理」、「物」、「器」、「太極」、「無極」與「陰陽」等詞，其實也都只是本體的不同稱謂而已！它們都指涉著本體的某一面向，都只是本體的一個暫時性稱謂罷了。若明乎此理，則我們便可提出另一個有別於「自我坎陷說」的儒學與現代化的假說（模型）了，同時，此一假說（模型）對於諸多深受儒家文化影響的東亞國家與社會之現代化，也是有較大的解釋效力的。

　　筆者認為：依中國傳統「全體論與整體實存的思路」（辯證的思路）型態之學，我們的心境，由「德性我」（良知、仁心、道德的感受與作用）轉換成「認知我」（認知心、認知的作用與機能），其實並不需要一個像牟先生所說的，由形上超越層（的物自身世界）坎陷到形下現象層（的現象世界）的過程，而是同一實存的心境剎那、剎那之間的轉換。「德性我」與「認知我」並不是兩種異層異質的存有（在），而是同一實存自我的不同面向、表現與作用而已！當它表現出自覺、惻隱、羞惡、是非與辭讓等面向與作用時，我們就稱它為「自覺之心」、「惻隱之心」、「羞惡之心」、「是非之心」與「辭讓之心」，而總稱之為「良知」（仁心）；而當它表現出理解、記憶、思考、推理、演算與論證等面向與作用時，我們就稱它為「認知心」。對中國人來說，由於見到中國政治的腐敗、經濟的衰弱、社會的停滯、國格的低落、列強的欺凌、民生的凋敝與親人的饑餓等，遂在內心產生強烈的羞愧、恥辱、不安、不忍之心，以及義務與責任之感，於是「良知」（按：即「實存的心」之道德表現那一面）為使自己能安、為滿足自己的道德理想與價值要求，遂在剎那間自我轉變而為「認知心」（按：即「實存的心」之認知表現那一面），以發揮其認知的功能與作用，來完成華人社會的現代化。

　　就以深受儒家文化影響的台灣社會之現代化來說，1949 年之後，在朝者基於救亡圖存與維護民族文化之用心（按：此時為良知之作用），遂用盡心思致力於政、經、社會與教育文化的建設及改革（按：此時帶入大量的理智思考與認知作用）；而一般民眾則基於改善家人生活、培植教育子孫，以及為家族爭光、為自己拼前程等用心（按：此時有濃厚的良知作用在內），遂在各行各業與各自的領域中兢兢業業、克勤克儉、焚膏繼晷地努力工作與打拼（按：此時亦有大量的理智思考與認知作用在內），因此，遂發展出了舉世驚豔的台灣「經濟奇蹟」，以及遠優於同時期中國大陸的「教育奇蹟」與「文化奇蹟」等，之後並帶動了民主政治的發展——雖然此發展至目前為止還是幼稚粗糙與跌

跌撞撞的。而台灣現代化的這個例子，並不是多數台灣人先解了現代化的理念、特性與內涵後，然後良知才由形上超越層自我坎陷與自我轉變成形下現象層的認知心，之後再由認知心來開出科技與民主的，而只是多數台灣人基於內心（實存的心）強烈的義務感與責任感（按：此時為「實存的心」表現為道德那一面向，我們稱為「良知」），於是在剎那間自我轉變而為「認知心」（按：即「實存的心」之認知表現那一面），以發揮其認知的功能與作用，以開出科技與民主，而來完成台灣社會的現代化。

　　至於其他深受儒家文化影響的日、韓與新加坡等國，其現代化情形亦大致近似台灣：都在尊崇儒家與傳統文化的前提下，來從事國家與社會現代化的工作；都不是多數人先解了現代化的理念、特性與內涵後，然後良知才由形上超越層自我坎陷與自我轉變成形下現象層的認知心，之後再由認知心來開出科技與民主的，而只是多數人基於實存的心強烈的義務感與責任感，於是為了滿足自己的道德理想與價值要求，遂在剎那間自我轉變而為「認知心」，以開出科技與民主，而來完成社會國家的現代化。[18]

　　故由「良知」到「認知心」，其實是不必言「坎陷」的，因為它根本就是同一「實存的心」，由其道德的面向，剎那間「自我轉換」而為認知的面向而已！我們只要反省一下日常生活的實際情形，就能印證筆者這種說法，其實是有幾分道理的！

　　其實，若依「全體論與整體實存的思路」（辯證的思路），則還不只是它們之間的情形是如此，就連「虛靜心」、「（般若）智心」與「情識心」等的情形，也都是如此，它們都是同一「實存的心」的不同面向、表現與作用，它們之間也都是剎那剎那間的變換，而並非是異層異質的存有（在）之間的坎陷、陷溺或提升。心只是一心，那有那麼多個異層異質的心？就「實存的心」自我表現出清虛、無為、當下過當下忘、譴執蕩相與不妄動的面向與作用時，我們就稱

---

[18] 其實台灣、日本、韓國與新加坡的現代化，除了「良知」的作用外，還有其他強烈的動力與因素在，那就是：基於生物的生存本能。為了使自己與親人「存」「活」下去，所以只有努力打拼才行！但因本文此處所論係為了對照牟先生的「自我坎陷說」，故僅論及了「實存的心」之「道德」與「認知」的作用這兩面，而不及於「生存的本能與作用」那一面。又，即使是中國大陸在改革開放之後的經濟現代化，恐怕也不是多數大陸人在理念上深知現代化之特性，然後才據之努力而大力發展經濟的。換言之，中國大陸的經濟現代化，也不是像牟先生所說的由形上超越層「自我坎陷」到形下現象層的，而是基於為己、為親人、為家族、為國家、為民族爭出路所奮鬥而至的。

它為「虛靜心」；當它表現出近似虛靜心，且又觀照出一切法（出世間法與出世間法）皆是緣起、皆無自性的這一面向與作用時，我們就稱它為「（般若）智心」，此時它所展現的是一種「空慧」（體空、觀空的智慧），故我們實不宜說它究竟是屬於形上層的存有，還是屬於形下層的存在？這是因為這樣的詮釋是跟它不相應的。故若依「全體論與整體實存的思路」（辯證的思路），則以上所說的各種心，其實乃是「一心而多面」、「一心而具多種機能」，而非「多心且多體」的。

明乎此理，則我們便可來解釋「儒學與現代化」（按：尤其是「儒學與經濟現代化」）的問題。站在儒家哲學與文化的立場，而依「實存的心之自我轉換說」，則「儒學與現代化」的過程便可描述成以下的情形：

基於對自己、親人、家族、社會、國家與天下蒼生的義務感與責怪感，於是「實存的心」，便會自我要求由其道德作用的這一面向，「自我轉化」成認知作用的這一面向，便會努力發展政治、經濟、財務、金融、內政、外交、軍事、國防、教育與文化等，便會致力於科技與民主的發展，以安頓自己、造福親人、教養後代、榮耀家族、繁榮社會、效忠國家民族與利濟天下蒼生等，以完成中國現代化的問題。而當這樣做時，當然便會帶出經濟的發展，因此，經濟發展根本就是實存的心的內在要求，根本就是儒者與儒家思想的內在要求，只要天下蒼生有任一者，因經濟問題而無法遂其生與得其所，則儒者的內心便會不安、不忍。因此，儒家思想不僅不會對經濟的發展造成阻礙，相反的，它反而是一大助力，而會帶動經濟發展的。此點我們只要看尊崇儒家文化的日本、韓國、台灣、香港、新加坡的現代化例子，便可印證本文之所說。

伍、結　論

經由以上所述，我們可以得到以下的八點結論：

一、「儒學與現代化」的問題，至少可以有兩個解釋的理論或模型：一是牟先生的「良知自我坎陷說」；一是筆者嘗試提出的「實存的心之自我轉換說」。前者係屬於「分解的思路」型態之理論；而後者，則為「全體論與整體實存的思路」（辯證的思路）型態下之模型（假說）；前者借用了西方哲人黑格爾與康德等的理論架構；而後者，則依中國傳統哲人的典型思維方式而提出。

二、若我們僅對「自我坎陷說」作一「系統內」的省思，則雖然在大方向

與大原則上我們同意該說，但它其實仍有補足與潤飾的空間，這就是「超然開放的心態」，亦即是儒家的「智（慧）」或道家的「道心」。也唯有心態超然開放，才能無我，才能化掉許多成見與執著，也才能平心靜氣地去觀照一切。在超然開放的心態中，我們的認知能力可充分展現，便易於了解與融攝各種異質文化，也較能發展出真正成熟的民主政治。

三、而若對它作一「系統外」的考察，則我們對它的評價便有所保留了：一者，它僅是在（狹義的）儒家——陸王一系——的立場上立論，而排除了其他儒學系統及儒家之外的各學派參與現代化的論述；二者，它那援用黑格爾歷史哲學的解釋模式，與人類歷史的發展以及台灣與東亞各國民主化的歷程，並不相應，並不能充分解釋現代化的實情；三者，它在現實層面的功效與影響力都偏低，僅限於人文學界一隅，而與廣大的群眾無涉。

四、「自我坎陷說」的價值恐怕是偏於本質意義的理論層面，尤其是對陸王之學的內在轉化而言，是非常有價值的；但若是涉及了中國傳統各家思想的現代化論述、現實層面上與史實相應否，以及理論的實效性問題，則其價值便較不易彰顯出來了。

五、依中國傳統「全體論與整體實存的思路」（辯證的思路）型態之學，我們的心境，由「德性心」（良知）轉換成「認知心」，其實並不需要一個像牟先生所說的，由形上超越層（的物自身世界）坎陷到形下現象層（的現象世界）的過程，而是同一「實存的心」剎那、剎那之間的轉換。「德性心」與「認知心」並不是兩種異層異質的存有（在），而是同一「實存的心」之不同面向、表現與作用而已！當它表現出惻隱、羞惡、是非與辭讓等面向與作用時，我們就稱它為「惻隱之心」、「羞惡之心」、「是非之心」與「辭讓之心」，而總稱之為「德性心」（良知）；而當它表現出理解、記憶、思考、推理、演算與論證等面向與作用時，我們就稱它為「認知心」。

六、心其實只是一心（實存的心），而無多個異層、異質的心：除了上述的「良知」（「實存的心」之道德面向與作用）與「認知心」（「實存的心」之認知面向與作用）外，另外，像「實存的心」表現出清靜、無為、當下過當下忘與譴執蕩相的面向與作用時，就稱之為「虛靜心」；而當它表現出近似虛靜心，且又觀照出一切法（出世間法與出世間法）皆是緣起、皆無自性的這一面向與作用時，則就稱之為「（般若）智心」，此時它所展現的是一種「空慧」（體空、觀空的智慧），故我們實不宜說它究竟是屬於形上層的存有，還是屬於形下層

的存在？這是因為這樣的詮釋是跟它不相應的。因此，若依「全體論與整體實存的思路」（辯證的思路），則以上所說的各種心，其實乃是「一心而多面」、「一心而具多種機能」，而非「多心且多體」的。

七、若依「實存的心之自我轉換說」，則「儒學與現代化」的過程便是下面這樣的：基於對自己、親人、家族、社會、國家與天下蒼生的義務與責任感，於是「實存的心」，便會自我要求由其道德作用的這一面向，「自我轉化」成認知作用的這一面向，便會努力發展政治、經濟、財務、金融、內政、外交、軍事、國防、教育與文化等，便會致力於科技與民主的發展，以安頓自己、造福親人、教養後代、榮耀家族、繁榮社會、效忠國家民族與利濟天下蒼生等，以完成中國現代化的問題。

八、經濟發展根本就是「實存的心」的內在要求，根本就是儒者與儒家思想的內在要求，只要天下蒼生有任一者因經濟問題而受苦受難，則儒者的內心是會不安、不忍的。因此，儒家思想不僅不會對經濟的發展造成阻礙，相反的，它反而是一助力，而會帶動經濟發展的。

　　本文曾發表於「國際儒學論壇 2007：儒家文化與經濟發展」（北京，中國人民大學・韓國高等教育財團，2007 年 12 月），並經筆者修潤而成。

老子哲學新論
——以「道」的特性為核心的探討

壹、前　言

本文的撰寫係由下列的問題意識所引發：

老子哲學（筆者按：以下簡稱「老學」）究竟是近於（筆者所定義的）「分解的思路」之學，還是偏屬於（筆者定義下的）「全體論與整體實存的思路」（即「辯證的思路」）[1]之學？

而筆者之所以會產生這樣的問題意識，主要原因有二：一是「近因」；二是「遠因」。「近因」乃是由筆者近幾年來，對宋明理學分系問題的研究成果[2]

---

[1]「分解的思路」與「辯證的思路」兩詞，係筆者近幾年來在研究宋明理學分系問題時所提出者。它們原本是筆者將宋明理學分為「兩型」的分判標準與依據，但由於「辯證」一詞學界所熟知與習用者，乃是黑格爾與馬克斯兩人所說之義，亦即：他們的說法已成為「辯證」一詞的傳統義與主流義，是以筆者雖一直向人說明「辯證的思路」中的「辯證」一詞之義，乃筆者所自行界定的「系統義」，但仍有許多學者產生錯解或誤解。茲為避免上述情況再度發生，本文遂將「辯證的思路」一詞改為「全體論與整體實存的思路」一詞，並在其後以（即「辯證的思路」）或（辯證的思路）標示之，以信實傳達筆者之意。

[2] 筆者近幾年來，有關宋明理學的研究成果，除了有〈牟宗三宋明儒學「三系說」的省察——從「三系說」到「兩型四系說」〉（台北：《鵝湖月刊》第 26 卷第 3 期總號第 303 號，2000 年 9 月）、〈周濂溪〈太極圖說〉「本體」性格之衡定〉（「2000 年東亞漢學會議」，日本，福岡，2000 年 12 月）、〈張載「天道論」性格之衡定〉（台北：《鵝湖月刊》第 26 卷第 11 期總號第 311 號，2001 年 5 月）、〈劉蕺山義理性格之衡定〉（高雄：《高苑學報》第 8 期，2002 年）、〈劉蕺山哲學的定性與系屬研究——從「兩型四系說」中「兩型」的區分標準談起〉（南京大學建校一百周年「中國思想史國際學術研討會」，南京，2002 年 5 月）、〈王船山「天道論」性格之衡定〉（台北：《鵝湖月刊》第 28 卷第 4 期總號第 328 號，2002 年 10 月）、〈宋明理學分系標準之研究〉（「2003 年人文學與社會科學學術研討會」，高雄，輔英科技大學，2003 年 11 月）、〈劉蕺山「理氣論」性格之衡定〉（「明清浙東學術文化國際研討會」，寧波，2003 年 12 月）、〈劉蕺山論氣質之性與義理之性〉（高雄：《高苑學報》第 11 期，2005 年）、〈朱子與陳亮的歷史評論——以「漢唐之爭」為中心的探討〉（「陳亮國際學術研討會」，杭州‧永康，2004 年 10～11 月）、〈呂東萊的「本體論」初探〉（「呂祖謙暨浙東學術文化國際研討會」，金華，2005 年 11 月）與〈周敦頤《太極圖說》本體觀的再省思——以「無極」、「太極」的關係為核心的探討〉（（「太湖論道國際學術研討會」，無錫，2006 年 5 月）等多篇期刊與研討會論文外，尚有《劉蕺山哲學思想研究》（台南：成功大學中國文學研究所，2002 年 6 月）一篇博士論文，

與心得所延伸而來的。因筆者發現宋明理學可大致分成「分解的思路」和「全體論與整體實存的思路」（辯證的思路）之學這「兩型」：前者有程頤、朱子之學等；而後者則有橫渠、蕺山、船山（與梨洲）之學等。而由此發現，筆者不禁聯想到：理學既可概分成這兩型，那先秦道家之學是否也可概分成這兩型呢？若不可，則理據為何？若可，則理據又為何？又，若可概分成這兩型，那老學究竟是近於兩型中的哪一型呢？

至於「遠因」，則是：由於遠在「碩士班時代」（按：1987~1990 年筆者就讀中央大學中文所時），筆者便對道家哲學有一定程度的接觸與認識。當時的我，內心即隱約感到老、莊之學的特性，確實是有所不同的。只是當時基於個人學力不足、人生歷練尚少與生命體驗較淺之故，因此實無法形成一套關於老、莊之學不同的一家之見；但如今個人學力已精進了不少，再加上已有較多的人生歷練與較深的生命體驗，因此，便打算對老、莊之學的差異，來嘗試說出個所以然來。

而由以上的兩個原因，所以我便著手再次研讀老、莊的典籍，並同時在本校開設「道家哲學概論」的通識課程，以逼迫自己好好精研老、莊思想。而在細讀老莊原典與其他資料後，我竟真的發現到（甚至於還另外發現到）：

不只宋明理學可概分成「分解的思路」之學，以及「全體論與整體實存的思路」（辯證的思路）之學這「兩型」，就連道家的老、莊，以及禪學中的北、南二宗等，也都可各別區分為這「兩型」：老學與北宗禪學，「比較」近於「分解的思路」型態之學；而莊子哲學與南宗禪學，則「比較」近於「全體論與整體實存的思路」（辯證的思路）型態之學。[3]

而本文，便是在這樣的背景下所撰寫的。我打算讓原典說話，打算在老子的《道德經》中找到以上論點的理據。而由於依個人淺見，老學最重要的觀念，若以兩個字的複詞來說，是「自然」；而若以一個字的單詞來說，則是「道」，它們其實是「異名而同指」（按：稱謂不同，但指涉卻相同）的，都是指涉那不可定義、無法言詮，而只能用生命與心靈去領會、體證的宇宙人生之終極真

以及《宋明儒學新論》（高雄：高雄復文出版社，2005 年）一本專著等。

[3] 筆者並非是先有此「兩型」的框架，然後再一一去套用儒、道、釋三家之學，而是長期以來唸三家的典籍，心中便隱然有所感，只是基於個人學力不足與人生歷練過少之故，而無法說出個所以然來。而因如今筆者的主觀條件已較為充足與成熟，所以才將這些感受以理論表達出來，是以筆者對儒、道、釋三家之學所作的「兩型」分判，其實是「為情造文」，而非「為文造情」的。它是長期研究與思索後所自然發現的，而非筆者為在學界出頭所刻意造論的。

理而言。它們都代表著老學與道家哲學最核心的精神。因此,若能證成老子乃是用「分解的思路」來看待它們,則基本上便有相當的理據可證明,整套老學係偏屬於「分解的思路」之理論。而本文為了更聚焦與更精要地凸顯老學的特性,因此,以下將只專就老學的「道」來加以析論,而不擬對「自然」,以及「自然」與「道」的關係等多所著墨。

由於個人學養的限制,也由於多年來筆者一直專注於宋明理學與儒家哲學的研究,因此,本文的內容,勢必有許多值得商榷與有待改正之處,尚祈　諸位老學與道學的專家學者們,能不吝賜教與指正為荷!

貳、「分解的思路」和「全體論與整體實存的思路」

在正式論述老學的「道」的特性之前,實有必要先對本文分判老學的理論依據:「分解的思路」與「全體論與整體實存的思路」(辯證的思路)二詞之義,略作說明,以為下節的論證預作準備:

本文所謂「分解的思路」,其義係指:

> 思想家們基於他們的感官經驗或真實的存在感受,如:驚異、好奇、怖慄、罪惡、絕望、憂患、惻隱、羞恥、煩惱、痛苦與受束縛、不自由等,或「窮知究慮地去構思一套存有層序的理論架構,來區分、解釋天地萬物和人類的生命、社會、歷史與文化等」(按:此常見於諸多西方傳統哲人);或「經由實踐、體證而開顯出生命的某種境界或境地,於是對實存世界有一看法,並將此看法通過一套人為設計的概念與理論框架,來對實存世界作一區分與解釋」(按:此有時見於某些中國傳統哲人)的這樣一種思路。[4]

而具有這種思路的思想家,在解釋宇宙人生時,常會預設「超越的分解」

---

[4]「分解」一詞,其實是有多種意義的,如:「超越的分解」、「經驗的分解」、「邏輯的分解」、「心理學的分解」與「語文的分解」等,都算是「分解」。而本文所謂「分解的思路」中之「分解」一詞,其義則是筆者自己所作的「系統的界定」,而不一定等同於以上「分解」之諸義。不過,話雖如此,但其義卻較近於「超越的分解」之義,只是兩者仍有所不同。這是因為本文所謂「分解的思路」包括了「唯物論」者之「思路」,但「唯物論」者之「思路」卻不預設著「超越的分解」之故。

架構。他們常會認為：宇宙人生，實際上是兩層或多層存有（在）的。而且這兩層或多層的存有（在），基本上乃是異質的。他們也常認為：在宇宙萬有之前、之上或背後，是有所謂獨立自存、永恆普遍的本體存在的。

至於本文所謂「全體論與整體實存的思路」（辯證的思路），其義則是指：

> 思想家們並不以一套人為設計的、分解的存有層序之理論架構，來區分、來框套，以及來解釋天地萬物及人類的生命、社會、歷史與文化等，而是直接就整個實存的宇宙人生之大化流行來說本體，並認為本體之中，本就含有相反而又相成，相滅而又相生，同時互為隱顯，渾然相融的兩股勢能或動力，如陰與陽、翕與闢、乾與坤或靜與動等。而由於它們之間彼此不斷地相互起作用，不斷地一陰一陽、一翕一闢、一乾一坤或一靜一動等，因而帶動或引發了整個實存的宇宙人生之生生不息和永續發展的這樣的一種思路。[5]

而具有這種思路的思想家，在解釋宇宙人生時，通常並不會預設「超越的分解」架構。他們並不認為宇宙人生乃是異質的兩層或多層的存有（在），也不認為在天地萬物之前、之上或背後，有所謂獨立自存、永恆普遍的本體存在；相反地，他們往往是就實存的宇宙人生之總體存在與流行來說本體。

而在簡要說明了這兩種思路後，接著我們便正式來析論老學「道」的特性。

參、老子哲學的「道」之特性

---

[5] 就如同「分解的思路」一詞的情形一樣，本文所謂「全體論與整體實存的思路」（辯證的思路），其義也是筆者自己所作的「系統的界定」（系統義）。又，因上述的「系統義」係筆者專就宋明理學的型態而立論的，故它只宜稱為「原初義」與「狹義」的「全體論與整體實存的思路」（辯證的思路），我們其實可將它的意義擴大而得到一「引伸義」與「廣義」的「全體論與整體實存的思路」（辯證的思路），而它至少仍可再細分為：（一）以「陰陽」來說明實存的宇宙全體（本體）之變化流行者；（二）以「陰陽」「五行」來說明宇宙全體之變化流行者；（三）不以「陰陽」或「陰陽」「五行」等，來說明宇宙全體之變遷發展，而是直接就實存的宇宙全體之大化流行來講本體者；以及（四）以「因果律」（案：此「因果」非指科學上之因果，而是佛學上之因果）或「緣起法」，來說明宇宙全體之生滅變遷者等四種類型。當然，此四大類型中的任一思想家，基本上也都不認為：在宇宙萬有之前、之上或背後，有所謂獨立自存、永恆普遍的本體存在；相反地，他們都是就宇宙人生之總體存在與流行來說本體的。

　　對於老學的「道」，學界通常的理解是：「道」乃是一客觀實有的形上實體。它創生、衣養天地萬物，乃是世上一切存在與活動的最高依據、原理、規範或動力。[6]而所謂「道」是「客觀實有的形上實體」，其義係指：「道」乃是一「超經驗」（筆者按：此就「知識論」的脈絡說）與「超自然」（筆者按：此就「存有論」或「形上學」的脈絡說）的形上實體。它是真實的存有，而非虛構的東西；同時，它的真實存有是客觀的，而不是主觀的，它並不依存於我們主觀的心識，而是獨立自存的。

　　至於當代新儒家大師牟宗三先生，則對「道」有他一套非常獨特且深入的見解。他認為：「道」乃是人的一種主觀境界或心境，而不是客觀實有的形上實體。「道」必須關聯著主體修養與實踐來說才行！如果要說「道」「生」天地萬物，則此「生」既不是西方一神教中，上帝「創生世界」之「生」，也不是儒家「道德創生」之「生」，而是「不生」之「生」。而由於「道」乃是一主觀境界或心境，因此，若真要說「道」是一客觀實有的形上實體，則此說也只能是一「虛說」；此客觀實有的形上實體，也只能是一「姿態」而已！[7]

　　對於此一問題，筆者的淺見是：以上兩種說法都有其道理，也都點出了「道」的某些特性與面向。但若真要作一比較說明，則拙見以為：

　　牟先生之說，若用來詮釋莊子的「道」與哲學，基本上是非常恰當的。這是因為莊學是比較純粹的「境界形態的形上學」[8]之故；但若用來詮釋老子的

---

[6] 此處所說，乃是筆者所作的一個總括與寬鬆的說法，它包含了將「道」視為客觀實有的形上「原理」、「根據」、「法則」、「根源」、「動力」、「精神」與「規範」等在內；也包含了用「存有」與「價值」的本源，「應然」與「實然」的根據，來說「道」的義涵在內。在這樣的規定下，像胡適、馮友蘭、張岱年、錢穆、嚴靈峯、方東美、馮契、勞思光、徐復觀與任繼愈等先生，對「道」的解釋，均是屬於視「道」為一客觀實有的形上實體一類。關於一般學者及上述學者，對於老子「道」的理解，詳請參看吳汝鈞：《老莊哲學的現代析論》（台北：文津出版社，1998 年）、袁保新：《老子哲學之詮釋與重建》（台北：文津出版社，1997 年）、以及劉笑敢：《老子》（台北：東大圖書公司，1997 年）等書。

[7] 這是筆者研讀牟先生著作後所得到的一個簡要理解，而且此理解，乃偏指牟先生晚期對道家哲學的「道」的定論。事實上，牟先生在（稍早的）《才性與玄理》（台北：學生書局，1978 年）與（稍晚的）《中國哲學十九講》（台北：學生書局，1986 年）兩書中，對「道」的講法是稍有不同的：前者講老學之「道」時仍保有其客觀實有之性格；而後者，則將「道」完全講成了主觀境界。有關牟先生之說，詳請參見《才性與玄理》的「第六章」，以及《中國哲學十九講》的「第五講」、「第六講」與「第七講」等處。

[8] 「境界形態的形上學」，係牟先生所獨創的用語，它是相對於「實有形態的形上學」來說的。所謂「實有形態的形上學」，就是依實有之路所講、所成的形上學；至於所謂「境界形態的形上學」，其義則是指：「依觀看或知見之路講形上學。我們依實踐而有觀看或知見；依這觀看

「道」與哲學，則恐怕就有值得商榷的餘地了。這是因為：老子的「道」，雖然帶有主觀境界的意味，但相形之下，它那客觀實有的形上實體之特性，還是來得強些；更何況若將它與莊子的「道」相比，則它那客觀實有的形上實體之特性，就顯得更為強烈了。這實在是因為老子的「道」論與哲學，是比較偏於「分解的思路」型態之緣故。

　　其實，當本文主張視老子的「道」論為「分解的思路」型態之學時，基本上就已是將「道」看成是一客觀實有的形上實體了。試觀以下的兩則《道德經》引文：

　　　　有物混成，先天地生，寂兮寥兮，獨立而不改，周行而不殆，可以為天下母。吾不知其名，字之曰道，強為之名曰大。（《道德經》，第 25 章）[9]

　　　　道沖而用之或不盈，淵兮似萬物之宗……湛兮似或存，吾不知誰之子，象帝之先。（同上，第 4 章）

　　老子在第一則引文中，明白表示：「道」（或「大」）乃是「先天地生」的。而且這「先天地生」的「道」，乃是「獨立不改」與「周行而不殆」，而「可以為天下母」的。換言之，「道」乃是絕對永恆、獨立自存，而且作用無限廣大的宇宙實體，它乃是天地萬物的生成之母。而「道」之所以能「周行而不殆」的主要原因，就在於它是「獨立不改」的。我們絕不可問：在「道」之前、之上或背後，還有什麼「東西」存在。「道」根本是自存自生、自本自根、自然而然與無待於外的。正因如此，所以「道」才能具有無限的動能與作用，來生成天地萬物。

　　而在第二則引文中，老子也明確表達「道」是「象帝之先」的論點。而這「象帝之先」的「道」，是「沖而用之或不盈」的，是「淵兮似萬物之宗」的。

或知見，我們對於世界有一個看法或說明。這個看法所看的世界，或這個說明所明的世界，不是平常所說的既成的事實世界（如科學所說的世界），而是依我們的實踐所觀看的世界。這樣所看的世界有昇進。」（《中國哲學十九講》，頁 130）它是跟主體的修養與實踐息息相關的。

[9] 以下《道德經》原文，均引自樓宇烈校釋之《老子周易王弼注校釋》，台北：華正書局，1983 年。

亦即：「道」的自身與內容雖是沖虛的，但其作用卻是無窮無盡的；它雖淵深幽微，但卻能不斷地化生萬物，而宛若是天地萬物的宗主與始祖。

論述至此，有一問題值得我們特別注意：

「先天地生」與「象帝之先」的兩個「先」字，該如何解釋？

本來「先」是可以有多義的，如：地理位置上的先、時間上的先、形而上的先、輩分上的先、條件上的先、價值上的先……等。惟我們若細繹以上兩則引文的義理脈絡時，則便可合理推知：「先天地生」與「象帝之先」的兩個「先」字，應至少兼具「時間上的先」（即「發生歷程上的先」）與「存有層級上的先」（即「形而上的先」）兩義：前者表示：在時間上或發生次序上，「道」是比天地萬物與天帝等，更「早」出現與存在的；而後者，則是表示：在存有層級上，形上、超越的「道」是「高」於天地萬物及天帝的。

而由於「先」字至少兼具此二義，因此，我們實可說：老子確實是主張：在宇宙萬有之前、之上與背後，是有所謂獨立自存、永恆普遍的「道」體存在的。而這不正顯示出「道」是一「客觀實有的形上實體」嗎？不正顯示出老子乃是以「分解的思路」，而非「全體論與整體實存的思路」（辯證的思路），來看待「道」與「天地萬物」的關係嗎？

正因為「道」是「先天地生」與「象帝之先」的，所以老子才又以「玄牝」與「天地根」等稱謂，來指點與描述它：

> 谷神不死，是謂玄牝。玄牝之門，是謂天地根。緜緜若存，用之不勤。
> （同上，第6章）

老子之所以象徵地稱「道」為「玄牝」，實在是因為「道」的作用乃是虛無寂靜（谷）、微妙莫測（神）與永恆不竭（不死）的緣故；之所以稱「道」為「天地根」，其實也就是說「道」是天地萬物的總依據與總根源：它不僅在時間上，「早」於天地萬物而存在（，然後再由它去衍生出天地萬物），同時在存有層級上，也「高」於天地萬物而為形上、超越的實體（，然後再由它去創生天地萬物，或作為天地萬物的最高依據與原理）。因此，作為「天地根」的「道」，基本上乃是屬於「分解的思路」（，而非「全體論與整體實存的思路」）下之客觀實有的形上實體的。

而這作為「天地根」，如「玄牝」般具有不可思議之創生力的「道」，老子

除了認為它同時具有「無」與「有」這兩個面向與特性外，還認為它們分別是天地萬物的「始」與「母」。他說：

> 道可道，非常道；名可名，非常名。無，名天地之始；有，名萬物之母……此兩者，同出而異名，同謂之玄。玄之又玄，眾妙之門。（同上，第1章）

> 天下有始，以為天下母。既得其母，以知其子；既知其子，復守其母，沒身不殆。（同上，第52章）

> 反者，道之動；弱者，道之用。天下萬物生於有，有生於無。（同上，第40章）

　　在首則引文中，老子明言「無」、「有」是「同出」於「道」而「異名」的。亦即：「無」與「有」皆由「道」自身變化而產生，它們雖稱謂不同，但卻分別代表著「道」的某一特性與面向，而都可用來指點與描述「道」。其中，「無」可說是天地的「根源之始」；而「有」，則可說是萬物的「生成之母」。[10]而若將此與本小節最初的兩則引文相對照，則可發現：一者，「無」乃是「寂兮寥兮，獨立不改」與「沖」虛、「淵兮」而「似萬物之宗」的「道之體」；二者，「有」乃是「周行而不殆」、「用之或不盈」的「道之用」；三者，「無」與「有」乃是一而二、二而一的，乃是即「體」即「用」與「一體兩面」的。

　　而在次則引文中，老子又再次指出「道」的兩面性：「天下有始」之「始」，即是指「無」；「以為天下母」之「母」，即是指「有」。因有善「始」，有「獨立不改」的「道之體」，故有善「母」，有「周行而不殆」的「道之用」，如此方能善養、善成作為「子」的天地萬物。

　　至於在末則引文中，則老子除了說明「道」自身是以「反」的方式在運行，以「弱」的型態在作用外，他更直接指出「道」與「天地萬物」的關係，以及宇宙生成變化的過程：「天下萬物生於有，有生於無」。我們只要仔細思考這句

---

[10]「無」為天地的「根源之始」，以及「有」為萬物的「生成之母」，係王邦雄先生於演講時所說，而為筆者所聽聞與紀錄者。

話，便可知：「道」的兩面向「無」與「有」，皆位於形上超越層。其中，「無」比「有」更具有存有層級上的優先性。「無」是「道之體」，是天地的初始、根源與依據；而「有」則是「道之用」，是萬物的生成、養育之母，它遍即、遍行、遍潤與遍成萬物，像慈母無私地對待子女們那樣，無私地對待萬物；至於「天下萬物」，則位於形下現象層，係由形上超越的「道」體所創生與育成的。

走筆至此，又有一問題特別值得我們來討論：

「天下萬物生於有，有生於無」中的兩個「生」字，該如何解釋？

對於此一問題，拙見以為：由於「無」與「有」乃是形上超越的「道」之兩面向，亦即：它們本是「一體兩面」的，因此，「有生於無」的「生」字，應作「發展」或「轉變」等解，而不應解作「創生」、「生成」或「實現」等。而當如此解時，則「有生於無」之義，即是：「有」乃是由「無」所自我轉變與發展而來的。

至於「天下萬物生於有」的「生」字，則因「天下萬物」與「有」分屬形下經驗層與形上超越層，故此「生」字，應作「繁衍」、「生養」或「生成」解。而當如此解時，則「天下萬物生於有」之義，便是指：「天下萬物」乃是由「有」所繁衍與生養而成的。

而經由以上的析論，我們亦可再次得知：

老子確實是認為在宇宙萬有之前與之上，是真有一獨立自存、永恆普遍的形上超越的「道」體存在的。它生天生地，覆育萬物，乃是天地萬物的「始」與「母」。而由於老子是這樣子來理解「道」，以及這樣子來看待「道」與「天地萬物」的關係的，因此，他的「道」論確實是屬於「分解的思路」型態之理論無疑！

而老子為了使人對「道」的「無」、「有」兩面向有更深入的理解，於是他又進一步地來描述與指點它，他說：

> 視之不見名曰夷，聽之不聞名曰希，搏之不得名曰微。此三者不可致詰，故混而為一。其上不皦，其下不昧，繩繩不可名，復歸於無物，是謂無狀之狀，無物之象。是謂惚恍。迎之不見其首，隨之不見其後。（同上，第14章）

> 道之為物，惟恍惟惚。惚兮恍兮，其中有象；恍兮惚兮，其中有物。

> 窈兮冥兮，其中有精。其精甚真，其中有信。自古及今，其名不去，以閱眾甫。吾何以知眾甫之狀哉？以此。（同上，第 21 章）

在前則引文中，老子首先指出：「道」乃是「視之不見」（夷）、「聽之不聞」（希）、「搏之不得」（微）與「不可致詰」的，亦即：「道」是無色、無聲、無形、超感官，令人既看不見、聽不到、摸不著，也無法言傳與窮究的。它不僅為我們的感官所不能把握，同時也不是我們的認知能力所能企及的。言下之意，老子似乎是認為：體察「道」的方法，只有透過實踐以心領神會才行！而由於「道」是無色、無聲、無形與無法言傳、窮究的，因此老子才用「無」一詞來稱呼它。

但老子接著又表示：「道」之為「無」，並非意謂著它是一無所有或不存在，而是指它是以「無狀之狀、無象之象」，亦即是「惚恍」的狀態存在的。「道」並非是形下經驗層之「器」「物」，而是不具任何形象的形上超越實體。它是即無即有、非無非有的。此即是王弼所說「道」「欲言無邪？而物由以成。欲言有邪？而不見其形」[11]之意。

而在後則引文中，老子則是指出：形上超越的「道」，雖然是「恍惚」無形、「窈冥」深邃而看似不存在的，但究其實卻是「其中有象」、「有物」與「有精」的。亦即：「道」雖是「無」，但卻同時是「有」；「道之體」雖是虛無的，但「道之用」卻是廣大無窮的。而且就在「道」的「恍惚」與「窈冥」之中，就必然會創生、孕育、生養與涵蘊「宇宙萬象」（象）、「天地萬物」（物），以及「一切生命物質之原理與原質」[12]（精）了。尤有甚者，「道」之有「精」，乃是「甚真」而確然可信的，同時也由於「道」是「有象」、「有物」與「有精」的，因此老子才會除了用「無」一詞來指點它外，又另外用「有」這個稱謂來描述它。

不過，在此須釐清的是：「有象」、「有物」等的「有」字，並非是指「道」本身原本便已具備宇宙萬有，亦即：此「有」字，並非是「原有」、「固有」與「實有」之意，而是指「道」具有創生、孕育、生養與涵蘊宇宙萬有的能力，亦即：此「有」字，應作「必能創生」、「必能生成」等解。如此，才能確保「道」

---

[11] 同註 9，頁 32。
[12] 引自王淮：《老子探義》（台北：商務印書館，2001 年），頁 91。

的形上超越義，以及「道」必能創生與育成天地萬物之義，同時也才不至於混淆了形下的「宇宙萬有」之「有」與形上的「道」之「有」性兩者。

而這形上超越的「道」體，老子有時也用「一」這個稱謂來稱呼它，而將它視為一切存在與活動的最高依據與終極原理。我們試觀以下的兩則引文：

> 昔之得一者，天得一以清，地得一以寧，神得一以靈，谷得一以盈，萬物得一以生，侯王得一以為天下貞。其致之。天無以清將恐裂，地無以寧將恐發，神無以靈將恐歇，谷無以盈將恐竭，萬物無以生將恐滅，侯王無以貴高將恐蹶。（同上，第 39 章）

> 聖人抱一，為天下式。（同上，第 22 章）

老子認為：「道」是天地萬物、幽明兩界與人類社會生成、變化、發展的總原理與總根本，而因「一」乃（自然）數之起始，是數之根本，故可以用它來類比與指點「道」，而作為「道」的另一個代稱。

由於「一」是天地萬物、幽明兩界與人類社會生成、變化、發展的總原理，因此，「天得一」才會「清」，「地得一」才會「寧」，「神得一」才會「靈」，「谷得一」才會「盈」，「萬物得一」才會「生」，而「侯王得一」也才會「為天下貞」。同時，因（道家義的）「聖人」能「抱一」、守「道」，故可作為天下人的模範；而若「一」不顯，或失去了它的作用，則將造成「天無以清將恐裂，地無以寧將恐發，神無以靈將恐歇，谷無以盈將恐竭，萬物無以生將恐滅」，以及「侯王無以貴高將恐蹶」的狀況。因此，「一」對於宇宙萬有與人類社會之生存、發展，實在是至為關鍵與必要的。

惟形上超越的「道」體，雖是天地萬物、幽明兩界與人類社會生成、變化、發展的總根據、原理，但它究竟是如何來創生與主導它們的呢？對於此一問題，老子除了有「天地萬物生於有，有生於無」的簡略講法外，另外還有一個較為詳細但爭議較多的論點：

> 道生一，一生二，二生三，三生萬物。萬物負陰而抱陽，沖氣以為和。
> （同上，第 42 章）

　　因為老子並沒有清楚交代「一」、「二」、「三」與「生」的具體內容為何，所以此段引文，便造成諸多學者在詮解上的分岐。[13]不過，依筆者之見，我們當秉持「以《老子》詮釋《老子》」的原則，來詮解它：

　　由於此引文中老子明言「萬物負陰而抱陽」，意即：萬物皆稟陰陽，皆由陰陽交感而生，因此，「二」指的應是「陰陽」；又由於「沖氣以為和」的緣故，因此，「陰陽」應是「氣」；同時，「三」指的應是「陰陽交感而成的和諧狀態」，亦即是「和氣」也；至於「一」，由於上文已說它是「道」的另一代稱，因此，此處它當然還是指「道」。但問題是：「道」是具有「無」、「有」兩面性的，那「一」指的是「道」的哪一面呢？拙見以為：它指的應是「有」這一面。因此，「道生一」其實也就是「無生有」之意。同時此「生」也，並非是「創生」，而是「轉變」與「發展」之意。

　　依筆者這樣的理解，於是我們便可以對照於「天地萬物生於有，有生於無」，而較合理、且相應地，來對「道生一，一生二，二生三，三生萬物」作一語譯了：

> 宇宙萬物形成與發展的過程是這樣子的：由「道」本身的「無」性，自我轉變、發展到「道」本身的「有」性；再由「道」本身的「有」性，自我衍生出「陰陽二氣」；然後再由「陰陽二氣」不斷地交感，而不斷地產生出「和氣」；接著便在「和氣」不斷產生的過程中，而繁衍與生成天地萬物了。

　　此外，雖然對天地萬物的生成過程，老子還有其他說法，如：「大道氾兮，其可左右。萬物恃之而生而不辭，功成而不有，衣養萬物而不為主。常無欲，

---

[13] 關於此則引文，各家詮解不一：有主張「應作實解」者；也有主張「不應作實解」者：前者認為它是老子對宇宙創生過程的真實描述。這類學者中，有主張「一」是「理」、「二」是「陰陽二氣」、「三」是「陰陽交互作用之結果」者，如王淮先生等；也有主張「一」是「一氣」（或「元氣」）、「二」是「陰陽」、「三」是「形氣質之始」者，如大田晴軒先生等；而後者則認為它不是老子對宇宙創生過程的真實描述。這類學者中，有主張「道」與「一」、「二」、「三」等只是「比喻性語言與符號」，只是一象徵，如傅偉勳先生等；也有主張它們不必有確切的指代對象，而此引文也只是老子對宇宙發生過程的一個模式化處理而已！如劉笑敢先生等。關於此一問題，詳請參見劉笑敢：《老子》，第六章；王淮：《老子探義》，頁 174~176；以及陳鼓應：《老子今註今譯》（台北：商務印書館，2000 年），頁 208~213。

可名於小；萬物歸焉而不為主，可名為大。」（同上，第 34 章）以及「道生之，德蓄之，物形之，勢成之。是以萬物莫不尊道而貴德。道之尊，德之貴，夫莫之命而常自然。故道生之，德蓄之，長之育之，亭之毒之，養之覆之。」（同上，第 51 章）等，但由於本文所關注者只集中於「道」自身，以及「道」與「天地萬物」的關係，而不擬牽涉其他較不相關的課題，如「道」與「德」、「德」與「物」的關係等，因此，在此我們就不再對它們多作析論了。

肆、結　論

綜合以上所說，我們可以得到以下七點結論：

一、老學的「道」，雖然帶有若干主觀境界的意味，但相形之下，它那客觀實有的形上實體之特性，還是比較濃厚的。而且若將它與莊子的「道」相比，則它那客觀實有的形上實體之特性，就顯得更為強烈了。而這樣的情形剛好凸顯出：老子乃是用「分解的思路」，來看待「道」以及「道」與天地萬物之關係的。

二、由於老子認為「道」對於天地萬物，至少兼具「時間」與「存有層級」上的優先性，亦即：他主張在天地萬物之前、之上與背後，是有所謂獨立自存、永恆普遍的形上超越之「道」體存在的，因此，我們實可說：老子基本上乃是以「分解的思路」，來思維與表述「道」的。

三、形上超越的「道」，是兼具「無」與「有」這兩特性與兩面向的：「無」是天地的「根源之始」，是「道之體」；而「有」，則是萬物的「生成之母」，是「道之用」；它們皆位於形上超越層，而與形下現象層的天地萬物無對。同時，在「存有層級」上，「無」是比「有」更具有優先性的；惟「無」雖比「有」更具有「存有層級」上的優先性，但其實它們是即「體」即「用」與「一體兩面」的。

四、老子之所以用「無」一詞來指稱「道」、來作為「道」的一個面向，可能是由於他認為：「道」是無色、無聲、無形、無法言詮與無法窮究的關係；又他之所以用「有」一詞來指稱「道」、來作為「道」的另一個面向，也可能是由於他認為：「道」是「有象」、「有物」與「有精」的緣故。

五、而老子除了用「無」、「有」二詞來指稱「道」，另外，他還用「一」一詞來代表「道」。這是因為「一」乃（自然）數的起始與根本，與「道」是

天地萬物的起始與根本具有高度的相似性，所以老子才在「無」、「有」二詞之外，又用「一」這一詞來類比與指點「道」，並將它當作是「道」的另一代稱。惟「一」雖是「道」的代稱，但在「道生一」句中的「一」，卻只適合解釋成「有」：「道」的「有」性。如此，則「道生一」便是「無生有」：「道」的「無」性自我轉變成「道」的「有」性。

　　六、關於天地萬物的生成變化，本文主要引用、並論述了《道德經》的「天下萬物生於有，有生於無」，以及「道生一，一生二，二生三，三生萬物」這兩段文字。至於這兩段文字，依本文之見，應分別解釋成「天下萬物乃是由『道』本身的『有』性所繁衍與生養而成的，而『道』本身的『有』性乃是由『道』本身的『無』性所自我轉變與發展而來的」，以及「由『道』本身的『無』性，自我轉變、發展到『道』本身的『有』性；再由『道』本身的『有』性，自我衍生出『陰陽二氣』；然後再由『陰陽二氣』不斷地交感，而不斷地產生出『和氣』；接著便在『和氣』不斷產生的過程中，而繁衍與生成天地萬物了」等，較為相應與恰當。而這樣的解釋，其實也正顯示了老子乃是以「分解的思路」，來看待與表述宇宙萬物的生成、變化與發展的。

　　七、由於老子乃是以「分解的思路」，來思維與表述「道」，以及來看待「道」與天地萬物之關係的，因此，他的「道」論乃是偏屬於「分解的思路」之型態無疑！加以「道」乃是老學的核心觀念，而且老子乃是個思路一致、體系完整的思想家，故其「道」論與其整體哲學，基本上應該是型態相近或一致的，是以本文認為老學係偏屬「分解的思路」型態之理論，事實上是持之有故與言之成理的。

本文曾發表於《高苑學報》第 13 卷（2007 年），並經筆者修潤而成。

試論莊子哲學的「道」、「氣」關係
——從「心齋」的兩種理解方式談起

壹、前　言

本文的撰寫，主要是基於以下的兩個問題意識：

一、莊子哲學（按：以下簡稱「莊學」）究竟是近於（筆者所界定的）「分解的思路」[1]型態之學，還是偏屬於（筆者所界定的）「全體論與整體實存的思路」[2]（即「辯證的思路」）[3]型態之學？

---

[1] 所謂「分解的思路」，其義係指：思想家們基於他們的感官經驗或真實的存在感受，如：驚異、好奇、怖慄、罪惡、絕望、憂患、惻隱、羞恥、煩惱、痛苦與受束縛、不自由等，或「窮知究慮地去構思一套存有層序的理論架構，來區分、解釋天地萬物和人類的生命、社會、歷史與文化等」；或「經由實踐、體證而開顯出生命的某種境界或境地，於是對實存世界有一看法，並將此看法通過一套人為設計的概念與理論框架，來對實存世界作一區分與解釋」的這樣一種思路。而具有這種思路的思想家，在解釋宇宙人生時，是經常會預設「超越的分解」架構的。他們常會認為：一、宇宙人生，實際上是兩層或多層存有（在）的。且這兩層或多層存有（在），乃是異質的。它（祂）們可能是「兩物一體」、「兩物兩體」、「多物一體」或「多物多體」的；二、在現象世界之前、之上或背後，是有所謂獨立自存、永恆普遍的本體存在的。

[2] 所謂「全體論與整體實存的思路」（辯證的思路），其義係指：思想家們並不以一套人為設計的、分解的存有層序之理論架構，來區分、來框套，以及來解釋天地萬物及人類的生命、社會、歷史與文化等，而是直接就整個實存的宇宙人生之大化流行來說本體，並認為本體之中，本就含有相反而又相成，相滅而又相生，同時互為隱顯，渾然相融的兩股勢能或動力，如陰與陽、翕與闢、乾與坤或靜與動。而由於它們之間彼此不斷地相互起作用，不斷地一陰一陽、一翕一闢、一乾一坤或一靜一動等，因而帶動或引發了整個實存的宇宙人生之生生不息和永續發展的這樣的一種思路。而具有這種思路的思想家，在解釋宇宙人生時，通常並不會預設「超越的分解」架構。他們並不認為宇宙人生乃是異質的兩層或多層的存有（在），也不認為在宇宙萬有之前、之上或背後，有所謂獨立自存、永恆普遍的本體存在；相反地，他們往往是就實存的宇宙人生之總體存在與流行來說本體，並認為本體其實是「一體兩面」或「一體多面」的。又，關於此兩「思路」之義，詳參拙著：《宋明儒學新論》（高雄：高雄復文出版社，2005 年），第二章。

[3] 「分解的思路」與「辯證的思路」兩詞，係筆者近幾年來在研究宋明理學分系問題時所提出者。它們原本是筆者將宋明理學分為「兩型」的分判標準與依據，但由於「辯證」一詞學界所熟知與習用者，乃是黑格爾與馬克斯兩人所說之義，亦即：他們的說法已成為「辯證」一詞的

　　二、莊學中的「道」、「氣」之關係為何？它們究竟是「一物之兩名」、「一體之兩面」，還是「兩物而一體」，或是「兩物而兩體」？

　　而這兩個問題意識，其實是二而一的：若「道」、「氣」的關係是「一物之兩名」與「一體之兩面」，則莊學便近於「全體論與整體實存的思路」（辯證的思路）型態之學；而若「道」、「氣」的關係是「兩物而一體」或「兩物而兩體」，則莊學便近於「分解的思路」型態之學了。[4]

　　至於筆者之所以會有以上的兩個問題意識，主要原因有二：

　　一是由筆者最近若干年來，對宋明儒學分系問題的研究成果[5]與心得所延伸而來的。因筆者發現：宋明儒學，基本上可概略區分成「分解的思路」型態之學──如程頤、朱子之學等，以及「全體論與整體實存的思路」（辯證的思路）型態之學──如橫渠、蕺山、船山與梨洲之學等──這「兩型」。而宋明儒學既然可概分成這兩型，於是我就聯想到：道家哲學是否也可概分成這兩型呢？若可，則其理據為何？又，若可概分成這兩型，那老（子哲）學與莊學究竟是近於兩型中的哪一型呢？

　　二是由於遠在二十年前筆者就讀中央大學中文所碩士班[6]時，內心便隱約感到：老學與莊學的特性，確實是有所差異的。只是當時因筆者生命體驗尚淺，以及學術能力不足，故無法對老、莊之學的差異說出個所以然來；但如今個人的學術能力已精進不少，再加上已有較深的生命體驗，因此，便擬對老、莊之學的差異作一比較研究。

　　由以上的兩個原因，所以我便著手再次研讀老、莊原典及其相關資料。而在細讀之後，我不僅發現到：不只宋明儒學可概分成「分解的思路」與「全體論與整體實存的思路」（辯證的思路）這兩型，就連道家的老、莊（甚至是佛

　　傳統義與主流義，是以筆者雖一直向人說明「辯證的思路」中的「辯證」一詞之義，乃筆者所自行界定的「系統義」，但仍有許多學者產生錯解或誤解。茲為避免上述情況再度發生，本文遂將「辯證的思路」一詞改為「全體論與整體實存的思路」一詞，並在其後以（即「辯證的思路」）或（辯證的思路）標示之，以信實傳達筆者之意。

[4] 反之亦是：若莊子哲學屬「分解的思路」型態之學，則其「道」與「氣」為「兩物而一體」或「兩物而兩體」；而若屬「全體論與整體實存的思路」型態之學，則其「道」與「氣」便為「一物之兩名」及「一體之兩面」了。

[5] 筆者近幾年來，有關宋明儒學的研究成果，除了有《劉蕺山哲學思想研究》（台南：成功大學中國文學研究所，2002 年 6 月）一篇博士論文，以及《宋明儒學新論》一本專著外，尚有近二十篇的單篇（期刊與研討會）論文。

[6] 筆者係中央大學中文研究所碩士班首屆新生與畢業生（1987~1990 年）。

教哲學等），也都可個別區分為這兩型：老學（與北宗禪學），「比較」近於「分解的思路」型態之學；而莊學（與南宗禪學、天台學），則「比較」近於「全體論與整體實存的思路」型態之學[7]，同時還寫成了《老子哲學新論——以「道」的特性為核心的探討》[8]，以及〈天台智顗的「一念三千」說析論—試為「一念三千」說進一新解〉[9]二文。而本文，便是在上述的背景下，以及筆者寫完該二文後，所嘗試撰寫的。

　　由於：一者，個人整體學養與生命體驗的限制；二者，過去三年筆者擔任本校通識教育中心主任，不僅庶務煩身，同時所思、所寫也多以通識教育為主；三者，筆者的學術專長集中於儒家哲學，因此，本文的論點與內容，勢必有許多值得商議與改正之處，尚祈　諸位方家能不吝指正為何！

貳、「心齋」的兩種理解方式

　　在正式論述莊學的「道」、「氣」關係前，本文擬先對莊子「心齋」一詞的兩種理解方式，以及由之而得出的兩種意義，略作說明，以：一者，幫助讀者恰當地理解莊學；二者，為下節的論證「道」、「氣」關係預作準備。

　　按「心齋」一詞，語出《莊子·人間世》：

> 回曰：「敢問『心齋』。」　仲尼曰：「若一志，無聽之以耳，而聽之以心；無聽之以心，而聽之以氣。聽止於耳，心止於符。氣也者，虛而待物者也。唯道集虛。虛者，『心齋』也。」

　　在莊學中，「心齋」是非常重要的修養工夫。其形式意義係「心的齋戒」，也就是讓我們的「心」能時時從事「虛」——無為、無執、無欲、放下、忘掉、消解、當下過當下忘——的工夫，而常常處於「虛」的狀態，故莊子才說：「虛

---

[7] 筆者並非是先有此「兩型」的框架，然後再分別去套用儒、道、釋三家之學的，換言之，「兩型」之說，乃是筆者長期研究中國哲學後所自然發現的，而非筆者為了在學界出頭所刻意造論的。亦即：它是「因情而文」，而非「為文造情」的產物。

[8] 陳立驤：〈老子哲學新論—以「道」的特性為核心的探討〉，《高苑學報》第 13 卷，2007 年。

[9] 陳立驤：〈天台智顗的「一念三千」說析論—試為「一念三千」說進一新解〉，《高苑學報》第 14 卷，2008 年 7 月。

者，心齋也。」但現在的問題是：「心齋」的「心」[10]應如何解讀才恰當？因若對「心」的解讀不同，則將連帶影響到對「心齋」的解讀。

拙見以為：我們可依上述的兩種「思路」，來分別詮解它們：

依「分解的思路」，我們可將「心齋」的「心」，理解為：「形上、超越、虛一而靜的靈台心」；而「氣」，則可指：「形下、現象的物質性形軀」。此時「心齋」，便可解讀為：「那形上、超越的靈台心，時時發揮『虛』、『無』的作用，時時無執、無為，以使自己恆處於虛一而靜、自然無待的境界（或境地）。」而因心理是能影響與主導生理的，故形上的「心」之「虛」，自然能引發形下的「氣」之「虛」，而使人的整個生命處於「虛」的狀態，亦即處於清通自然的狀態，如此才能安處於「人間世」而不受到負累與傷害。

而若依「全體論與整體實存的思路」（辯證的思路），則我們可將「心齋」的「心」，理解為：「合形上、形下一體來說的實存的生命之氣（的某種作用或機能）」。在此意義下，「心齋」其實也就是「氣齋」，也就是讓我們的「生命時時能『虛』，時時能無為、無執，時時能隨順自然之道，能遣執蕩相、當下過當下忘，以使自己恆處於清通自然的狀態」，如此，也才能使我們安處於「人間世」而不受到負累與傷害。[11]

上述即是莊子「心齋」一詞之兩種理解方式，以及由之而得到的兩種意義。雖然這兩種方式都可以用來理解「心齋」，但筆者認為第二種：「全體論與整體實存的思路」（辯證的思路），才是比較相應於莊學的理解方式。之所以如此，除了莊子明說「無聽之以心，而聽之以『氣』」，以及「聽止於耳，心止於符。『氣』也者，虛而待物者也」外，更重要的是：莊學實近於「全體論與整體實存的思路」（辯證的思路）型態之學，故不宜以「（靈台）心---形上、超越層的精神性存有」／「氣---形下、現象層的物質性存在」或「唯心」／「唯物」等「分解的思路」下的框架來理解之故。而由此，本文的行文也將轉至下節，而正式來論述莊學的「道」、「氣」關係。

參、莊學的「道」、「氣」關係

---

[10] 「心齋」的「心」，其義與「無聽之以心而聽之以氣」的「心」不同：後者指「成心」或「有執造作之心」；而前者，既可指「形上超越、虛一而靜的道心」，亦可指「綜形上、形下一體而為言的實存的生命之氣（的某種作用或機能）」。

[11] 此節關於「心齋」之所說，請參看拙著：《宋明儒學新論》，第二章。

在正式論述莊學的「道」、「氣」關係之前，本文擬先在此聲明三點：

一、對莊學的「道」、「氣」關係的探討，其實就是要逼顯出：莊學「本體論」的宇宙本體究竟是「道」？是「氣」？或者亦是「道」，亦是「氣」？

二、雖然莊學的「道」與「氣」各有多種意義及面向[12]，但本文所關心的卻只是它們在「形上學」（含「本體論」與「宇宙論」）這一方面的意義與面向，而無意論及其他意義與面向。

三、雖然在《老子哲學新論──以「道」的特性為核心的探討》一文中，筆者曾表示：

> 牟先生（將「道」視為人的一種主觀境界或心境，而不是客觀實有的形上實體）之說，若用來詮釋莊子的「道」與哲學，基本上是非常恰當的。這是因為莊學是比較純粹的「境界型態的形上學」[13]之故；但若用來詮釋老子的「道」與哲學，則恐怕就有值得商榷的餘地了。這是因為：老子的「道」，雖然帶有主觀境界的意味，但相形之下，它那客觀實有的形上實體之特性，還是來得強些；更何況若將它與莊子的「道」相比，則它那客觀實有的形上實體之特性，就顯得更為強烈了。[14]

但因本文所真正關注者，乃是：莊子的形上學，究竟是偏屬於「分解的思

---

[12] 莊學的「道」，可以是「主觀的心靈境界」，也可以是「客觀的宇宙實體」；它可以用「分解的思路」來理解，也可以用「全體論與整體實存的思路」來解讀。而依崔大華：《莊學研究》（北京：人民出版社，1992 年，頁 152~153）之說，「道」至少有「語言學意義的道」與「哲學意義的道」兩大類。而「哲學意義的道」，至少又可再區分為「有具體內容的道」、「作為抽象的思想形式的道」與「具有總體內容的道」等三種；至於莊學的「氣」，則至少也有「本體論的氣」、「宇宙論的氣」、「工夫論的氣」，以及「各種自然現象的氣」──雲氣、呼吸、氣候、神色等──等意義（筆者按：請參見吳汝鈞：《老莊哲學的現代析論》，台北：文津出版社，1998 年；鄭世根：《莊子氣化論》，台北：學生書局，1993 年）。

[13] 「境界形態的形上學」，係牟先生所獨創的用語，它是相對於「實有形態的形上學」來說的。所謂「實有形態的形上學」，就是依實有之路所講、所成的形上學；至於所謂「境界形態的形上學」，其義則是指：「依觀看或知見之路講形上學。我們依實踐而有觀看或知見；依這觀看或知見，我們對於世界有一個看法或說明。這個看法所看的世界，或這個說明所明的世界，不是平常所說的既成的事實世界（如科學所說的世界），而是依我們的實踐所觀看的世界。這樣所看的世界有昇進。」（《中國哲學十九講》，頁 130）它是跟主體的修養與實踐息息相關的。

[14] 陳立驤：〈老子哲學新論─以「道」的特性為核心的探討〉，《高苑學報》第 13 卷，2007 年。

路」型態之學，還是近於「全體論與整體實存的思路」型態之學？所以它到底是「實有型態」的成分多點，還是「境界型態」的意味濃些，則本文並不擬多作探討。之所以如此，實在是因為：莊子的形上學，屬於「分解的思路」或「全體論與整體實存的思路」型態之學，是一個問題；而它是「實有」或「境界」型態的形上學，則又是另一個問題，這乃是兩個不同的問題，而不宜混淆：

　　前者重視的是，莊子究竟是依何種「思路」來思維與表述其學？所重在莊子的「思路」或「思維方式」；而後者，則著意於已有的莊子形上學，它的整個理論所指涉的究竟是「實有」，或只是一「境界」或「心境」？所重在「理論內容」的指涉是「實」或「虛」。[15]因此，前後兩者實在是不同的兩個問題。[16]而本文，則僅專就前一個問題來立論。

一、莊學的「道」

　　在莊子的形上學中，「道」與「氣」可說是兩個非常重要的稱謂。粗略地說，「道」比較具有理則與規律的意味；而「氣」，則比較具有材質、運行與變化的意味，或者說與材質、運行及變化較有重要的關連。「有人著重莊子的道，因而說莊子哲學是唯心論；有人則著重莊子的氣，因而說莊子哲學是唯物論。此中自然是以說莊子哲學是唯心論較為流行。」[17]我們現在先不管學界的唯心與唯物之爭，而只擬釐清：莊子的「道」與「氣」的意義分別是什麼？還有，它們的關係是怎樣？就讓我們先從以下兩段論「道」的文字說起吧：

---

[15] 若單就此問題立論，則筆者現在的意見是：「莊子形上學以『境界形態的形上學』為「主」，而以「實有型態的形上學」為「輔」。而此已與筆者在《老子哲學新論》中的論點：「莊學是比較純粹的『境界形態的形上學』。」有些許不同。之所以如此，理據有三：一者，《莊子》一書作者雖以莊周為主，但其實可視為莊子學派的著作總集。而此書的「道」論，雖有很濃烈的「境界形態的形上學」的意味，但其實也有「實有型態的形上學」之若干成分在；二者，《莊子》一書的若干篇章之「道」論仍沿襲與受到老子「道」論的影響；三者，《莊子》一書說的「氣」，許多是具有宇宙本體之意涵的。

[16] 其實，「實有形態的形上學」可再區分成：「分解的思路」下之「實有形態的形上學」，以及「全體論與整體實存的思路」下之「實有形態的形上學」；而「境界形態的形上學」，也可再區分成：「分解的思路」下之「境界形態的形上學」，以及「全體論與整體實存的思路」下之「境界形態的形上學」。不過，因上述問題過於複雜，故本文只在此略為提及，而不擬予以探討。

[17] 吳汝鈞：《老莊哲學的現代析論》，頁 121~122。

1、夫道，有情有信，無為無形；可傳而不可受，可得而不可見；自本自根，未有天地，自古以固存；神鬼神帝，生天生地；在太極之先而不為高，在六極之下而不為深，先天地生而不為久，長於上古而不為老。（〈大宗師〉第六）

2、今彼神明至精，與彼百化。物已死生方圓，莫知其根也。扁然而萬物自古以固存。六合為巨，未離其內；秋豪為小，待之成體；天下莫不沉浮，終身不故；陰陽四時運行，各得其序；惛然若亡而存，油然不形而神，萬物畜而不知，此之謂本根，可以觀於天矣！（〈知北遊〉第廿二）

這兩段文字顯示出：「道」乃是宇宙萬有的本體。在「引文1」中，由「有情有信」、「自本自根，未有天地，自古以固存」與「先天地生而不為久」等語句，可知：「道」具有「實在性」、「獨立性」與「永恆性」等，亦即：「道」乃是永恆獨立自存的宇宙實體；由「生天生地」、「先天地生」與「神鬼神帝」等語句，可知：「道」是創生天地鬼神的本體；而由「無形」、「可得而不可見」與「可傳而不可受」等語句，則可知：「道」是非感官可感受的，而只能以體會、心傳的方式來證得它。換言之，「道」乃是超經驗的、無存在相的真實存有。

在「引文2」中，莊子則透過天地萬物藉由「道」才得以運行變化與生生不已，而再次申明作為宇宙本體的「道」之真實、永恆、超經驗與獨立自存等義。他認為：萬物的一切生成變化，不管是生、死、方、圓，都是無形的「道」之作用，只是萬物不自知而已；而「六合」的存在與「秋毫」的生成，也都依賴無形的「道」之作用；同時，宇宙萬物的浮沉與陰陽四時的運行，也都是無形的「道」之作用所致。「道」「若亡而存，油然不形而神，萬物畜而不知」，它其實就是衣養天地萬物的「本根」，就是天地萬物之所以為天地萬物的「本體」啊！

而莊子這種「道」作為衣養天地萬物的「本根」（本體）思想，在以下的兩則引文中也表示了出來：

3、道者，萬物之所由也，庶物失之則死，得之則生，為事逆之則敗，順之則成。（〈漁父〉第卅一）

4、夫昭昭生於冥冥，有倫生於無形……天不得不高，地不得不廣，日月不得不行，萬物不得不昌，此其道與……淵淵乎其若海，巍巍乎其若山，終則復始也，運量萬物而不匱。（〈知北遊〉第廿二）

在「引文3」中，莊子明說：「道」是「萬物之所由也」，是創生萬物的本體。而且它不只創生萬物而已，更是萬物生死成敗的理則與規範。萬物要「得」它、「順」它，才能「生」與「成」；而若「失」它、「逆」它，則會「死」與「敗」，因此，「道」不僅是創生萬物而已，萬物被它創生之後，更要受到它的規範與決定。因此，「道」的理則、規範與權威性是很強的。

而在「引文4」中，莊子也說：「無形」與「冥冥」的「道」，是可以主宰與決定「有倫」及「昭昭」的天地萬物之運行變化的。換言之，「道」乃是世上一切存在與活動的最高依據、原理、規範。是以莊子才說：「天不得不高，地不得不廣，日月不得不行，萬物不得不昌」，都是「道」的作用之關係；也才說：因為「道」的作用，所以能「運量萬物而不匱」。而這不就再次突顯出：「道」是天地萬物的本體嗎？[18]

這樣的「道」，不僅具有上述所說的實在、永恆、超經驗與獨立自存性，同時也具有普遍或遍在性，因此莊子又說：

5、東郭子問於莊子曰：「所謂道，惡乎在？」莊子曰：「無所不在。」東郭子曰：「期而後可。」莊子曰：「在螻蟻。」曰：「何其下邪？」曰：「在稊稗。」曰：「何其愈下邪？」曰：「在瓦甓。」曰：「何其愈甚邪？」曰：「在屎溺。」（〈知北遊〉第廿二）

依莊子，「道」是無所不在的。它不僅存在於崇高與宏偉的天、地、日、月、星辰與山嶽之中，也存在於卑下與低賤的「螻蟻」、「稊稗」、「瓦甓」

---

[18] 莊子的另一段話：「天無為以之清，地無為以之寧。故兩無為相合，萬物皆化生。芒乎芴乎，而無從出乎！芴乎芒乎，而無有象乎！萬物職職，皆從無為殖。故曰，天地無為也而無不為也，人也孰能得無為哉！」（〈至樂〉第十八），也可作為此處所說的佐證。

與「屎溺」之中，換言之，「道」是無所不在，而遍存於天地萬物之中的。而這正剛好顯現出「道」的普遍與遍在性。

論述至此，我們可知：莊子形上學中的「道」是宇宙本體。它具有實在性、獨立性、超驗性、永恆性與普遍性等。這樣的「道」，乍看之下，似乎就近於或同於老子形上學中的「道」，如此一來，莊子的「道」論不就是偏屬於「分解的思路」的型態之學了嗎？但問題沒那麼簡單，這是因為莊子除了重視「道」之外，他也非常重視「氣」，而且還把「氣」提升到宇宙本體的高度及地位，所以，我們在解讀「道」時，還必須連同「氣」一起看才行！以下我們就來論述「氣」。

二、莊學的「氣」

莊子的「氣」論，不僅具有本體論的身分，而且也深具宇宙論的意味。換言之，「氣」不僅是宇宙的本體，同時也是天地萬物生成變化的基礎與原因。現在，就讓我們正式來論述它吧！首先，莊子明白表示：「氣」乃是宇宙萬有的本體，它創生與構成人類及萬物。莊子說：

> 1、人之生，氣之聚也。聚則為生，散則為死。若死生為徒，吾又何患！故萬物一也。是其所美者為神奇，其所惡者為臭腐。臭腐復化為神奇，神奇復化為臭腐。故曰：「通天下一氣耳。」聖人故貴一。（〈知北遊〉第廿二）

> 2、方且與造物者為人，而遊乎天地之一氣。（〈大宗師〉第六）

在「引文1」中，莊子首先指出：人的生死，乃是「氣」之聚、散所致。「氣」「聚則為生，散則為死」。因此，「氣」可說是人「生命的本體」，它的變化形成人生命的生死現象；接著，莊子又直接表明：「萬物一也。」亦即：他認為天地萬物本是一體的，而且天地萬物之所以為一體的關鍵與原因所在，乃是「氣」；因此，之後他又說道：「通天下一氣耳。」而斷然表明：「氣」就是天地萬物的本體。莊子的這句話，有兩處值得我們特別加以注意：一是「通天下一氣」的「一氣」；二是「一氣耳」的「耳」字。「一氣」表示：「氣」是絕對、唯一、終極、普遍、永恆、至大無外且與物無對的宇宙本體；而「耳」

字，則表示：整個天地萬物的存在、運行與變化，「全部」都只是「氣」的作用罷了。「氣」生天生地，生人生物，且充滿與瀰漫於天地萬物之間。宇宙中除了「氣」外，我們找不到其他可離「氣」而存在的東西。易言之，「氣」就是獨一無二的宇宙本體。

　　而由於人的生命（與天地萬物）具有「心」（精神）與「物」（物質）兩種成分或兩個面向，因此，構成人的生命（與天地萬物）的「氣」當然也是具有「心」、「物」兩成分或兩面向的，因此，我們絕不可以只用「物質」的角度去理解「氣」，而認為莊子的「氣論」或「形上學」是「唯物主義」。亦即：「氣」不只是「物質」而已，而是物質與精神不可分的渾然統一體。它是即精神即物質、即物質即精神的。若用唐君毅先生的說法，則作為宇宙本體的「氣」，可說是「存在的流行」與「流行的存在」[19]，亦即是「宇宙總體之存在與流行」也。

　　正因為「氣」是宇宙的本體，所以最後莊子便下了結論說：「聖人故貴一。」所謂「聖人故貴一」，既可解釋為：「聖人因此看重作為宇宙本體的一氣」，亦可解釋成：「聖人因此重視體證作為宇宙本體的一氣」[20]，然而不管作何解釋，此處的「一」，指的顯然就是「氣」，就是生天生地，生人生物，且充滿與瀰漫於天地萬物之中的「氣」。

　　而在「引文2」中，莊子也表示：體證真理的人，他們的生命是「與造物者為人」，同時是「遊乎天地之一氣」的。「造物者」一詞，學界一般的理解是「道」，「與造物者為人」即是「與道為友、為伴」或「與道相交遊」。但因「氣」為天地萬物之本體，因此，「造物者」其實也可說是「氣」，在這樣的情形下，「與造物者為人」，除了可指「與『道』為友、為伴」或「與『道』相交遊」外，也可指「與『氣』為友、為伴」或「與『氣』相交遊」。

　　值得注意的是：莊子在此引文中又提到了「一氣」，而且還說「天地之一氣」。而這再次證明了：在莊子心目中，「氣」的確是生天生地、生人生物，且充滿與瀰漫於天地萬物之中，而足以作為宇宙之本體的。

　　而莊子這種以「氣」為宇宙本體的思想，我們在以下的兩段文字中，也可以找到若干佐證：

---

[19] 參見唐君毅：《中國哲學原論・原教篇》（台北：學生書局，1984年），第四、五章。
[20] 這是從工夫論的角度來說的。此時的「體證一氣」，其實也就是「體道」，亦即是「心齋」也。

3、吾身非吾有也……是天地之委形也；生非汝有，是天地之委和也；
性命非汝有，是天地之委順也；孫子非汝有，是天地之委蛻也。故行不
知所往，處不知所持，食不知所味。天地之強陽氣也，又胡可得而有邪！
（〈知北遊〉第廿二）

4、吾游心於物之初……至陰肅肅，至陽赫赫。肅肅出乎天，赫赫發乎
地。兩者交通成和而物生焉，或為之紀而莫見其形。消息滿虛，一晦一
明，日改月化，日有所為，而莫見其功。生有所乎萌，死有所乎歸，始
終相反乎無端，而莫知乎其所窮。非是也，且孰為之宗……夫天下也者，
萬物之所一也。（〈田子方〉第廿一）

在「引文 3」中，莊子明白表示：我們的身體、生命、性命、孫子、行動、
居處與飲食等，都不是自己所真正能擁有的，它們其實都只是瀰漫於天地間，
且健動不已的「氣」所造成的，因此，「氣」可說是人生命的主宰與本體。

而在「引文 4」中，莊子也認為：萬物的生成變化，全是由「肅肅」的「至
陰」之「氣」與「赫赫」的「至陽」之「氣」，「兩者交通成和」所致，換言
之，係由「陰陽二氣」交感所致，因此，陰陽二氣可說是「（萬）物之初」與
「萬物之本體」了。但陰陽二氣是不是兩種不同性質「氣」呢？依莊子，當然
不是，它們只能說是宇宙本體的「一氣」本身的兩股勢能、兩個面向或兩種狀
態而已。這就如同同樣是「H2O」，但它可為「水」，亦可為「冰」的情形一
樣。因此，「一氣」的「氣」才是化生天地萬物的宇宙本體。

而在分別論述過莊子的「道」與「氣」的意義後，接著我們再來說明它們
的關係。

三、莊學的「道」、「氣」關係

由以上的論述，我們發現：莊子不僅認為「道」是宇宙本體，同時也認為
「氣」是宇宙本體，既是如此，那「道」與「氣」的關係又是如何呢？依筆者
之見，它們是二而一的，是同一宇宙本體的兩個面向與兩種稱謂。換言之，它
們是「一體之兩面」與「一物之兩名」的。但現在的問題是：本文憑什麼作出
這樣的論斷呢？我們的理據，除了「若『道』、『氣』不是二而一，不是『一

體之兩面」與『一物之兩名』外，則莊子的論點便會產生矛盾」[21]這一點之外，尚有許多《莊子》原典上的文句，可作為相關的佐證：

> 1、東郭子問於莊子曰：「所謂道，惡乎在？」莊子曰：「無所不在。」東郭子曰：「期而後可。」莊子曰：「在螻蟻。」曰：「何其下邪？」曰：「在稊稗。」曰：「何其愈下邪？」曰：「在瓦甓。」曰：「何其愈甚邪？」曰：「在屎溺。」（〈知北遊〉第廿二）

因為「道」、「氣」均為宇宙本體，均具有絕對普遍性，均通貫、遍佈於天地萬物，所以「道」無所不在，其實也可說是：「氣」無所不在；「道」「在螻蟻」、「在稊稗」、「在瓦甓」與「在屎溺」，其實也就是：「氣」「在螻蟻」、「在稊稗」、「在瓦甓」與「在屎溺」。兩者沒什麼不同。這就如同說「李白名滿天下」，以及說「詩仙名滿天下」，兩者的意義是相同的情形一樣。

> 2、魚相造乎水，人相造乎道。相造乎水者，穿池而養給；相造乎道者，無事而生定。故曰：魚相忘乎江湖，人相忘乎道術。（〈大宗師〉第六）

依莊子，「魚相忘乎江湖」就是「魚游於江湖」，也就是「魚游於大自然之活水中」也；而「人相忘乎道術」，也就是「人遊於道」或「人遊於道術」也。而「人遊於道」，其實也就是「人遊乎天地之一氣」。之所以如此，實因「道」即「氣」、「氣」即「道」也。兩者稱謂雖有異，但指涉卻是相同的，都是指著那絕對無外、獨一無二，且又普遍永恆的宇宙本體也。

> 3、至道之精，窈窈冥冥；至道之極，昏昏默默。無視無聽，抱神以靜，形將自正。必靜必清，無勞女形，無搖女精，乃可以長生。目無所見，耳無所聞，心無所知，女神將守形，形乃長生。慎女內，閉女外，多知

---

[21] 當然，也有可能「道」是精神性的實體，而「氣」是物質性的實體，如此，莊子形上學便是二元論。但莊子明白表示：「氣」是人生命與天地萬物的本體，而人生命是有物質、精神兩面向的，因此，「氣」實不宜理解為只是物質性的存在，而是兼具精神與物質性的。在這樣的情況下，我們認為莊學的本體只能是一，而「道」與「氣」均只是絕對唯一的本體之不同稱謂而已。

為敗。我為女遂於大明之上矣，至彼至陽之原也；為女入於窈冥之門矣，至彼至陰之原也。天地有官，陰陽有藏。慎守女身，物將自壯。我守其一以處其和。（〈在宥〉第十一）

上文中曾提及：莊子認為「一」指的是「氣」，同時他還用「一氣」來講宇宙獨一無二的本體。而在本引文中，則可以很清楚地看到：「我守其一以處其和」句中的「一」，指的乃是「道」。因此，依莊子，「道」、「氣」同是「一」，同是絕對唯一的宇宙本體，是以莊子有時會交互使用這兩詞。

另外，引文中的「至陽之原」與「至陰之原」，很顯然地也是指「道」，但莊子明說「陰陽者，氣之大者」（〈則陽〉第廿五），因此，它們也可以是指「氣」，換言之，「陰陽」既是「道」，亦是「氣」。而這實蘊含著「道」即「氣」、「氣」即「道」，它們同指那絕對唯一的宇宙本體，兩者係「一物之兩名」與「一體之兩面」也！

但「道」、「氣」雖說指涉相同，雖說是同一宇宙本體的兩個面向與兩種稱謂，雖說是「一體之兩面」與「一物之兩名」，但兩者畢竟仍有所差異，否則就不會一個叫作「道」，而另一個叫作「氣」了。但它們的差異，我們應該如何來描述才恰當、才能使人清楚了解呢？有關此點，我們可以在以下兩引文中窺知一、二：

4、天地者，形之大者也；陰陽者，氣之大者也；道者為之公。（〈則陽〉第廿五）

莊子認為：「天地」，乃是宇宙本體之「氣」所造就而成的「形之（最）大者」；而「陰陽」，則是宇宙之「氣」自身最大的兩股勢能，因此，我們可以說：不管是「天地」或「陰陽」，都是「氣」本身的內在勢能或外在展現，都是「氣」本身的作用；至於「為之公」的「道」，則是「陰陽」二氣與「天地」運行變化的理則與規律。換言之，「道」是就「氣」本身運行變化的理則與規律來說的，而不是指：在「氣」之前、之上或之外，另有一個所謂的「道」可離「氣」而自存，並作為「氣」的超越根據。因若是這樣，則只能說「道」是本體，而不能說「氣」也是本體了。

5、察其始而本无生，非徒无生也，而本无形；非徒无形也，而本无氣。雜乎芒芴之間，變而有氣，氣變而有形，形變而有生。今又變而之死。是相與為春秋冬夏四時行也。（〈至樂〉第十八）

在這此引文中，有一問題特別值得我們來加以討論：

「雜乎芒芴之間，變而有氣」與「氣變而有形」中的兩個「變」字，該如何解釋？

對於此一問題，本文以為：由於「道」、「氣」乃是「一體之兩面」與「一物之兩名」，因此，「雜乎芒芴之間，變而有氣」的「變」字，應作「發展」或「轉變」等解，而不應解作「創生」、「生成」或「實現」等。而當如此解時，則「雜乎芒芴之間，變而有氣」之義，即是：由「雜乎芒芴之間」的「道」本身自我轉變與發展而為「氣」。

至於「氣變而有形」的「變」字，則因「形」係由「氣」所孳生出來，故此「變」字，應作「變現」、「變生」或「變成」解。而當如此解時，則「氣變而有形」之義，便是指：「氣」自身運行而變生、變現出「形體」來。

而在分別析論過莊學的「道」、「氣」之意義及其關係後，我們也要稍微提及，莊子如何看待通過修養而體證宇宙本體（真理）的生命境界，同時也擬由此生命境界來佐證，本文認為「道」、「氣」是一的論點。莊子認為：體證本體（真理）的天人、至人、真人、神人與聖人等，他們的生命境界是這樣子的（以下僅節錄部分）：

1、之人（按：指神人）也，之德也，將旁礴萬物以為一。（〈逍遙遊〉第一）

2、至人無己，神人無功，聖人無名。（〈逍遙遊〉第一）

3、若夫乘天地之正，而御六氣之辯，以遊無窮者，彼且惡乎待哉！（〈逍遙遊〉第一）

4、乘雲氣，御飛龍，而遊乎四海之外。（〈逍遙遊〉第一）

5、天地一指也，萬物一馬也。（〈齊物論〉第二）

6、天地與我並生，而萬物與我為一。（〈齊物論〉第二）

7、自其同者視之，萬物皆一也。（〈德充符〉第五）

8、乘雲氣，騎日月，而遊乎四海之外，死生無變於己。（〈齊物論〉第二）

9、方且與造物者為人，而遊乎天地之一氣。（〈大宗師〉第六）

10、予方將與造物者為人，厭，則又乘夫莽眇之鳥，以出六極之外，而遊旡何有之鄉，以處壙垠之野。（〈應帝王〉第七）

11、汝遊心於淡，合氣於漠，順物自然而無容私焉。（〈應帝王〉第七）

12、獨與天地精神往來而不敖倪於萬物，不譴是非，以與世俗處。（〈天下〉第卅三）

13、彼其充實不可以已，上與造物者遊，而下與外死生旡終始者為友。（〈天下〉第卅三）

14、知天樂者，其生也天行，其死也物化。靜而與陰同德，動而與陽同波……以虛靜推於天地，通於萬物，此之謂天樂。（〈天道〉第十三）

15、萬物一府，死生同狀。（〈天地〉第十二）

16、以死生為一條，以可不可為一貫。（〈德充符〉第五）

17、知死生存亡之一體。(〈大宗師〉第六)

依莊子，由於體證真理之人的生命與「道」、「氣」同為一體，所以能「旁礴萬物以為一」，能「乘天地之正，而御六氣之辯」，能通觀「天地一指」與「萬物一馬」，能體證「天地與我並生」、「萬物與我為一」及「萬物皆一」，能時時「與造物者遊」及「與造物者為人，而遊乎天地之一氣」，能「獨與天地精神往來」，其生命也能「通於萬物」而「知死生存亡之一體」與「萬物一府，死生同狀」，同時還能豁達地「以死生為一條」等。而因這樣的生命境界不僅是體「道」與體「氣」的境界，同時也可作為本文認為「道」、「氣」是一，本體是一的論點之佐證，故本文節錄於上，以供讀者參酌。

肆、結　論

綜合以上所說，我們可以得到以下四點簡要的結論：

一、就莊學來說，「道」、「氣」二詞，其實都只是宇宙本體的不同稱謂罷了：就本體運行變化而生天生地、生人生物，以及就本體無所不在、瀰漫充塞於天地之間，稱之為「氣」；而就「氣」自身原初那混沌無分、原始和諧、「雜乎芒芴之間」、若有似無的狀態，以及就「氣」本身運行變化的條理與規律等，則稱之為「道」。總之，兩者可說是「一體」(同一宇宙本體)之「兩面」(「道」為隱性、理則與規律面；「氣」為顯性、運行與變化面)，以及「一物」(宇宙總體之存在與流行)之「兩名」(就此總體存在與流行自身之運行變化而言，名為「氣」；而就「氣」本身原初混沌無分的狀態，以及就「氣」自身運行變化之條理與規律來說，則名為「道」)的。

二、除了「道」、「氣」二詞之外，莊子也會以「一」來作為宇宙本體的代稱。而這本體的「一」以及本體中的「陰」「陽」兩股勢能，依莊子之意，它們既是「道」，也是「氣」，乃是即「氣」即「道」即「一」即「陰陽」的。[22]

三、體證宇宙本體的天人、至人、真人、神人與聖人等，他們的生命是與天地萬物為一體的，是可以有「天地與我並生，而萬物與我為一」之感的，是

---

22 依莊子，「陰陽」一詞，亦可作為宇宙本體的代稱，但它是就「氣」自身含有兩股相反相成之勢能，而健動不息、變易不已，並能不斷引發與帶動萬物之化育的情形來說的。

能與「道」為友，且能「遊乎天地之一『氣』」的，是能「獨與『天地精神』（道）往來」的，而且是能得大「逍遙」之「遊」的。而這樣的生命境界，其實也是可作為本文認為「道」、「氣」是一，是「一體之兩面」與「一物之兩名」的論點之佐證的。

　　四、因「道」、「氣」係「一體之兩面」與「一物之兩名」，而同為宇宙萬物之本體，故可知：莊子的「形上學」，既非「唯心主義」，亦非「唯物主義」，而係「全體論與整體實存的思路」型態之學。同時亦可「初步」推論：整個莊子哲學，亦為「全體論與整體實存的思路」（即「辯證的思路」）型態之學。

　　本文曾發表於「第二屆道家道教養生學術研討會」（高雄，高雄道德院‧高雄師範大學國文系，2009 年 10 月 11 日），並經筆者修潤而成。

天台智顗的「一念三千」說析論
——試為「一念三千」說進一新解

壹、前　言

　　先前筆者在拙著：《宋明儒學新論》、博士論文：《劉蕺山哲學研究》，以及多篇期刊與研討會論文中，曾多次提及：宋明理學，依理學家們「思路」（思維方式）之不同，可概分為「分解的思路」與「全體論與整體實存的思路」（即筆者所界定的「辯證的思路」）這兩種義理型態。[1]像程頤、朱子之學，即近於「分解的思路」之型態；而張載、劉蕺山與王船山等人之學，則偏屬於「全體論與整體實存的思路」（辯證的思路）之型態。

　　原本我還認為：不只理學可概分成這兩型，連先秦道家（老學、莊學）與佛教禪宗（北宗、南宗）等（按：甚至是西方哲學），也可概分為這兩型：老學與北宗禪近於「分解的思路」之型態；而莊學與南宗禪則偏屬於「全體論與整體實存的思路」（辯證的思路）之型態。[2]沒想到後來筆者在研讀天台宗的文

---

[1]　參見拙著：《宋明儒學新論》（高雄：高雄復文出版社，2005 年）、《劉蕺山哲學思想研究》（台南：成功大學中文所博士論文，2003 年 6 月），以及拙文：〈周濂溪《太極圖說》本體性格之衡定〉「2000 年東亞漢學會議」，日本，福岡，西南大學，2000 年 12 月）、〈張載天道論性格之衡定〉（《鵝湖月刊》，卷 26，期 11，2001 年 5 月）、〈王船山天道論性格之衡定〉（《鵝湖月刊》，卷 28，期 4，2002 年 10 月）與〈周敦頤《太極圖說》本體觀的再省思——以「無極」、「太極」的關係為核心的探討〉（「太湖論道國際學術研討會」，江蘇無錫，2006 年 5 月）等文。又，「分解的思路」與「辯證的思路」兩詞，係筆者近幾年來在研究宋明理學分系問題時所提出者。它們原本是筆者將宋明理學分為「兩型」的分判標準與依據，但由於「辯證」一詞學界所熟知與習用者，乃是黑格爾與馬克斯兩人所說之義。換言之，他們的說法已成為「辯證」一詞的傳統義與主流義，因此筆者雖一直向人說明「辯證的思路」中的「辯證」一詞之義，乃筆者所自行界定的「系統義」，但仍有許多學者產生錯解或誤解。茲為避免學者產生錯解及誤解計，本文遂將「辯證的思路」一詞改為「全體論與整體實存的思路」一詞，並在其後以（即「辯證的思路」）或（辯證的思路）等標示之，以信實傳達筆者之意。

[2]　除了老學的型態，筆者已將它寫成〈老子哲學新論——以「道」的特性為核心的探討〉一文並發表於「海峽兩岸炎帝神農文化論壇專場研討會」（武漢，2006 年 7~8 月）外，其他有關莊學、北宗禪與南宗禪等的義理型態，筆者則僅曾私底下告訴過許多師友，其中包括：唐亦男、陳昌明、王邦雄與曾昭旭老師等；同時也曾在《劉蕺山哲學思想研究》的公開發表會上，告

獻時，竟然也意外發現到：

> 其實智顗（智者大師）的「一念三千」之說，也是可以用「全體論與
> 整體實存的思路」（辯證的思路）的型態，來理解與詮釋的。

筆者一驚之下，除了先前在佛光山叢林學院，講授「中國哲學概論」一科
目時，曾多次對學生提出此一論點外，同時也決定將它形諸文字，以就教於佛
學與天台學的學者專家。

由於近年來筆者對「全體論與整體實存的思路」（辯證的思路）型態之義
理，又有更深入的思考與體悟；也由於在下文中析論「一念三千」之說時，筆
者將說明智顗係反對以「分解的思路」，而主張用「全體論與整體實存的思路」
（辯證的思路），來看待「一念」與「三千」的關係，因此，在正式論述筆者
此一發現之前，實有必要對這兩種「思路」稍作說明。

貳、「分解的思路」和「全體論與整體實存的思路」

本文所謂「分解的思路」，其義係指：

> 思想家們基於他們的感官經驗或真實的存在感受，如：驚異、好奇、
> 怖慄、罪惡、憂患、惻隱、羞恥、痛苦與受束縛、不自由等，或窮知
> 究慮地去構思一套存有層序的理論架構，來區分、解釋天地萬物和人
> 類的生命、社會、歷史與文化等；或經由實踐、體證而開顯出生命的
> 某種境界（或境地），於是對實存世界有一看法，並將此看法，通過一
> 套人為設計的存有層序之理論架構，來對實存世界作一區分、框套與
> 解釋的這樣的一種思路。[3]

而具有這種思路的思想家，在解釋宇宙人生時，常常會預設著「超越的分

知與會的成大諸師生。但那些都只是口頭上的說明，而並未正式形諸文字。

[3] 「分解」一詞，其實是有多種意義的，如：「超越的分解」、「經驗的分解」、「邏輯的分解」、「心
理學的分解」與「語文的分解」等，都算是「分解」。至於本文所謂「分解的思路」之「分解」
一詞之義，則是筆者所作的「系統的界定」（系統義）。

解」的理論架構。他們常會認為：一、宇宙人生，實際上是兩層或多層存有（在）的。而且這兩層或多層的存有（在），基本上乃是異質的；二、在宇宙萬有之前、之上或背後，是有所謂獨立自存、永恆普遍的本體存在的。而這本體，可能是具有意志的人格神，也可能是不具有意志的超越法則或規範；它（祂）可以是靜態的形上原理或理型，也可以是動態的絕對精神、動力或動能。總之，它（祂）是超經驗與超自然的。當然，就中國哲學——尤其是宋明理學——來說，則它（祂）常是既「超越」又「內在」的。

　　至於筆者先前在《宋明儒學新論》、《劉蕺山哲學研究》與多篇期刊與研討會論文中，所提到的「全體論與整體實存的思路」（辯證的思路）之定義（按：此義也是筆者自己所作的「系統的界定」）：

> 思想家們並不以一套人為設計的、分解的存有層序之理論架構，來區分、來框套，以及來解釋天地萬物及人類的生命、社會、歷史與文化等，而是就整個實存的宇宙人生之大化流行來說本體，並認為本體之中，本就含有相反而又相成，相滅而又相生，同時互為隱顯，渾然相融的兩股勢能或動力，如陰與陽、翕與闢、乾與坤或靜與動等。而由於它們之間彼此不斷地相互起作用，不斷地一陰一陽、一翕一闢、一乾一坤或一靜一動等，因而帶動或引發了整實存的宇宙人生之生生不息和永續發展的這樣的一種思路。

　　其實並不周延，因那只是專門針對宋明理學的分系問題而立論的，故它只宜稱為「原初義」與「狹義」的「全體論與整體實存的思路」（辯證的思路）。事實上，「就整個實存的宇宙人生之大化流行來說本體」，是可以「實說」，也可以「虛說」的；同時所說的「本體」，可以是「實有」的，也可以是「虛幻」的；甚者，就是「說」的方式，也可以有好幾種，因此，「全體論與整體實存的思路」（辯證的思路），其實仍是可再細分成幾種型態的。我們若將「原初義」與「狹義」的「全體論與整體實存的思路」（辯證的思路）的意義加以擴大，那麼便可得到一個「引伸義」與「廣義」的「全體論與整體實存的思路」（辯證的思路）。而此義的「全體論與整體實存的思路」，筆者認為至少仍可再細分為四種類型：

（一）以「陰陽」等兩股勢能或兩種狀態，來說明宇宙本體（全體）之變化流行者。

（二）以「陰陽」等兩股勢能或兩種狀態，以及「五行」相生相勝的架構，來說明宇宙本體（全體）之變化流行者。

（三）不以「陰陽」或「陰陽」、「五行」等，來說明宇宙本體（全體）之變遷發展，而是直接就實存的宇宙全體之大化流行來講本體者。

（四）以「因果律」[4]或「緣起法」，來說明宇宙本體（全體）[5]之生滅變遷者。當然，在這樣的說法下，本體（全體）只是一「性空之體」（空體），而並沒有任何永恆不變、獨立自存的特性存在，亦即，它只是一虛說、權說與假說之體，而非普遍永恆之「實體」。

　　值得注意的是：具有此四大類型中任一者的思想家，在解釋宇宙人生時，通常並不會預設著「超越的分解」的架構。他們並不認為宇宙人生乃是異質的兩層或多層的存有（在），也不認為在宇宙萬有之前、之上或背後，有所謂獨立自存、永恆普遍的本體存在；相反地，他們往往是就實存的宇宙人生之總體存在與流行來說本體的。

　　又，筆者發現：智者大師的「一念三千」說，似可用第四類的「全體論與整體實存的思路」（辯證的思路）哲學來解讀（詳見後文）。同時，這樣的解讀，一者：既可賦予「一念三千」說新義，而讓它的涵義更為豐富；二者：也可拉近天台學與宋明理學、甚至是傳統中國哲學的距離。如此一來，不是一舉兩得嗎？當然，筆者自認這樣的解讀，基本上乃是不違背智者大師之原意的。

　　而在簡要說明了這兩種「思路」後，接著我們便正式來論述「一念三千」說的意義。

參、「一念三千」說釋義

---

[4] 此「因果律」之「因果」，並非指科學上所說的因果（因科學不處理本體的問題），而是指佛學上所說的因果。科學上的因果只適用於現象世界或物質世界，係一「狹義的因果」；至於佛學上的因果，則適用於一切法：適用於前世、今生與來世；適用於無始無終的時空與無量無盡的世界，故可說是一「廣義的因果」。

[5] 此處所謂「宇宙本體（全體）」，係包括一切世間與出世間法在內。

　　關於「一念三千」說之義，歷來各家說法紛陳，可謂言人人殊而各具勝義。惟本文限於篇幅長短與關注焦點之故，因此不擬對這些說法多作介紹與評論，而是將論述的重心，直接擺在「一念三千」說原文的疏解與析論上。我們希冀藉此，能讓原典自己說話，而「儘量」把智顗的本意給掘發出來。

　　按「一念三千」之說，原出於智顗的《摩訶止觀》，卷 5 上：

> 夫一心具十法界。一法界又具十法界、百法界。一界具三十種世間。百法界即具三千種世間。此三千在一念心。若無心而已，介爾有心，即具三千。亦不言一心在前，一切法在後。亦不言一切法在前，一心在後。例如八相遷物，物在相前，物不被遷。相在物前，亦不被遷。前亦不可，後亦不可。祇物論相遷，祇相遷論物。今心亦如是。若從一心生一切法者，此則是縱。若心一時含一切法者，此即是橫。縱亦不可，橫亦不可。祇心是一切法，一切法是心故。非縱非橫，非一非異，玄妙深絕，非識所識，非言所言。所以稱為不可思議境，意在於此。[6]

在這段文字中，至少有三個問題，很值得我們來探討：
一是何謂「一念」？
二是何謂「三千」？
三是智顗如何來看待與論述「一念」與「三千」的關係？

　　就第一個問題來說，由於智顗在敘述時，將「心」、「一心」與「一念心」三詞交互使用，而且他在其他地方也常有類似的用法[7]，因此，我們可以說：依智顗之意，「心」、「一心」與「一念心」三者，其實都可做為「一念」的代詞與同義詞，它們與「一念」，根本就是「同指而異名」的。四者的指涉相同，而只是稱謂與側重點不同而已：

　　說「一念」是側重於「心之所發」那一剎那與當下的念頭；說「心」與「一心」則是側重於念的發動者、念的依據與念的主體來說；而說「一念心」則是

---

[6] 智顗：《摩訶止觀》，卷 5 上，《大正新修大藏經》（即《大正藏》）（台北：新文豐出版公司，1983 年），冊 46，頁 54。

[7] 如在此引文之後，智顗又提到「心具一切法」、「心生一切法」、「一念心滅生三千法耶」與「一心尚具無量法，況三千耶」等句，即是明證。

綜括「一念」與「心」(「一心」)兩者而為言的,它的意思實同於前三者,都是指我們生命內部「介爾」——在一刹那間,極為隱微、細密——的心識作用或心理活動狀態。

　　而就第二個問題來說,也由於智顗在敘述時,將「三千」、「三千世間」與「一切法」三詞交替使用,而且他在其他地方也常有這樣的用法,因此,此三詞也可說是「同指而異名」的。它們的指涉也相同,而只是稱謂不同罷了!故「三千」,既可指「三千世間」,亦可指「一切法」。總之,是一切存在與存有界之意。[8]但問題是:「三千」之數是如何得到與算出的?要回答此一問題,則必須從「十界」、「十如是」等詞談起。

　　所謂「十界」,原是《華嚴經》對自我境界(如:或迷或悟),以及一切眾生的生存狀態與生命等級等,所分成的十個層次:地獄界、餓鬼界、畜生(傍生)界、修羅界、人間界、天上界、聲聞界、緣覺界、菩薩界與佛界。[9]然而智顗卻對「十界」作了一創造性的詮釋,他認為:「十界」中的每一界,均可通往或包含其他九界,因此,在十界互通、互具的情況下,則成「百界」(10×10=100);而又因一切人事物的狀態、作用與關係等,均可以「十如是」:如是性、如是相、如是體、如是力、如是作、如是因、如是緣、如是果、如是報與如是本末究竟[10]來表示,故積「百界」與「十如是」,則成「千如是」(100×10=1000);而此「千如是」,再配合《大智度論》所說的「三種世間」:眾生世間、國土世間與五蘊世間[11],這樣便成了「三千世間」(1000×3=3000)。而此

---

[8] 其實智顗不只用「三千世間」、「一切法」兩詞,來替代「三千」一詞,有時他也會用「三千法」、「無量法」與「萬法」等詞,來替代「三千」一詞,故這些詞都是「同指而異名」的。

[9] 「十界」之說,雖出於《華嚴經》,不過,對於「十界」的說明與區分,各家論點不一:有主張「六凡四聖」(前六者為「六凡」,後四者為「四聖」)說的;有主張「九因一果」(前九界為因,佛界為果)說的;有將它分成「四類」(四趣人天、二乘、菩薩與佛)的;也有將它分成「五類」(三惡道、三善道、二乘、菩薩與佛)的。此外,密教係以「五凡五聖」為「十界」,而稱為「密教十法界」:地獄、餓鬼、畜生、人、阿修羅與天等為「五凡」;聲聞、緣覺、菩薩、權佛、實佛等為「五聖」。

[10] 「十如是」之說,係源於鳩摩羅什所譯《妙法蓮華經・方便品第二》(《大正藏》,冊9,頁5)。現存的鳩摩羅什之前的譯本《正法華經》,以及梵文《法華經》原典,均無此「十如是」之說。

[11] 「三種世間」,指三種世界,又作「三世間」:(一)眾生世間,即指五陰所成的一切眾生,為能居之正報。又作假名世間,於十界、五陰等法之上,假立名字,各各不同,故稱假名世間;(二)國土世間,即器世間,指有情所居之國土,如山河大地等,為所居之依報;(三)五陰世間,又作五蘊世間,五陰即色受想行識,十界五陰各有差別,故稱五陰世間;為依正二報之通體。關於此,可參考《佛光大辭典》(高雄:佛光大藏經編修委員會,1988年),「三世間」、

義的「三千世間」，依智顗之意，其實也就是「一切法」，也就是一切存在與存有界之意。它包含一切世間與出世間法，係表示「世間與出世間一切善惡、性相等人、物差別之總和」。[12]

　　「一念」與「三千」之義既分別如上所述，那麼，智顗究竟是如何來看待與論述它們的關係呢？關於此，本文認為他至少採用了「負面遮撥法」、「正面表詮法」與「例釋法」等三種方法，來論述它們的關係。

　　第一，就「負面遮撥法」來說，智顗將它應用在以下三點：

（一）他反對以「時間上」的「前後」[13]次序，來看待「一念」（心）與「三千」（一切法）的關係：

　　此由「不言一心在前，一切法在後；亦不言一切法在前，一心在後」，以及「前亦不可，後亦不可」等句，可合理推知。

　　智顗認為：「一心」與「一切法」的關係，是不能以時間上的前後次序來看待的。我們既不可說：在「一切法」之前，已有「一心」存在，然後再由它去衍生出「一切法」來；同時也不可說：在「一心」之前，已先有「一切法」存在，然後再由它們去衍生出「一心」來，「一心」與「一切法」是不可說孰前孰後的。亦即：智顗反對以「時間脈絡」中的（前）「因」（後）「果」概念，來說「心」與「一切法」的關係，是以他才說：「不言一心在前，一切法在後；亦不言一切法在前，一心在後」；也才說：「前亦不可，後亦不可」。

（二）他也反對以「縱」與「橫」的概念，來看待「一念」（心）與「三千」（一切法）的關係：

　　此由「若從一心生一切法者，此則是縱；若心一時含一切法者，此即是橫。縱亦不可，橫亦不可」，以及「非縱非橫」等句，可合理推知。

　　智顗不僅反對以時間上的「前後」次序，來看待「一念」與「三千」的關

　　「三種世間」、「眾生世間」、「國土世間」與「五陰世間」等條之解釋。

[12] 引自《佛光大辭典》，「一念三千」條之解釋。又，對「三千」之數，切不可執實。因為「三千」只是一個概數而已，它其實是智顗對宇宙全體的一個概括描繪罷了，而並不是說宇宙全體就一定剛剛好是三千世間。

[13] 「前後」一詞，其實是有多種意義的，如：「時間上的前後」、「條件上的前後」、「存有層序上的前後」、「地理上的前後」與「價值上的前後」等；惟此處所言的「前後」，係偏指「時間上的前後」與「存有層序上的前後」二義：它既可指「時間上的前後」，亦可指「存有層序上的前後」。但因為下文中筆者以「存有層序上的前後」，來解釋智顗所說「心」、「法」之間非「縱」的關係，所以此處所言之「前後」，似以解為「時間上的前後」一義為佳。

係；同時還反對以「心生一切法」與「心含一切法」的說法，來論述「心」與「一切法」的關係。他認為：「心生一切法」是一種「縱」的說法。這種說法意謂著：「心」對於「一切法」而言，是具有「形而上」或「存有層序上」的優先性的[14]，亦即：「心」是「一切法」的形上、超越之根據，是存有與價值的終極根源。

　　他又認為：「心含一切法」是一種「橫」的說法。這種說法實含有著二義：

　　(1)「心含一切法在內」：此時「心」對於「一切法」而言，是具有「空間上」「整體」（心）與「部分」（一切法）的關係，或是「集合上」「母集合」（心）與「子集合」（一切法）的關係的。亦即：「心」的空間或含量是大於或等於「一切法」的。

　　(2)「心含一切法的因或種子在內」：此時「心」對於「一切法」而言，是一種「統攝性」的「因果關係」：「心」在「因」地講，「一切法」在「果」地講。「一切法」的種子或原初因都在「心」中，故「心」對「一切法」實具有統攝性。它是天地萬物、世間與出世間無量法的根源之「藏」。

　　而不管是「縱」的說法：「心」對「一切法」具有「形而上」或「存有層序上」的優先性，或是「橫」的說法：「心含一切法在內」與「心含一切法的因或種子在內」，智顗皆表示反對之意，因此，他才說：「縱亦不可，橫亦不可」，也才說：「心」與「一切法」是「非縱非橫」的。

　　智顗這樣的看法，也表現在他對地論師與攝論師論點的批駁上，他說：

> 地人云：一切解惑真妄，依持法性。法性持真妄，真妄依法性也。攝大乘云：法性不為惑所染，不為真所淨。故法性非依持。言依持者，阿黎耶是也。無沒無明，盛持一切種子。若從地師，則心具一切法。若從攝師，則緣具一切法。此兩師各據一邊。[15]

---

[14] 此處所謂的「縱」，既可指「時間上的縱」，也可指「存有層序上的縱」。前者意謂著：「心」對「一切法」具有「時間上的優先性」，亦即：在一切法之前，已先有心存在，然後再由它去衍生出一切法來；而後者則意謂著：「心」對「一切法」具有「存有層序或形而上的優先性」，亦即：「心」是一切法的形上超越之根據，是存有與價值的終極根源。惟因「註13」已將「前後」解為「時間上的前後」，故此處的「縱」，似以解為「存有層序上的縱」（存有層序或形而上的優先性）為佳。

[15] 同註6。

　　他不僅反對地論師（按：此指南道派論師）所持「一切解惑真妄，依持法性」的「心具一切法」論點，同時也反對攝論師所持「法性不為惑所染，不為真所淨」與「法性非依持，言依持者，阿黎耶是也」的「緣具一切法」的說法，而認為他們的見解「各據一邊」，實屬邊見、偏見，而非正見。因此，我們實可說：智顗的確是反對以「縱」「橫」等概念，來看待「一念」（心）與「三千」（一切法）的關係的。

（三）他還反對「一念」與「三千」的關係是「一」是「異」、是「識」所能識，以及是「言」所能言的：

　　此由「非一非異，玄妙深絕」、「非識所識」及「非言所言」等句可推知。

　　智顗認為：「心」與「一切法」兩者，既非毫無差別的完全等同，亦非完全相異而各自獨立，它們的關係是非常「玄妙深絕」的，是既「非常識所能認識，也不是用語言所能描述」[16]的，因此才稱之為「不可思議」的「境界」。言下之意，他認為「心」、「法」關係，乃是無法用我們的感官經驗、認知能力與語言文字等，來加以理解與描述的，亦即：它們的關係是不可說、不可識與不可思議的，是在我們的感性、認識與理智能力之外的。

　　綜合以上所說，可知：

　　在「一念」與「三千」的關係上，就「負面遮撥」這一面來說，智顗不僅反對以「前後」與「縱」「橫」等關聯來看待它們，同時還反對以「一」、「異」等概念來看待它們。他並認為：「心」對「一切法」而言，不僅不具有時間上與存有層級上的優先性，同時也不具有因果關係上的統攝性。亦即：「心」並不存在於宇宙萬法之前、之上或背後，而為萬法之初因與根源。而他這樣的說法，不僅顯示出他反對以（筆者所謂）「分解的思路」來看待「心」與「一切法」的關係，同時還與本文在上節中所說：「具有『全體論與整體實存的思路』（辯證的思路）之思想家，通常並不認為在宇宙萬有之前、之上或背後，有所謂獨立自存、永恆普遍的本體存在」的論點相通，因此，本文在「前言」中，對智顗「一念三千」之說所持的相關論點，不是也言之成理嗎？

　　第二，就「正面表詮法」來說，則智顗對「一念」（心）與「三千」（一切法）關係的正面主張是：「心是一切法」與「一切法是心」：

　　此由「若無心而已，介爾有心，即具三千」以及「祇心是一切法，一切法

---

[16] 王雷泉釋譯，星雲大師總監修：《摩訶止觀》（台北：佛光文化公司，2003 年），頁 242。

是心故」等句，可合理推知。

　　由於智顗反對以「前後」、「縱」、「橫」、「一」、「異」等關聯，來看待「心」與「一切法」的關係，也由於他認為它們的關係乃是「玄妙深絕」而不可說、不可識與不可思議的，因此，「心是一切法，一切法是心」的「是」字，就不宜只理解為專就「語文層面」來說的「全等」或「等同」之義，而應從「心」與「一切法」此二詞所指涉的宇宙本體（總體、全體或實相）來加以體悟。在這樣的脈絡下，「心」（一念）與「一切法」（三千）二者，其實都只是我們對宇宙本體的一個權宜性的稱謂而已！它們通通都是「假名」，都只是指點宇宙本體所顯現的不同樣貌或狀態罷了，彼此乃是「同指而異名」的。亦即：它們的指涉相同，而只是稱謂不同，以及說時的側重點不同而已：

　　「心」是內在地說，「一切法」是外在地說；「心」是主觀地說，「一切法」是客觀地說；「心」是收斂地說，「一切法」是發散地說；「心」是隱密地說，「一切法」是顯發地說；「心」是就極小的範疇來說，而「一切法」卻是就極大的範疇而言。總之，「心」（一念）與「一切法」（三千），甚至是「一心」、「一念心」、「法」、「三千法」、「三千世間」、「三千世界」與「宇宙萬法」等詞，其實都只是宇宙本體或實相的一個權宜性的稱謂與假名而已！

　　「心」與「一切法」的關係既如上所述，因此，才一說「心」（一念），即同時已具足「一切法」（三千）、已含「一切法」在內；而才一說「一切法」，也即同時已具足「心」、已含「心」在內，此之謂「心即一切法」、「一切法即心」、「一念即三千」與「三千即一念」也。而這樣說的「心」，已不是與「一切法」相對言的「心」，而是指點絕對的宇宙本體或實相的一個「假名」；另一方面，這樣說的「一切法」，也已不是與「心」相對言的「一切法」，而也是指點宇宙本體或實相的一個「假名」。基於如此的體悟，因此，智顗才會說：「介爾有心，即具三千」，也才會說：「祇心是一切法，一切法是心」。

　　而智顗這樣的說法，在宋明理學中也常有類似的表述：宇宙本體：（一）主觀地說是「良知」、「仁體」、「敬體」；（二）客觀地說是「善性」、「性體」（三）絕對地說是「道體」、「理體」、「天體」、「天命流行之體」、「神體」、「易體」、「寂感真幾」、「太虛」、「太和」、「太極」與「氣體」等；（四）收斂地說是「心體」、「獨體」與「意根」等；（五）發散地說是「宇宙萬有」與「天地萬物」等。

17

　　像明末大儒劉宗周（蕺山），由於依筆者的研究，他乃是屬於「全體論與整體實存的思路」（辯證的思路）型態的思想家，因此，他就屢用「氣」、「器」、「心」、「萬物」、「理」、「道」、「性」、「獨」、「意」、「天」、「易」、「誠」、「神」、「中」、「仁」、「陰陽」、「太極」與「太虛」等詞，來權且指點實存的宇宙本體。這些詞雖互異，但指涉卻相同，都是指涉整體實存的宇宙人生之大化流行而言的。而且它們之中的任一者，都代表著本體的某一面向、樣貌或性質。之所以如此，實在是因為實存的宇宙本體原是不可說的，但人若基於表述、溝通或其他需要而不得不說時，則只能就就他所見、所感或所側重的那一面向、樣貌或特性來立說，因而就會隨著他所見、所感或所側重之不同，而暫且賦予本體不同的稱謂，如此一來，本體於是就會有種種不同的稱謂了。

　　因此，蕺山有時說：「盈天地間一氣」、「盈天地間皆氣」；有時說：「盈天地間皆心」；有時說：「盈天地間一性」、「盈天地間皆性」；有時說：「盈天地間皆道」；有時說：「盈天地間皆仁」；有時說：「盈天地間皆易」；有時說：「盈天地皆坤」；有時又說：「盈天地間只是此理」、「盈天地間只是箇生生之理」；有時更說：「盈天地間皆物」與「盈天地間皆萬物」。[18]凡此種種，都在在顯示出：他確實是屬於「全體論與整體實存的思路」（辯證的思路）型態的思想家的。而他這樣的思路與義理性格，也的確是近似於智顗「一念三千」說的思路與義理性格的。而我們由此情形：一來，可知天台智顗的「一念三千」說等義理，「可能」對宋明理學有產生一些「影響」[19]；二來，亦可印證本文在「前言」中所持「一念三千」之說，似乎可用「全體論與整體實存的思路」（辯證的思

---

[17]　以上宋明儒對本體之諸說，可參考牟宗三：《心體與性體》（台北：正中書局，1987 年）、曾昭旭：《王船山哲學》（台北：遠景出版公司，1983 年）以及拙著：《宋明儒學新論》與《劉蕺山哲學思想研究》等。

[18]　引自拙著：《劉蕺山哲學思想研究》，頁 282～283。

[19]　筆者之所以在「可能」與「影響」二詞上加上引號，乃是因為：（一）「影響」的定義、層面、範圍與程度等，都須再作進一步的細密研究與處理，而不能只是泛泛地談。若是泛泛地談，則不合學術研究的要求；（二）雖智顗的「一念三千」說可能影響到宋明儒學，然而筆者也認為此說也有可能受到先秦儒學（如孔、孟、《易傳》等的心性論與世界觀）、兩漢儒學（如陰陽五行思想），甚至是魏晉玄學的影響。因此，究竟是天台之前的儒學先影響了天台，然後天台再影響宋明儒學？或是天台直接影響了宋明儒學？抑或是先秦與兩漢儒學直接影響了宋明理學？這其實是一個很複雜的課題。基於這樣的因由，是以筆者才不敢驟下斷言，而在「可能」與「影響」二詞上加上引號，以示慎重與保留。

路）來加以解讀的論點，其實是言之有據的。惟在此有兩點，值得我們特別注意：

一是在「全體論與整體實存的思路」（辯證的思路）的理論型態下，由於「心」與每一「法」之所指都是宇宙本體自身的顯現，因此，不只可說「一念即是三千、三千即是一念」、「心是一切法、一切法是心」，同時也可說「一法即是一切法、一切法即是一法」，是以智顗才說：「一空一切空」、「一假一切假」與「一中一切中」等 [20]；也才說：「一法一切法，一切法一法」、「一心一切心，一切心一心」、「一陰一切陰，一切陰一陰」、「一界一切界，一切界一界」、「一相一切相，一切相一相」、「一眾生一切眾生，一切眾生一眾生」與「一國土一切國土，一切國土一國土」等 [21]；也才又說：「一色一香，無非中道」。[22]

二是雖說「心」（一念）與「一切法」（三千）等詞，都指點著宇宙本體的某一面向、樣貌或性質，也都只是宇宙本體的一個假名而已，但它們所指涉的宇宙本體，不管是就佛教或天台宗的立場，都不能說是一永恆普遍、生生不已的「實體」，而只能說是一變幻無常與無自性的「空體」。我們只能從「緣起」的立場來理解與體證它，否則一來便違背佛陀的教法，二來它便與儒家所說的本體沒什麼不同，因而混淆了儒、佛的分際了。又，此「空體」雖說是「空」，但在智顗「圓融三諦」[23]的實相觀或真理觀下，它同時也是「假」與「中」的，亦即：才一說它是「空」，便當下已含「假」、「中」在內；才一說它是「假」，也當下已含「中」、「空」在內；而才一說它是「中」，便也當下已含「空」、「假」

---

[20] 同註 6，頁 55。

[21] 同上。

[22] 同上，頁 1。

[23] 「圓融三諦」，又作「一境三諦」、「不次第三諦」與「不思議三諦」等，它代表著智顗對宇宙萬法的實相或本來面目的體悟和理解。依智顗，由於任一（因緣所生）法均具有「空」（無自性）、「假」（假象、假名）、「中」（雙遮與雙照空假）三個面向，因此，可從此三個面向去發展出「三諦」：由「空」發展出「空諦」；由「假」發展出「假諦」；由「中」發展出「中諦」（中道諦），同時此三諦是彼此圓融無礙地一體存在與呈現的。是以智顗《法華玄義》才說：「此三不定三，三而論一；一不定一，一而論三，不可思議、不並不別，伊于天目。」（《大正藏》，冊 33，頁 741 中）惟須注意的是：「三諦」並非意指三種真理，而是真理的三種面向、表示或說法。因真理是絕對、唯一與不二的，不可能有兩種或兩種以上的真理，因此，我們若將「圓融三諦」理解成：有三種真理，然後它們圓融地互具、互含或互攝在一起，那就有待商榷了。這就如同「三法印」的情形一樣：對絕對不二的真理，我們可從「諸行無常」、「諸法無我」與「涅槃寂靜」等三方面去加以印證，而不能說有三種真理可讓我們去印證。

在內了。它既是「空體」、「假體」，同時也是「中體」，它是「亦空亦假亦中」與「即空即假即中」[24]的。

　　第三、智顗不僅用「負面遮撥法」與「正面表詮法」，來論述「一念」（心）與「三千」（一切法）的關係，他同時還用了「例釋法」，來對此關係加以補充說明：

　　他以「八相遷物」為例，來說明「心」與「一切法」之關係：所謂「八相」，係指顯示諸法生滅變遷的「四本相」：生相、住相、異相與滅相四者，以及「四隨相」：生生相、住住相、異異相與滅滅相四者。而宇宙萬事萬物，就是以這八種相狀而運動、變遷不已的。[25]

　　依智顗之見，我們對於事物運動或生滅變遷的理解，是不可以將事物本身（物）與其運動相狀（相）分開的。我們是不可以說「物在相前」或「相在物前」的，這就如同我們也不可說「一心在前，一切法在後」或「一切法在前，一心在後」的情形一樣。因為我們若說「物在相前」——將事物本身析離、並置於其運動相狀之前，則「物不被遷」——事物是根本不會變遷與運動的；而若說「相在物前」——將運動相狀析離、並置於事物本身之前，則「亦不被遷」——也無所謂的運動可言，運動也不復存在。因此，我們是不可以用「前後」的次序，來看待「物」、「相」之關係的。是以智顗才說：「前亦不可，後亦不可」，而認為它們兩者之間，根本就沒有所謂孰前孰後的問題存在。

　　既是如此，那麼我們應該如何來理解它們的關係呢？智顗的答案是：「祇物論相遷，祇相遷論物」。換言之，我們不能將事物本身及其運動相狀前後分離，而只能就事物本身來論其運動相狀，同時也只能就其運動相狀來論事物本身。它們是一體之兩面、兩面之一體；是一而二、二而一的；是彼此「互相依存、互相融攝，不能離開對方而獨自存在」[26]的。而「一念」（心）與「三千」

---

[24] 「即空即假即中」一句，散見於智顗的許多作品中，惟其思想淵源於鳩摩羅什漢譯的龍樹《中論》之「三諦偈」：「眾因緣生法，我說即是空；亦為是假名，亦是中道義。」其實，若真徹知「圓融三諦」之義，則不僅可說宇宙本體或實相是「即空即假即中」與「亦空亦假亦中」，同時還可說它是「非空非假非中」的。而且，我們還可用許多稱謂來指點它，如：心、識、法、法性、法界、自性、空性、如來藏、真如、中道、佛性、中道佛性、如如、真際、真相、真理、實相與實際等，以呈現出本體義蘊的豐富與多樣性。

[25] 有關「八相」（「四本相」與「四隨相」）之義，《佛光大辭典》言之甚詳，可參見其「四相」與「四隨相」等條之解釋。

[26] 同註16，頁241。

（一切法）的關係也是如此，因此，智顗才說：「今心亦如是」；也才又說：「祇心是一切法，一切法是心故」。

　　由智顗此處所論，可以讓我們更清楚地看到：他反對以「分解的思路」，而主張用「全體論與整體實存的思路」（辯證的思路），來看待「一念」與「三千」，以及「物」與「相」的關係，因此，本文在「前言」中所持的論點，不是再一次地得到了佐證嗎？

肆、結　論

　　經由以上的論述，我們可以得到以下幾點結論：

　　一、智顗至少採用了「負面遮撥法」、「正面表詮法」與「例釋法」等三種方法，來論述「一念」與「三千」的關係。而他透過這三種方法，也很清楚、相應地將「一念」與「三千」的關係及其奧義闡釋出來。

　　二、「一念」與「三千」的關係，就智顗運用「負面遮撥」這一方法來說，則他不僅反對以「前後」與「縱」、「橫」等關係來看待它們，同時還反對以「一」、「異」等概念來看待它們。他並認為：「心」對「一切法」而言，不僅不具有時間上與存有層級上的優先性，同時也不具有因果關係上的統攝性。亦即：「心」並不存在於宇宙萬法之前、之上或背後，而為萬法之初因與根源。而他這樣的說法，不僅顯示出他反對以「分解的思路」來看待「心」與「一切法」的關係；同時也和蕺山反對用「分解的思路」，來看待「理」「氣」、「道」「器」與「心」「性」等關係的情形，不謀而合。[27]因此，本文在「前言」中，對智顗「一念三千」之說所持的相關論點，其實是言之成理的。

　　三、「一念」與「三千」的關係，就智顗運用「正面表詮」這一方法來說，則他不僅主張「介爾有心，即具三千」與「祇心是一切法，一切法是心」；同時他還認為：「心」（一念）與「一切法」（三千），甚至是「一心」、「一念心」、「法」、「三千法」、「三千世間」、「三千世界」與「宇宙萬法」等詞，其實都只是我們對宇宙本體的一個權宜性的稱謂而已！它們通通都是「假名」，都只是指點宇宙本體所顯現的不同樣貌或狀態罷了，彼此乃是「同指而異名」的。而他這樣的見解，不僅顯示出他係以「全體論與整體實存的思路」（辯證的思路），

---

[27] 參見拙著：《劉蕺山哲學思想研究》，章3、章4。

來看待「一念」與「三千」的關係；同時也和蕺山用「辯證的思路」，來看待「理」「氣」、「道」「器」與「心」「性」等關係的情形，極為類似。[28]因此，本文在「前言」中，對智顗「一念三千」說所持的相關論點，又再次得到了佐證。

　　四、「一念」與「三千」的關係，就智顗運用「例釋」這一方法來說，則他認為我們對於事物運動或生滅變遷的理解，是不可以將事物本身（物）與其運動相狀（相）分開的。我們是不可以說「物在相前」或「相在物前」的，這就如同我們也不可說「一心在前，一切法在後」或「一切法在前，一心在後」的情形一樣。亦即：他反對用「前後」的次序，來看待「物」與「相」，以及「心」與「一切法」之關係的；他還認為：我們只能就事物本身來論其運動相狀（袛物論相遷），同時也只能就其運動相狀來論事物本身（袛相遷論物）。它們是一體兩面、兩面一體；是一而二、二而一的。而「一念」（心）與「三千」（一切法）的關係也是如此：「袛心是一切法，一切法是心故」。

　　而他這樣的論點，不僅再次顯示出他反對以「分解的思路」，而主張用「全體論與整體實存的思路」（辯證的思路），來看待事物的生住異滅，以及「一念」與「三千」的關係；同時也和蕺山看待宇宙萬物及其生成變化的思路是相同或近似的。[29]因此，本文在「前言」中，對智顗「一念三千」之說所持的相關論點，也又再一次得到了印證。

　　五、由於智顗並非以「分解的思路」，而是以「全體論與整體實存的思路」（辯證的思路），來看待「一念」與「三千」的關係，因此，他的「一念三千」之說，實在是可以用「全體論與整體實存的思路」（辯證的思路）之型態來解讀的。所以本文在「前言」中所持的論點，可說是持之有據與言之成理的。

本文曾發表於《高苑學報》第 14 卷（2008 年），並經筆者修潤而成。

---

[28] 同上。
[29] 同上，章 3。

從「思路」論南宗禪的義理特性
——以洪州馬祖道一及徑山大慧宗杲之禪法為例

壹、前　言

　　吳汝鈞先生在其《中國佛學的現代詮釋》等著作中，曾提及（中國）禪的發展有「兩個路向」：「分解的路向」與「綜合的路向」，以及相應的「兩種型態」：「如來禪」與「祖師禪」：[1]

> 從哲學的立場來講，禪的發展有兩個路向。第一個是分解的路向，第二個是綜合的路向。分解的路向可名之為「即清淨心是佛」路向……達摩和早期的禪法便是屬於這一路向，北宗禪也屬這一路向，這種禪法又稱作「如來禪」。它的特色是肯定一如來藏自性清淨心，以此作為成佛的超越的基礎（Transcendental ground）。它透過一分解的方式來肯定每一眾生都擁有一自性清淨心，而以此自性清淨心的顯發與否來決定覺悟與迷執。這便是禪的第一種路向；至於第二種路向，我們稱之為綜合的路向。這一路向可說是禪的主流，它從人的平常心或一念心講，即就人的平常心、一念心當下作一轉化而成佛。這平常心或一念心很可能是有染污的成份，它不是一個絕對清淨的主體性……慧能和他所開創的南宗禪大體上屬這一路向，強調一種當下的作用，所謂「作用見性」。這是「即一念妄心是佛」路向，我們也稱之作「祖師禪」。[2]

　　對於吳先生的上述論點，本文的立場是：一、禪有「兩個路向」與「兩種

---

[1]　吳先生這樣的看法，散見於其《中國佛學的現代詮釋》（台北：文津出版社，1995 年）、《中國佛教哲學名相選釋》（高雄：佛光出版社，1993 年）、《游戲三昧：禪的實踐與終極關懷》（台北：學生書局，1993 年）與《佛教的當代判釋》（台北：學生書局，2011 年）等書中。
[2]　吳汝鈞：《中國佛學的現代詮釋》，頁 127。

型態」的論點，本文「原則上」同意；二、禪有「分解的路向」這一型（如來禪）之見解，本文「大致上」亦表認同（按：但「路向」一詞或可再加斟酌）；三、說禪有「綜合的路向」這一部分或用「綜合的路向」這一詞，則本文有不同的看法或持修正的意見。之所以如此，實在是與筆者十多年來的宋明儒學分系及中國哲學的分型問題研究密切相關。筆者十多年來的學術研究成果中，有兩個最重要的論點，它們分別是：

> 一、宋明理學，可概分成「分解的思路」之學，以及「全體論與整體實存的思路」（按：此即筆者所界定的「辯證的思路」）之學這「兩型」。如程頤與朱熹之學，比較近於「分解的思路」之型態[3]；而張載、王夫之與劉宗周（甚至於黃宗羲）等人之學，則比較近於「全體論與整體實存的思路」（辯證的思路）之型態。[4]

> 二、不僅宋明理學可概分為「分解的思路」之學，以及「全體論與整體實存的思路」（辯證的思路）之學這「兩型」，就連道家與佛教哲學等，也都可概分為這「兩型」：老子哲學（之天道論）、北宗禪學與華嚴學等，比較近於「分解的思路」之型態[5]；而莊子哲學、南宗禪學與天台學等，則比較近於「全體論與整體實存的思路」（辯證的思路）之型態。[6]

　　第一個論點是專門針對「宋明儒學」來立論的；而第二個論點，則是擴大至「中國哲學」（按：尤其指儒、道、釋三家之學）來立論的。前者認為：宋明儒學，可分成「分解的思路」和「全體論與整體實存的思路」（辯證的思路）之學這「兩型」；而後者，則主張：儒、道、釋三家之學，亦可分成「分解的

---

[3] 此因程頤與朱子之學皆預設「超越的分解」之故。如「理」/「氣」，「性」/「心」，均為「形上超越」層/「形下現象」層之關係：「理」與「性」為「形上超越」層之存有；而「氣」與「心」則為「形下現象」層之存在。前者與後者係異層異質之關係。

[4] 此因張載、王夫之、劉宗周與黃宗羲之學皆「無」預設「超越的分解」之故。如他們均反對將「理」、「氣」視為異層異質之關係，而力主兩者乃同一實存的宇宙本體之兩樣貌或面向，係「一體之兩面」與「一物而兩名」也。

[5] 此因老學（之天道論）、北宗禪學與華嚴學皆預設「超越的分解」之故。

[6] 此因莊學、南宗禪學與天台學皆「無」預設「超越的分解」之故。

思路」和「全體論與整體實存的思路」（辯證的思路）之學這「兩型」。[7]

　　原先筆者自以為拙論乃是孤明先發的，一直到撰寫博士論文時，無意間看到了吳汝鈞先生的上述論點，不禁大為「驚喜」：「驚」的是竟然有前輩學人的看法與我相近；「喜」的是終於也有其他學界中人看出來中國哲學（佛學）可概分成此「兩型」。本來筆者在當時也有心想研究佛學，但實在是個人的真正研究專長係在「儒」而不在「佛」，且彼時除於大學任教外，也正在撰寫博士論文，因此實無多餘之精力與時間，再來研究佛學。適逢本（2012）年八月下旬「『徑山與中國禪宗文化』國際學術研討會」邀請筆者與會，再加上暑假期間有較多的時間可以從事研究，所以便利用七月來專心研讀禪學，並把筆者對禪宗思想「兩型」的心得寫出。因此，本文可以說是筆者：一、研究南宗禪學的一個初步心得；二、研究中國佛學與哲學的一個階段發展；三、對吳汝鈞上述論點的一個對照補充。

　　由於本文大致同意吳先生所持：禪有「分解的路向」這一型（如來禪）的見解；而對他說禪有「綜合的路向」這一部分或他用「綜合的路向」這一詞，有不同的看法或持修正的意見，因此，下文論述的重心便將置於「綜合的路向」這一部分與這一詞上，同時，我們也將把「分解的路向」一詞改為「分解的思路」，把「綜合的路向」易名成「全體論與整體實存的思路」（辯證的思路），並對筆者所持：南宗禪（祖師禪）學比較近於「全體論與整體實存的思路」（辯證的思路）型態之學的論點，援引洪州馬祖道一及徑山大慧宗杲二人之禪法，以略作例釋與論證。[8]

---

[7] 若要極簡要地區分宋明儒學與中國哲學的這「兩型」之學，則可以「有無預設超越的分解」為標準：若「有」，則為「分解的思路」之學；而若「無」，則「可能」為「全體論與整體實存的思路」（辯證的思路）之學。

[8] 本論題之所以命名為「從『思路』論南宗禪的義理特性——以洪州馬祖道一及徑山大慧宗杲之禪法為例」，其因大致有四：一、本文的關注焦點係：從「思路」來看南宗禪的義理特性，而此本為筆者十多年來中國哲學研究的主要問題意識之延續發展；二、本文認為：南宗禪雖然在六祖慧能之後衍生出「五家」（雲門、法眼、曹洞、溈仰與臨濟宗）「七宗」（前五宗加上由臨濟宗所分出的黃龍派與楊岐派）等宗派，但它們之間的差異主要是禪師個人的「風格」、「教法」與「傳承得不得人」的不同，而非思想或義理型態上有很大不同或有本質上的差異（按：此請參閱楊惠南：《禪史與禪思》【台北：東大圖書公司，1995年】，頁 120 之注③及頁 160 之注⑱）；三、本文之所以選擇馬祖道一的禪法為例證，主要是筆者認為其禪法乃是最典型的「全體論與整體實存的思路」（辯證的思路）之學的緣故；四、本文之所以選擇大慧宗杲的禪法為另一例證，主因亦有二：（一）其禪法亦具「全體論與整體實存的思路」（辯證的思路）之特性；（二）配合本次大會的主題，因大慧宗杲係徑山歷來最著名與最重要的禪師之一，故

　　惟在正式論述之前，實有必要對本文論述的基礎：上述兩「思路」，作一界說，以作為讀者理解本文論點的依據，並為後文的例證預作準備。

貳、「分解的思路」和「全體論與整體實存的思路」[9]

一、「分解的思路」釋義

所謂「分解的思路」，其義係指：

> 思想家們基於他們的感官經驗或真實的存在感受，如：驚異、好奇、恐怖、罪惡、絕望、憂患、惻隱、羞恥、煩惱、痛苦與受束縛、不自由等，或窮知究慮地去構思一套存有層序的理論架構，來區分、解釋天地萬物和人類的生命、社會、歷史與文化等（按：此常見於諸多西方傳統哲人）；或經由實踐、體證而開顯出生命的某種境界或境地，於是對實存世界有一看法，並將此看法通過一套人為設計的概念與理論框架，來對實存世界作一區分與解釋（按：此有時見於某些中國傳統哲人）的這樣一種思路。[10]

　　具有這種思路的學人，在看待與詮解宇宙人生時，「常常」會預設著「超越的分解」架構。他們「常」[11]會認為：一、宇宙人生，實際上是異質的兩層存有（在）[12]或多層存有（在）[13]；二、在宇宙萬有之先、之上或背後，是有

論述其義理特性，不亦宜乎！

[9] 本節（貳、「分解的思路」和「全體論與整體實存的思路」（辯證的思路））所論，係將拙著：《宋明儒學新論》（高雄：高雄復文圖書出版社，2005 年）第 31~38 頁；拙文：〈天台智顗的「一念三千」說析論──試為「一念三千」說進一新解〉（收入《高苑學報》第 14 卷，2008 年 7 月），以及〈「分解的思路」和「全體論與整體實存的思路」──詮解與分判禪宗及佛教哲學的一組參照系〉（收入黃夏年主編：《生活禪研究 2 上：第二屆黃梅禪宗文化高峰論壇論文集》，河南鄭州，中州古籍出版社，2012 年）第貳節的內容，作一修改與精簡而成。

[10] 此義為筆者自己所作的「系統的定義」。

[11] 本文之所以使用「常常」與「常」二詞，主要是因若干具此「思路」的學人之學，並未預設「超越的分解」架構之緣故，如唯物論者與原子論者即屬之。

[12] 此如當代學人牟宗三的「兩層存有論」即屬之。

[13] 此如希臘哲人柏拉圖的「四層存有論」即屬之。

形上超越的「本體」存在的。而這「本體」，可以是「實有」或「實在」的，也可以是「虛無」或「空幻」的；可以是「實體」[14]，也可以是「空體」[15]；可以是主觀說的「心」，可以是客觀說的「性」，也可以是絕對說的「道」。而若專就儒、釋、道三家思想來說，則它（祂）常是既「超越」又「內在」的。

　　而這種「分解的思路」之學，若單就禪宗思想來說，則達摩與早期禪，以及以神秀為首的北宗禪可謂近似之。這是因為他們都預設著「超越的分解」架構，而把真性、真心或清淨心等置於形上超越層，把它（們）看成是成佛的基礎與潛能；同時把宇宙萬象與世間萬法等置於形下現象層，於是便形成了形上與形下二分，超越與現象二分，理想與現實二分，真實與虛妄二分，清淨的心性與染污的萬法二分。如此一來，人生的終極目的，便在於嚮往與體現形上的清淨本體界，而遠離與對治形下的染污現象界（人世間）了。而這樣的思想與論點，其實就是典型的「分解的思路」型態之學了。

二、「全體論與整體實存的思路」（辯證的思路）釋義

　　此義的「思路」，又可依筆者中國哲學研究的先後次第及領悟深淺，而概略分成兩型：一為「原初義」與「狹義」的「全體論與整體實存的思路」（辯證的思路）；二為「引申義」與「廣義」的「全體論與整體實存的思路」（辯證的思路）。

（一）「原初義」與「狹義」的「全體論與整體實存的思路」（辯證的思路）

　　此義的「思路」，不僅是筆者最初分判宋明理學為「兩型」時所理解及主張者，也是筆者「後來」——未真正研究佛學前——在《宋明儒學新論》、《劉蕺山哲學研究》（博士論文）與多篇論文中所再三提及者。因為它是筆者研究中國哲學「原初」所理解與所使用者，也是意義最「狹」隘者，所以筆者遂稱它為「原初義」與「狹義」的「全體論與整體實存的思路」。它的實義係指：

　　　思想家們並不以一套人為設計的、分解的存有層序之理論架構，來區

---

[14] 如程頤與朱子所說的性體、道體與太極之理等，就是偏屬於「分解的思路」下之形上、超越的「實體」（實理）。

[15] 如達摩禪及以神秀為首的北宗禪所說的真性、真心與清淨心等，就是偏屬於「分解的思路」下之形上、超越的「空體」——是「本體」，但其內容卻是「空」的。

分、來框套，以及來解釋天地萬物及人類的生命、社會、歷史與文化等，而是就整個實存的宇宙人生之大化流行來說本體，並認為本體之中，本就含有相反而又相成，相減而又相生，同時互為隱顯，渾然相融的兩股勢能或動力，如陰與陽、翕與闢、乾與坤或靜與動等。而由於它們之間彼此不斷地相互起作用，不斷地一陰一陽、一翕一闢、一乾一坤或一靜一動等，因而帶動或引發了整個實存的宇宙人生之生生不息和永續發展的這樣的一種思路。[16]

　　具有這種思路的學人，在看待與詮解宇宙人生時，通常並不會預設著「超越的分解」的架構。他們並不認為宇宙人生乃是異質的兩層或多層的存有，也不認為在宇宙萬有之先、之上或背後，有所謂獨立自存、永恆普遍的本體存在；相反地，他們往往是就實存的宇宙人生之總體存在與流行來說本體，並認為本體其實是「一體兩面」或「一體多面」的。而若專就宋明儒學來說，則橫渠、船山、蕺山（與梨洲）等人之學，便是偏屬於此一型態的。這是因為他們的學問都沒有預設「超越的分解」架構，都是就「實存的宇宙人生之總體存在與流行」——實存的「氣」、「心」、「意」、「獨」與「物」等——來說本體及其發用之故。

（二）「引申義」與「廣義」的「全體論與整體實存的思路」（辯證的思路）

　　此義的「思路」，乃是筆者後來的研究範圍擴大至整個中國哲學——尤其是佛教哲學，甚至於是西方哲學——時，所界定與使用者。因為它是筆者研究中國哲學較後期所「引申」與所理解者，也是意義較寬「廣」者，所以筆者就稱它為「引申義」與「廣義」的「全體論與整體實存的思路」。

　　而之所以能由原初義的「思路」延伸而得到此義的「思路」，其因主要是：「就整個實存的宇宙人生之大化流行來說本體」一句，是可以「實說」，也是可以「虛說」的；而且所說的「本體」，可以是「實」、「有」與「恆常」的，也可以是「虛」、「無」與「空幻」的；甚至於連說的「方式」，也可以有好幾種。因此，我們便可將「原初義」與「狹義」的「全體論與整體實存的思路」的意義加以擴大，而得到一個「引申義」與「廣義」的「全體論與整體實存的思路」，同時還將後者再細分為四種「次」類型：

---

[16] 就如同「分解的思路」的情形一樣，此義也是筆者自己所作的「系統的定義」。

1、以「陰陽」等兩股勢能或兩種狀態，來說明宇宙本體（全體）之變化流行者。[17]

2、以「陰陽」等兩股勢能或兩種狀態，以及「五行」相生相勝的架構，來說明宇宙本體（全體）之變化流行者。[18]

3、不以「陰陽」或「陰陽」「五行」等，來說明宇宙本體（全體）之變遷發展，而是直接就實存的宇宙全體之大化流行來講本體者。[19]

4、以「因果律」[20]與「緣起法」，來說明宇宙本體（全體）之生滅變遷者。當然，在這樣的說法下，本體（全體）只是一「性空之體」（空體），而並沒有任何永恆不變、獨立自存的本性存在。亦即，它只是一虛說、權說與假說之體，而非普遍永恆之「實體」。

　　當然，具有上述四種「次」類型之任一者的學人，在看待宇宙人生時，也並不會預設著「超越的分解」架構。他們並不認為宇宙人生乃是異質的兩層或多層的存有，也不認為在宇宙萬有之先、之上或背後，有獨立自存、永恆普遍的本體存在；相反地，他們乃是是就實存的宇宙人生之總體存在與流行來說本體，並認為本體其實是「一體兩面」或「一體多面」的。

　　值得注意的是：第4次類的「全體論與整體實存的思路」（辯證的思路）型態之學，若單就禪宗思想來說，則由六祖惠能（慧能）所開出的南宗禪可謂近似之。這是因為他並沒有預設「超越的分解」架構，沒有把形上/形下二分；把超越/現象二分；把真實/虛妄二分；把理想/現實二分，以及把清淨的心性/染污的萬物二分，而是直接以「因果律」或「緣起法」，來說明宇宙本體（全體）之生滅變遷的緣故。

---

[17] 如《周易》（含經、傳）與莊子之學的特性，即近似本次類型之學。

[18] 如周濂溪、張橫渠、王船山、劉蕺山與黃梨洲之學的特性，即近似本次類型之學。此外，依筆者初步理解，諸多兩漢儒者，如董仲舒等人之學，「可能」亦近似本次類型之學。惟因筆者尚未撰成正式論文發表，故不敢直接斷定為「是」，而僅稱「可能」。

[19] 如存在主義哲學家海德格之學的特性，即近似本次類型之學。

[20] 此「因果律」之「因果」，並非指科學上所說的因果（按：因科學不處理本體的問題），而是指佛學上所說的因果。科學上的因果只適用於現象世界或物質世界，係一「狹義的因果」；至於佛學上的因果，則適用於一切法：適用於前世、今生與來世；適用於無始無終的時空與無量無盡的世界，故可說是一「廣義的因果」。

　　而在對本文論述的基礎：上述兩「思路」，略作說明後，接著我們將分別
舉洪州馬祖道一與徑山大慧宗杲二人之禪學為例，來論述南宗禪的義理特性。

參、洪州馬祖道一禪學之特性略論

　　依筆者拙見，南宗禪中的洪州馬祖道一之禪學（洪州禪、馬祖禪），即是
相當典型的第 4 次類的「全體論與整體實存的思路」（辯證的思路）型態之佛
學。圭峰宗密在《圓覺經大疏鈔》（卷 3 之下）中，曾對馬祖禪的特性，作出
十分貼切與傳神的描述。他說：

> 起心動念、彈指、磬咳、揚扇，因所作所為，皆是佛性全體之
> 用，更無第二主宰。如麵作多般飲食，一一皆麵。佛性亦爾。
> 全體貪瞋癡，造善惡，受苦樂故，一一皆性……貪瞋、煩惱並
> 是佛性……「揚眉動睛，笑欠磬咳……皆是佛事。」故云：「觸
> 類是道也。」[21]

　　宗密用「觸類是道」一詞，來概括馬祖禪的特性，筆者認為是頗為恰當的。
所謂「觸類」，係指我們「生命的各種內外在行為」。它包含了「起心動念、彈
指、磬咳、揚扇」，包含了「貪瞋癡，造善惡，受苦樂」與各種「煩惱」，也包
含了「揚眉動睛」與「笑欠磬咳」等；而所謂「道」，則是指「佛性」。而當「觸
類」與「道」分別作以上解釋時，則「觸類是道」的「形式意義」，指的便是：
我們生命本身所有的內在意念、思想、用心、感情，以及一切的外在行為與表
現等，就是佛性與佛性的作用。

　　在宗密的說法中，須值得特別注意的是：「皆是佛性全體之用」、「全體…
一一皆性」「全體貪瞋癡，造善惡，受苦樂故，一一皆性」、「貪瞋、煩惱並是
佛性」、「揚眉動睛，笑欠磬咳……皆是佛事」與「更無第二主宰」等句，以及
「麵之一多」（如麵作多般飲食，一一皆麵。佛性亦爾）一喻。

　　「皆是佛性全體之用」與「全體…一一皆性」兩句，意指：我們「生命的
一切內在外行為」（觸類）之任一者，不只是佛性的展現（佛性之用）而已，

---

[21] 宗密：《圓覺經大疏鈔》卷 3 之下；引見《卍續藏經》冊 14，頁 279，右，上～下。

而且更是佛性「全部」與「全體」的展現（佛性全體之用），這是因為真理（佛性、道）乃是絕對、整全而不可分割的，它要嘛全部呈現（顯），要嘛全部不呈現（隱），而絕不可能有部分呈現、部分不呈現的情形發生！而這其實已初步透露出馬祖禪的「全體論與整體實存的思路」之特性。

而「全體貪瞋癡，造善惡，受苦樂故，一一皆性」與「貪瞋、煩惱並是佛性」兩句，更是顯現出馬祖禪的「全體論與整體實存的思路」之特性：我們生命與生活中的任何內外在表現，不管是善的、惡的，精神的、欲望的，或是清淨的、染污的，都是佛性全體的展現。而這正異於「分解的思路」型態的「如來禪」（含「北宗禪」）之把善的、清淨的歸諸形上超越的本體（清淨心）；而把惡的、染污的歸諸形下經驗的現象（客塵）。也因如此，故：一、「佛性不單含有善的質素，並且包含惡的質素」；二、「佛性要對一切善惡的行為負責」。[22]

而「揚眉動睛，笑欠磬咳……皆是佛事」一句，則更是馬祖禪係「全體論與整體實存的思路」型態的另一重要佐證。因「起心動念、彈指、磬咳、揚扇」（按：此意即近於或同於「揚眉動睛，笑欠磬咳」）既是「佛性」（理），又是「事」；既是「體」（佛性全體），又是「用」（佛性全體之用），如此不是「即理即事」、「即事即理」與「即體即用」、「即用即體」了嗎？不正再次凸顯出馬祖禪的「全體論與整體實存的思路」之特性了嗎？

至於「更無第二主宰」一句，則明白顯示：馬祖反對在我們「生命的各種內外在行為」（觸類）之上，另有一形上超越的本體（道、佛性、主宰）存在的論點。是有「道」（佛性）沒錯，但它就是日用倫常本身，而不在日用倫常之前、之上或之外。而且日用倫常中的任一者，全部都是佛性全體的展現。而這不正顯示了他反對以「分解的思路」，而贊成用「全體論與整體實存的思路」（辯證的思路），來看待「觸類」與「道」的關係嗎？

而在「麵作多般飲食，一一皆麵。佛性亦爾」的「麵之一多」喻中，則是把「麵」比喻成「佛性」或「道」（體）；把「麵」本身所作成的「多般飲食」，比喻成「佛性」（道）自身的作用所成的生命之所有內外在的行為與表現（用）。因「多般飲食，一一皆麵」，故生命之所有內外在的行為與表現，當然「皆是佛性」、「並是佛性」、「一一皆性」與「皆是佛事」了，而這不就是「觸類是道」

---

[22] 參見吳汝鈞：《中國佛學的現代詮釋》，頁 206~207。

的真義了嗎？[23]

而既然「觸類是道」，既然我們生命所有的意念、思想、用心、感情與行為等本身，都是佛性全體之表現，那「無造作、無是非、無取捨、無斷常」與「無凡無聖」的「平常心」本身，自然也就是「道」了（按：因「平常心」也是生命的各種內外在表現之一，而且還是自然、無執、無住、常態與如理的表現）。因此馬祖才說：

> 道不用脩，但莫汙染。何為汙染？但有生死心，造作趨向，皆是汙染。若欲直會其道，平常心是道。何謂平常心？無造作，無是非，無取捨，無斷常，無凡無聖……只如今行住坐臥，應機接物，盡是道。道即是法界…舉一千從，理事無差，盡是妙用…非離真而有立處，立處即真，盡是自家體。（《指月錄》，卷5）

在馬祖本則的說法中，除了強調「平常心是道」外，其「行住坐臥、應機接物，盡是道」、「理事無差，盡是妙用」、「立處即真，盡是自家體」與「非離真而有立處」等語句，不僅又顯現了其「觸類是道」的思想，同時也再次印證了本文對其禪學特性的詮釋是言之成理的。因最後一句：「非離真而有立處」直接表明：馬祖反對在「立處」、「觸類」與日用倫常之上或之外，有所謂獨立自存、永恆不變的「真（理）」（道、佛性）存在，而這不正顯示了他反對以「分解的思路」來看待「觸類」與「道」的關係嗎？

至於前三句：「行住坐臥，應機接物，盡是道」、「理事無差，盡是妙用」與「立處即真，盡是自家體」，則明白表示：馬祖認為「觸類」本身既（盡）是「道」（體），也（盡）是「用」（道之妙用）；既是「理」，也是「事」（按：故曰「理事無別」也）。換言之，我們生命本身的一切內外在的行為與表現，既是「體」（道、佛性），也是「用」，也是「理」，也是「事」，是「即理即事」、「即事即理」、「即體即用」與「即用即體」的，而這不正再次顯示了他乃是以「全體論與整體實存的思路」（辯證的思路），來看待「觸類」與「道」的關係嗎？不也再次印證了本文的論點乃是言之有據的嗎？

---

[23] 摘引自拙文：〈「分解的思路」和「全體論與整體實存的思路」——詮解與分判禪宗及佛教哲學的一組參照系〉（收入黃夏年主編：《生活禪研究2上：第二屆黃梅禪宗文化高峰論壇論文集》），頁607。

論述至此，我們便可從「思路」來對馬祖的「觸類是道」，作一初步的詮解：

> 「道」與「觸類」係「同一實存的生命整體之兩個不同面向」：就同一生命整體的「本性」（實相）這一面向，以及就「已覺悟者」之所見來說，稱之為「道」（佛性）；而就生命整體的無數內外在行為、表現，以及就「未覺悟者」之所見來說，則稱之為「觸類」。「道」與「觸類」，其實只是「一物而二名」與「一體之兩面」而已！它們是「同指而異名」的。而當如此解時，則「觸類是道」便是指：生命的任何一個內外在的行為，都是佛性「自身」的全部作用與表現了。[24]

其實，上述只是單就個人生命來說的「觸類是道」義，它只適合稱為「狹義」的「觸類是道」。我們若把「觸類」的義界擴大至生命自身及其所接觸到的一切人、事、景、物講，而指宇宙萬法或天地萬物時，則便可得到一「廣義」的「觸類是道」：天地萬物之任一物或宇宙萬法之任一法，均為佛性（道）之顯現與表現。同時，這樣的意義也為馬祖禪所涵蘊。如馬祖說：

> 只如今行住坐臥，應機接物，盡是道。道即是法界。乃至河沙妙用，不出法界。若不然者，云何言心地法門？云何言無盡燈？一切法皆是心法，一切名皆是心名。萬法皆從心生，心為萬法之根本……建立法界，盡是法界。若立真如，盡是真如。若立理，一切法盡是理。若立事，一切法盡是事。舉一千從，理事無別，盡是妙用，更無別理，皆由心之迴轉。譬如月影有若干，真月無若干。諸源水有若干，水性無若干。森羅萬象有若干，虛空無若干……非離真而有立處，立處即真，盡是自家體……一切法皆是佛法。（《指月錄》，卷5）

「行住坐臥，應機接物，盡是道」一句，乃「狹義」的「觸類是道」。因它專就我們的個人生命來說；但「道即是法界。乃至河沙妙用，不出法界」、「一切法皆是心法」、「一切法盡是理」、「萬法皆從心生」、「森羅萬象有若干，虛空無若干」與「一切法皆是佛法」（按：心、理、道、心法、佛性、佛法與虛空

---

[24] 同註23，頁605~606。

等，同指而異名，皆真理、本體之代稱也）等語句，則明白表示：天地萬物之任一物或宇宙萬法之任一法，均為佛性（心、道、理）「自身」[25]全體之顯現與表現，而這正是就宇宙萬法來說的「廣義」的「觸類是道」。這「廣義」的「觸類是道」，我們可以詮解如下：

> 「道」與「觸類」係「同一實存的宇宙整體之兩個不同面向」：就宇宙整體的本性（實相）這一面向，以及就「已覺悟者」之所見來說，稱之為「道」（佛性）；而就宇宙整體的無數存在與現象，而為我們的感官與心識所感知、攝取、了別與認知這一面向，以及就「未覺悟者」之所見來說，則稱之為「觸類」。「道」與「觸類」仍只是同「一體之兩面」與「一物而二名」而已。它們的指涉相同，而只是稱謂與側重點不同而已：「道」是內在地說，「觸類」是外在地說；「道」是潛隱地說，「觸類」是顯發地說；「道」是本性地說，「觸類」是表相地說；「道」是無形地說，「觸類」是有形地說；「道」是靜態地說，「觸類」是動態地說；「道」是內攝地說，而「觸類」是發散地說；「道」是「理一」地說，而「觸類」是「分殊」地說；「道」是偏就「體」來說，而「觸類」，則是偏就「相」與「用」說。總之，「道」與「觸類」二詞乃是「同指而異名」的，它們都只是同一實存的宇宙整體之暫時、權宜與指點性的稱謂與假名而已！而當如此解時，則「觸類是道」之義便是：天地萬物之任一物或宇宙萬法之任一法，都是佛性「自身」的全部作用與表現了。[26]

而這「廣義」的「觸類是道」，我們也可透過上述的「麵之一多」喻以及

---

[25] 此處之所以用「自身」一詞，係因馬祖在此則引文中明言：「非離真而有立處，立處即真，盡是自家體。」換言之，他反對在宇宙萬法或天地萬物之前、之上或之外，另有一獨立自存、永恆普遍的本體（道、佛性）存在，而主張宇宙萬法或天地萬物之任一者，就是佛性本身之全部顯現。亦即：他反對以「分解的思路」，而主張以「本體論與整體實存的思路」，來看待宇宙人生以及「觸類」與「道」的關係。

[26] 同注23，頁606。又，馬祖的另一段話，亦表示有類似的思想：「三界唯心，森羅萬象，一法之所印。凡所見色，皆是見心。心不自心，因色故有。汝但隨時言說，即事即理，都無所礙。菩提道果，亦復如是。於心所生，即名為色。知色空故，生即不生。若了此意，乃可隨時著衣喫飯，長養聖胎，任運過時，更有何事。」（《指月錄》，卷5）

筆者所自行構思與提出的「水之一多」喻，來加以詮解：

　　就「麵之一多」喻來說，我們可以把「麵」比喻成「佛性」或「道」（體）；把「麵」本身所作成的「多般飲食」，比喻成「佛性」（道）自身的作用所成的生命之所有內外在的行為與表現，以及天地萬物與宇宙萬法（用）。因「多般飲食，一一皆麵」，故「廣義」的「觸類是道」，便是意指：我們生命的一切思、想、念、慮，喜、怒、哀、樂或言、行、舉、止，以至所見、所聞、所聽、所感、所嗅、所覺與所觸的一切人事景物及山河大地，當然「皆是佛性」、「並是佛性」、「一一皆性」與「皆是佛事」了。

　　而就「水之一多」喻（水雖分成杯裝水、瓶裝水、罐裝水與桶裝水等，然一一皆水之喻）來說，「水」比喻「佛性」或「道」（體），而「水」本身所裝成的「杯裝水、瓶裝水、罐裝水與桶裝水等」，則比喻成「佛性」（道）自身的作用所成的生命之所有內外在行為與宇宙萬法的一切法（用）。因「水雖分成杯裝水、瓶裝水、罐裝水與桶裝水等，然一一皆水也」，故生命之所有內外在行為與宇宙萬法之任一法，當然是「一一皆性」而為「佛性」本身的全體大用了。而這不就是「觸類是道」的真義了嗎？[27]

　　由上述可知：不管是「狹義」或「廣義」的「觸類是道」，馬祖均是反對以「分解的思路」，而主張用「全體論與整體實存的思路」（辯證的思路）來看待它們，因此，本文說：南宗禪中的馬祖禪係偏屬「全體論與整體實存的思路」（辯證的思路）型態之學，不也言之成理嗎？[28]

肆、徑山大慧宗杲禪學之特性略論

　　徑山大慧宗杲在禪宗（南禪）發展史上，雖然是以「看話禪」（看話頭、參悟話頭之禪法）知名於當時及後世，但那只是專就「參禪開悟的方法」（或教法）與「禪師個人的風格」（或宗風、家風、門風）來說。若單就其學之特

---

[27] 同注 23，頁 607。又，馬祖此「廣義」的「觸類是道」，其義實近於莊子所說的「道在螻蟻」、「道在稊稗」、「道在瓦甓」與「道在屎溺」等之「道無所不在」義（《莊子・知北游》）。只是前者屬佛教思想，而後者則為道家義理罷了。

[28] 其實，我們還可以從「色空關係」（「色即是空」與「空即是色」）與「心佛關係」（「即心即佛」、「非心非佛」與「即一念心是佛」）等，來證明馬祖禪確實屬「全體論與整體實存的思路」（辯證的思路）型態之學。但由於本節標題係「略論」而非「詳論」，因此，我們僅在此點出此見解，而不擬再對馬祖禪多加探討了。

性來說，則本文以為：與馬祖禪的情形類似，其學仍是偏屬於「全體論與整體實存的思路」（辯證的思路）型態之學的。[29]我們的理據如下：

一、宗杲主張：我們生命與生活的一切內外在表現即是道；修行必須在日常生活之中，而不一定要遠離塵世、獨處靜室。換言之，若與上節所說相較，則宗杲亦似具有「全體論與整體實存的思路」（辯證的思路）下的「狹義」的「觸類是道」之思想的。我們試看宗杲以下的三則說法：

> 茶裡、飯裡，喜時、怒時，淨處、穢處，妻兒聚頭處，與賓客相酬酢處，辦公家職事處，了私門婚嫁處，都是第一等做工夫提撕舉底時節。昔李文和都尉，在富貴叢中參得禪，大徹悟。楊文公參得禪時，身居翰苑。張無盡參得禪時，作江西轉運使。只這三大老便是箇不壞世間相而談實相底樣子也！又何曾須要去妻孥、休罷官職、咬菜根，苦形劣志，避喧求靜，然後入枯禪鬼窟裡作妄想，方得悟道來！（《大慧普覺禪師語錄》，卷21）

> 若有此心，則被此心障卻路頭矣。但於日用應緣處不昧，則日月浸久，自然打成一片。何者為應緣處？喜時怒時，判斷公事時，與賓客相酬酢時，與妻子聚會時，心思善惡時，觸境遇緣時，皆是噴地一發時節。千萬記取！千萬記取！（《大慧普覺禪師語錄》，卷21）

> 日用應緣處，或喜或怒，或善或惡；侍奉尊長處，與朋友相酬酢處，讀聖人經史處，盡是提撕底時節。（《大慧普覺禪師語錄》，卷24）

在上述三則引文中，宗杲明白表示：我們日用倫常中的一切場合與表現，不管是在「茶裡、飯裡」，「喜時、怒時」，「淨處、穢處」，「讀聖人經史處」，或者是在「侍奉尊長處」，與「妻兒聚頭處」、「與妻子聚會時」，或是「與賓客相酬酢處」、「與賓客相酬酢時」、「與朋友相酬酢處」，或在「辦公家職事處」與「判斷公事時」，還是「了私門婚嫁處」，甚至於是在生命內

---

[29] 因本文所關注者乃大慧禪學之義理特性，而非其個人性情、風格與教人參禪開悟的方法，因此，對於其所倡導的「看話禪」之內容、步驟、優點、缺點、影響與在禪宗思想史上的意義等，本文便不擬再多作論述了。

部的「心思」「或善或惡」時，以及生命對外的「觸境遇緣時」，其實都是禪修與悟道的絕佳時機與處所。換言之，他認為：吾人生命與生活之所在，即道之所在。是以他才說日用倫常「都是第一等做工夫提撕舉底時節」，也才說「皆是噴地一發時節」，並一再叫人「千萬記取！千萬記取！」。他還怕人不信其說，而舉了李都尉、楊文公與張無盡三人於塵世間與官場中參禪悟道為例，而叫人修行必須落實生活之中，而不必要如「默照禪」般遠離塵世、獨處靜室來禪修與悟道。[30]而這樣的見解，不正顯示了宗杲具有像馬祖一樣的「行住坐臥，應機接物，盡是道」的思想了嗎？不正初步顯現了宗杲具有「全體論與整體實存的思路」（辯證的思路）下的「狹義」的「觸類是道」之思想了嗎？

　　而若上述的理據仍嫌不足，則我們可再以宗杲所常用來示人、教人的以下兩則「公案」，來作為本文論點的佐證：

> 師問二新到：「上座曾到此間否？」云：「不曾到。」師云：「吃茶去。」又問那一人：「曾到此間否？」云：「曾到。」師云：「吃茶去。」院主問：「和尚！不曾到，教伊吃茶去，即且置；曾到，為什麼教伊吃茶去？」師云：「院主！」院主應諾。師云：「吃茶去！」（《趙州錄》，第 459 則）

> 僧問趙州：「學人乍入叢林，乞師指示。」州云：「吃粥了也未？」云：「吃粥了也。」州云：「洗缽盂去。」其僧因此大悟。（《趙州錄》，第 459 則）

---

[30] 「默照禪」是與宗杲同時期的曹洞宗天童正覺（或宏智正覺）的代表性禪法，也是宗杲所極力排斥的禪法，宗杲甚至稱它為「邪禪」。按：正覺的「默照禪」，主張「在清淨安樂的雅室之中，默默禪坐，並用智慧觀照禪理」（楊惠南：《禪史與禪思》，頁 175~176）。亦即：它主張「在靜坐中體驗宇宙人生空幻的本質」（潘桂明釋譯、星雲大師總監修：《大慧普覺禪師語錄》【高雄：佛光文化事業公司，2012 年】，頁 9）。所謂「默」，即默然靜坐也；而所謂「照」，則指般若智慧之觀照也。可以這麼說：「默照禪」是一種遠離日用倫常而寂然獨處的禪修方式，而這恰為宗杲所反對。不過，筆者要在此特別聲明的是：宗杲反對的只是專務寂然禪坐的「默照禪」而已，而並不反對禪坐。這是因為他認為：一、禪並非只靜不動，而是亦動亦靜、活活潑潑的；二、日常生活中的行、住、坐、臥皆是悟道之處，既是如此，則「坐」當然也是悟道的途徑之一。吾人禪修，當然可以「坐」，但不能只是「坐」，否則便成死禪、邪禪與枯槁之禪矣。

　　上述兩則趙州從諗的「公案」內容，雖然並非宗杲本人親自所說，但由於他常以它們來教人「參」「吃茶去」、「吃粥了也」與「洗缽盂去」等「話頭」，因此，我們便可合理推論：此兩則「公案」的思想，宗杲必然是十分認同與信服的。所以，若本文以它們來做為宗杲禪學特性之佐證，其實有是站得住腳的。那麼，此兩則公案主要在表達什麼思想內容呢？本文的看法是：「全體論與整體實存的思路」（辯證的思路）下的狹義的「觸類是道」之思想也。因為一切生命與生活之表現即是「道」，因為日用倫常即是「道」，所以「吃茶去」、「吃粥了也」與「洗缽盂去」等當然也是「道」，因此，要禪修與悟道，不用遠離塵世與日常生活，而只要以自然、無執的平常心去過生活即可。在這樣的情形下，宗杲所認同的趙州從諗的「吃茶去」、「吃粥了也」與「洗缽盂去」等「話頭」，其實就是教人「在日常生活中修行去、參禪去與悟道去」的意思。而這不正顯示了宗杲具有「全體論與整體實存的思路」（辯證的思路）下的「狹義」的「觸類是道」之思想了嗎？

　　二、其實宗杲不僅只具有「全體論與整體實存的思路」（辯證的思路）下的「狹義」的「觸類是道」之思想，他還具有「全體論與整體實存的思路」（辯證的思路）下的「廣義」的「觸類是道」之思想，而認為「天地萬物與宇宙萬有即是道（與道之顯現）」。我們試看宗杲以下的幾則說法：

> 道無不在，觸處皆真。非離真而立處，立處即真。教中所謂「治生產業皆順正理，與實相不相違背」……（《大慧普覺禪師語錄》，卷23）

> 噴地一發……才得這個消息，凡有言句，非離真而有立處，立處即真。所謂胸襟流出、蓋天蓋地者，如此而已。（《大慧普覺禪師語錄》，卷22）

> 即心是佛，佛不遠人；無心是道，道非物外……若識得此源，千源萬源只是一源；若識得此體，千體萬體只是一體。（《大慧普覺禪師語錄》，卷2）

> 聞聲悟道，見色明心……色心不二，彼我無差。（《大慧普覺禪師語錄》，卷3）

心佛不二，物我一如。若實得一如，則不見有物我之名；若實得不二，則不見有心佛之相。既不見有心佛之相，則全心即佛，全佛即心；既不見有物我之名，則全物即我，全我即物……便得拈一莖草，作丈六金身；將丈六金身，卻作一莖草。(《大慧普覺禪師語錄》，卷4)

　　在上述幾則引文中，宗杲明白表示：「道」「非離真而有立處」、「非離真而立處」與「道非物外」，亦即：他反對在宇宙萬法或天地萬物之前、之上或之外，另有一獨立自存、永恆普遍的本體(道、佛性)存在，而這恰好顯示出：他反對以「分解的思路」，來看待宇宙人生以及「道」與「物」的關係。

　　而宗杲除了反對以「分解的思路」，來看待宇宙人生以及「道」與「物」的關係外，他更是直接表明：「道無不在，觸處皆真」，「立處即真」，「即心是佛」，「全心即佛，全佛即心」與「全物即我，全我即物」等。亦即：他與馬祖道一相似，皆有「廣義」的「觸類是道」之思想，也都認為天地萬物之任一物或宇宙萬法之任一法，均為佛性(心、道)「自身」全體之顯現與表現。不管是人類的「治生產業」(各種物質生活與財經活動等)，世上的各種「聲」(音)與(形)「色」，甚至於只是「一莖草」，其實都是「道」全體的顯現。既然如此，那自然是「千源萬源」(觸類)只是「一源」(道)、「千體萬體」(觸類)只是「一體」(道)了，自然是「得拈一莖草，作丈六金身」以及「將丈六金身」「作一莖草」了。而這樣的見解，不正顯現了宗杲具有「全體論與整體實存的思路」(辯證的思路)下的「廣義」的「觸類是道」之思想了嗎？

　　而除了以上幾則引文外，我們更可從下列三則宗杲教學時常引用的公案，來證成他真的是具有「全體論與整體實存的思路」(辯證的思路)下的「廣義」的「觸類是道」之思想的：

時有僧問：「如何是祖師西來意？」州云：「庭前柏樹子。」僧云：「和尚莫將境示人。」曰：「我不將境示人。」云：「如何是祖師西來意？」曰：庭前柏樹子。」(《正法眼藏》，卷1下，第143則)

問(洞山)：「如何是佛？」曰：「麻三斤。」(《正法眼藏》卷1上，第77則)

　　僧問雲門：「如何是佛？」門云：「乾屎橛。」(《增集續傳燈錄》，卷 5)

　　就如同前文的情形一樣，此三則趙州、洞山與雲門的「公案」內容，雖然也不是宗杲本人親自所說的，但也因為他常拿它們來教人參「庭前柏樹子」、「麻三斤」與「乾屎橛」等「話頭」，所以我們仍是可合理推斷：此三則「公案」的思想，宗杲也必然是相當認同與信服的。因此，本文也是可以用它們來做為宗杲禪學特性之佐證的。但現在的問題是：此三則公案主要是在表達什麼樣思想內容呢？本文的看法是：「全體論與整體實存的思路」（辯證的思路）下的「廣義」的「觸類是道」之思想也。換言之，即「天地萬物與宇宙萬有全部都是道（與道之顯現）」的思想。

　　第一則公案係在表達「佛（道）在庭前柏樹子」的思想；而第二則公案，則是在表達「佛（道）在麻三斤」的思想；至於第三則公案，則主要是在表達「佛（道）在乾屎橛」的思想。而這樣的說法，不就近似於馬祖所說的「道即是法界。乃至河沙妙用，不出法界」、「一切法皆是心法」、「一切法盡是理」、「萬法皆從心生」、「森羅萬象有若干，虛空無若干」與「一切法皆是佛法」的思想了嗎？不就像極了莊子所說的「道在螻蟻」、「道在稊稗」、「道在瓦甓」與「道在屎溺」等之「道無所不在」義（《莊子・知北游》）的義理了嗎（按：惟兩者有佛教義與道家義之別）。而馬祖禪與莊子學，依筆者之研究，正是最典型的「全體論與整體實存的思路」（辯證的思路）型態之學，都具有「廣義」的「觸類是道」之思想。[31]因此，本文說：大慧禪具有「全體論與整體實存的思路」（辯證的思路）下的「廣義」的「觸類是道」之思想，不亦宜乎？！

伍、結　論

　　綜合以上所述，可以得以下的四點結論：

---

[31] 馬祖禪與莊子學均屬「全體論與整體實存的思路」（辯證的思路）型態之學，只是前者為佛家義，屬第 4 次類的「全體論與整體實存的思路」（辯證的思路）型態之學；而後者則為道家義，近第 1 次類的「全體論與整體實存的思路」（辯證的思路）型態之學。又，有關莊子學之特性，可參閱拙文：〈試論莊子哲學的「道」、「氣」關係——從「心齋」的兩種理解方式談起〉，「第二屆道家道教養生學術研討會」，高雄，高雄道德院・高雄師範大學國文系，2009 年 10 月 11 日。

　　一、對於吳汝鈞先生所持：（中國）禪具有「兩個路向」——「分解的路向」（如來禪）與「綜合的路向」（祖師禪）——的論點，筆者依十多年來宋明儒學分系與中國哲學分型的研究所得，以「思路」為區分標準，而將它適度修正為：禪有「分解的思路」，以及第 4 次類的「全體論與整體實存的思路」（辯證的思路）兩種型態（兩型）之學。

　　二、「分解的思路」型態之學，預設「超越的分解」架構，達摩與早期禪，以及以神秀為首的北宗禪近似之：它們都把真性、真心或清淨心等置於「形上超越」層；而把天地萬物與世間萬有等置於「形下現象」層。如此遂形成了形上與形下二分，超越與現象二分，理想與現實二分，真實與虛妄二分，清淨的心性與染污的萬法二分。在這樣的情形下，人生的終極目的，便在於嚮往與體現形上的清淨本體界，而遠離與對治形下的染污現象界（人世間）了。

　　至於第 4 次類的「全體論與整體實存的思路」（辯證的思路）型態之學，則沒有預設「超越的分解」架構，以惠能所開創的南宗禪（含之後的五家七宗）偏屬之：它們都沒有把形上與形下二分，超越與現象二分，理想與現實二分，真實與虛妄二分，清淨的心性與染污的萬物二分，而是直接以「因果律」與「緣起法」，來說明宇宙本體（全體）之生滅變遷。如此一來，人生的終極目的，便在於日常生活中修道、體道與行道，以將實存的個人、社會與世界，由染污、苦惱的面向轉化而為清淨、喜樂的面向了。

　　三、洪州馬祖道一之禪學（洪州禪、馬祖禪），即是相當典型的第 4 次類的「全體論與整體實存的思路」（辯證的思路）型態之佛學。馬祖反對在我們「生命的各種內外在行為」（按：此為「狹義」的「觸類」），以及「天地萬物與宇宙萬有」（按：此為「廣義」的「觸類」）之上，另有一形上超越的「本體」（道、心、理或佛性）存在的論點——反對以「分解的思路」來看待宇宙人生；而主張：（一）不僅我們生命的各種內外在行為，均為「本體」（道、心、理、佛性）「自身」全體之顯現與作用（按：此為「狹義」的「觸類是道」）；（二）同時「天地萬物之任一物與宇宙萬法之任一法」，也都是「本體」（道、心、理、佛性）「自身」全體之顯現與作用（按：此為「廣義」的「觸類是道」）——贊成以第 4 次類的「全體論與整體實存的思路」（辯證的思路）來看待宇宙人生。因此，馬祖乃是認為「即觸類即道」、「即道即觸類」、「即理即事」、「即事即理」、「即體即用」與「即用即體」的，「觸類」、「道」、「理」、「事」、「體」、「用」等詞，其實是「同指而異名」的，它們都只是同一實存的宇宙整體（空

體、真理）之暫時、權宜與指點性的稱謂與假名而已！換言之，它們只是「一體之多面」與「一物而多名」罷了！

四、在禪宗史上，徑山大慧宗杲雖然是以「看話禪」聞名於世，但其實那只是專就他教人「參禪開悟的方法」，以及他「個人的風格」來說的。若尅就其學之特性而論，則其學仍是偏屬於第 4 次類的「全體論與整體實存的思路」（辯證的思路）型態之學的。這是因為宗杲不僅具有「狹義」的「觸類是道」之思想，不僅認為吾人「生命與生活之所在，即道之所在」，同時還具有「廣義」的「觸類是道」之思想，而認為「天地萬物與宇宙萬有即是道（與道之顯現）」的緣故。

因此，依宗杲之見，趙州從諗所說的「吃茶去」、「吃粥了也」與「洗缽盂去」等「話頭」，其實就是教人「在日常生活中修行去、參禪去與悟道去」之意；而趙州的「庭前柏樹子」、洞山的「麻三斤」與雲門的「乾屎橛」等「話頭」，其實就是在分別表達「佛（道）在庭前柏樹子」、「佛（道）在麻三斤」「佛（道）在乾屎橛」的思想。而這樣的說法，正是最典型的「全體論與整體實存的思路」（辯證的思路）型態之學，不僅近似馬祖所說的「道即是法界。乃至河沙紗用，不出法界」、「一切法皆是心法」、「一切法盡是理」、「萬法皆從心生」、「森羅萬象有若干，虛空無若干」與「一切法皆是佛法」的思想，同時也像極了莊子所說的「道在螻蟻」、「道在稊稗」、「道在瓦甓」與「道在屎溺」等之「道無所不在」義（《莊子・知北游》）的義理——馬祖禪與莊子學均偏屬「全體論與整體實存的思路」（辯證的思路）型態之學，只是前者為佛家義，屬第 4 次類的「全體論與整體實存的思路」型態之學；而後者則為道家義，近第 1 次類的「全體論與整體實存的思路」型態之學。因此，大慧禪實在是深具第 4 次類的「全體論與整體實存的思路」（辯證的思路）之特色的。

本文曾發表於「『慧焰薪傳——徑山與中國禪宗文化』國際學術研討會」（浙江杭州，杭州市佛教協會・杭州徑山萬壽禪寺，2012 年 8 月 19~21 日），並經筆者修潤而成。

道安「本無」思想初探
——以「空」、「無」與天地萬物之關係為核心的探討

壹、前　言

　　筆者之所以撰寫本文，主要係由以下的三個問題意識所引發：

　　1、晉代「本無宗」的代表人道安法師 [1]（西元 312 或 314～385 年），雖曾反對以「格義」[2]的方式，而採取多本對讀的方式（合本）[3]，來訓解佛典，但他的佛學思想——尤其是「本無」思想 [4]——真的擺脫了「格義」的情形了嗎？

　　2、道安的「本無」思想與老子的形上思想 [5]，究竟有什麼關係呢？

　　3、到底道安是用何種「思路」（思維方式）來看待整個世界，以及來看待

---

[1] 「本無宗」的代表人物究竟是誰，當代學界至少有兩種說法：一說是「道安」，湯用彤先生主之，而後為任繼愈、勞思光與學界多數人所認可；另一說則是「竺法汰」，呂澂先生持之，而張春波、郭朋等人則踵繼其後。至於筆者，則因所長並非佛學史與考證學，故仍依湯先生與學界主流說法，而認為「本無宗」的代表人為「道安」。

[2] 所謂「格義」，若就佛教傳入中國，並在中國調適、發展的歷史事實及脈絡來說，則其義便是指：援引中國思想中某些較為人知的觀念或概念，來詮解佛教思想中的某些「類似」的重要觀念或概念，以使中國人消解理解上的障礙與隔閡，而達到佛教在中國傳教的目的之方法。譬如：以「五常」、「五經」、「五行」、「五臟」、「五方」來比配「五戒」；以君子「三畏」來比配佛法僧「三歸」（三寶）；以「無」來比配「空」；以「本無」來比配「真如」；以「守一」來比配「禪定」；以「無為」、「自然」來比配「涅槃」，以及以「物我兩忘」來比配「人法二空」等即屬之。

[3] 「合本」一詞，至少有二義：第一是 從同一本的二部或多部的不同翻譯之佛典中，以其中一部為「本」（主），其他部為「子」（輔），並將「子」（輔）的同段文句的各種譯法，集中抄錄於「本」（主）的對應文句之下，以相互參照而闡明佛學思想的方法；第二則 是 將各個不同翻譯的諸佛典版本，刪節潤飾而合成一本。本文此處所說者，係指前者。

[4] 道安的「本無」思想，具有廣、狹二義：廣義的「本無」思想，包含了道安的「禪學」（禪觀）與「般若」思想。其中，「禪學」思想近於「工夫論」或「修養論」；而「般若」思想則近於「本體論」、「實相觀」或「緣起說」；至於狹義的「本無」思想，則專指道安的「般若」思想，亦即是本文所說的「本無」思想之義。

[5] 形上思想，若用傳統中國哲學的術語來說，則相當於「天道觀」或「天道論」。詳見唐君毅：《哲學概論（下）》（台北：台灣學生書局，1985 年），「第三部　天道論：形而上學」。

本體與現象的關係呢？

　　而為了要同時解答上述三個問題，為了要將它們「畢其功於一役」，因此，本文遂擬對道安的「本無」思想作一析論，並將探討的焦點集中在「空」、「無」與「天地萬物」的關係上。我們希冀藉此，以：一者，檢視道安之學是否真的已擺脫了「格義」的情形；二者，比較道安「本無」思想與老子形上思想（天道觀）之關係；三者，了解道安係以何種「思路」（思維方式），來看待「空」、「無」與「天地萬物」之關係；四者，做為學界詮解道安「本無」思想與道安之學的參考。

　　而因筆者本非道安研究的真正專家，對包含甚廣的道安思想：方外思想、淨土思想、禪觀（禪學）思想、般若思想、戒律思想與譯經思想等，並無全面的了解與掌握，再加上筆者在本（11）月中旬才獲得「2012 襄陽道安論壇」主辦單位的正式邀請，而 12 月便要召開會議，因此只有近二十天左右的時間能撰寫論文，是以倉促之間，筆者遂決定從道安思想的核心部分：「本無」思想，來作一析論，同時把論述聚焦在「空」、「無」與「天地萬物」的關係上。希望藉此能迅速把握道安「本無」思想的特性，並提出筆者對道安之學的一個小小的新觀點，尚祈　諸位高僧、大德與方家們能不吝賜教為何！

貳、道安的「本無」思想

　　關於道安的「本無」思想，以及他所持「空」、「無」與「天地萬物」關係之論點，雖然已無道安的原典或第一手資料流傳下來，但我們仍可間接地透過後人作品中，對其說法的敘述或記錄而窺知一二，如以下的四則引文，即是極佳的參考資料：

> 1、釋道安明本無義，謂無在萬化之前，空為眾形之始，夫人之所滯，滯在末有，若宅心本無，則異想便息。（吉藏《中觀論疏‧卷二》，《大正藏》【台北：新文豐出版公司，1983 年】，冊 42）

> 2、安公明本無者，一切諸法，本性空寂，故云本無。（同上）

> 3、（曇濟）著《七宗論》，第一本無宗曰：如來興世，以本無弘教，故

《方等》深經，皆備明五陰本無，本無之論，由來尚矣。何者？夫冥造之前，廓然而已。至于元氣陶化，則群象稟形，形雖資化，權化之本，則出于自然，自然自爾，豈有造之者哉？由此而言，無在元化之前，空為眾形之始，故謂本無，非謂虛豁之中能生萬有也。夫人之所滯，滯在末有，苟宅心本無，則斯累豁矣。夫崇本可以息末者，蓋此之謂也。（《名僧傳抄・曇濟傳》，《續藏經》【台北：新文豐出版公司，1993 年】，第一輯第二編乙第七套第一冊）

4、第三解本無者，彌天釋道安法師《本無論》云：明本無者，稱如來興世，以本無弘教，故《方等》深經，皆云五陰本無，本無之論，由來尚矣。須得彼義，為是本無，明如來興世，只以本無化物。若能苟解本無，即思異（異想）息矣。但不能悟諸法本來是無，所以明本無為真，末有為俗耳。（慧達《肇論疏》，《續藏經》第一輯第二編乙第二三套第四冊）

在以上的四則引文中，至少有四組文句值得我們注意：

「第一組」是「一切諸法，本性空寂，故云本無」（引文 2）、「諸法本來是無」（引文 4）、「明如來興世，只以本無化物」（引文 4）、「如來興世，以本無弘教…本無之論，由來尚矣」（引文 3）與「明本無者，稱如來興世，以本無弘教…本無之論，由來尚矣」（引文 4）。

「第二組」是「夫人之所滯，滯在末有，若宅心本無，則異想便息」（引文 1）、「夫人之所滯，滯在末有，苟宅心本無，則斯累豁矣。夫崇本可以息末者，蓋此之謂也」（引文 3）與「若能苟解本無，即思異（異想）息矣」（引文 4）。

而「第三組」，則是「釋道安明本無義，謂無在萬化之前，空為眾形之始」（引文 1）與「無在元化之前，空為眾形之始，故謂本無」（引文 3）。

至於「第四組」，則是「夫冥造之前，廓然而已。至于元氣陶化，則群象稟形，形雖資化，權化之本，則出于自然，自然自爾，豈有造之者哉」（引文 3）與「非謂虛豁之中能生萬有也」（引文 3）。以下本文便逐一論述。

「第一組」明白顯示出道安何以標舉「本無」思想及創立「本無」宗的緣由。就「理論」本身的「形式意義」來說，因為「一切諸法，『本』性『空』

寂」與「諸法『本』來是『無』」的緣故，所以他才說「本無」[6]；而就發生歷程的「歷史事實」來說，則由於「如來興世，只以『本無』化物」與「如來興世，以『本無』弘教」，因此，「本無之論，由來尚矣」。換言之，道安認為：他標舉「本無」思想及創立「本無」宗，其實並不是什麼個人的特殊創見與標新作法，而只不過是繼承釋迦牟尼佛立教的正統與傳統而已！

而「第二組」，則顯現出禪修與禪觀的境界（境地）。[7]道安認為：一般人的心思與生命之所以產生罣礙，之所以受到牽累（夫人之所滯），乃是因為執著虛幻的世間萬物為實有，因而受到世俗的羈絆與牽累所致（滯在末有），因此，若能消解內心對萬法的執著，而觀照到萬法的本性係空無與空寂的（苟宅心本無、若能苟解本無），那麼所有的異想、執著便會自然止息（則異想便息），而不會再有任何的罣礙、羈絆與負累了（則斯累豁矣）。道安這樣的說法，很顯然地是在說明禪修與禪觀的境界（境地）。而因本文的重心不在此，故有關道安的禪學僅略論至此。

至於「第三組」與「第四組」，則由於與本文的問題意識及論述焦點密切相關，因此我們將在此作較為詳盡的析論。

「第三組」的「無在萬化之前，空為眾形之始」與「無在元化之前，空為眾形之始」兩句，實為道安「本無」思想的核心重點。因為它們牽涉到「無」、「空」與「萬化」（元化）、「眾形」[8]的關係，牽涉到哲學上的「本體」與「現象」的關係，也牽涉到道安的世界觀與形上思想，更牽涉到道安是以何種「思

---

[6] 若只單就理論本身的「形式意義」來說，則道安對「般若」或「本無」思想的理解問題便不大；但因他又說「無在萬化之前」與「空為眾形之始」，所以若就理論本身的「實質意義」（內容意義）來說，則他對「般若」或「本無」思想的理解，乃是有待商榷的，此義詳見後文。

[7] 「境界」與「境地」兩者，係有「同」有「異」的：「同」者為其「質」也。兩者均為吾人經過智思、修養、工夫、實踐與覺悟後的心靈與生命之理想狀態。此時人的心靈與生命是和諧、安適、悅樂、自在而與物無對的，是「道」（真理）的呈現與彰顯狀態；而「異」者，則為其「量」也。「境界」為當下、剎那間的心靈與生命之理想狀態，是可一覺悟便到達的；至於「境地」，則是「境界」這樣的狀態一直持續著，它乃是一長久、經常的心靈與生命之理想狀態，它必須要人不間斷地從事智思、修養與實踐才能竟其功。換言之，「境地」表剎那義；「境地」表歷程義。「境界」表當下義；「境地」表長久義；「境界」在覺悟、體證的瞬間顯現；而「境地」，則在長久的實踐、修養中維持不墜。

[8] 「眾形」表天地萬物之「存在」，偏靜態義；而「萬化」（元化），則表天地萬物之「生化」、「活動」與「流行」，偏動態義。依道安之見，兩者均屬「形下、現象層」；至於「空」、「無」，則不僅為「眾形」與「萬化」之本性，且為其最高依據與原理，而為「形上、超越層」之存有。此義下詳。

路」（思維方式）來看待宇宙萬有與天地萬物的問題，因此，我們需對它們作仔細的析論。

「無在萬化之前」的「前」字與「空為眾形之始」的「始」字，在典籍文獻與日常用語中，其實是具有多種含義的：條件上的「前」與「始」（條件上的先）、時間上的「前」與「始」（時間上的先、發生歷程上的先）、邏輯上的「前」與「始」（邏輯上的先）、價值上的「前」與「始」（價值上的先）、地理位置上的「前」與「始」（地理位置上的先）、存有層序上的「前」與「始」（存有層序上的先、形而上的先）、輩份上的「前」與「始」（輩份上的先、倫常上的先）……等。我們若仔細思繹這兩句的義理脈絡，則可合理推論：

這兩句中的「前」與「始」字，應同時具有（一）「時間上的前與始」（時間上的先、發生歷程上的先）、（二）「存有層級上的前與始」（存有層序上的先、形而上的先）與（三）「價值上的前與始」（價值上的先）等三義：（一）「時間上的前與始」表示：在時間或發生次序上，「無」、「空」是比天地萬物更「早」出現與存在的；而（二）「存有層級上的前與始」，則是表示：在存有層級上，形上的「無」、「空」是「高」於形下的天地萬物的；至於（三）「價值上的前與始」，則更是顯示了：「無」、「空」相對於天地萬物，是具有「價值」上的優先性，或者說：「無」、「空」才是真正具有價值的，而天地萬物，則只是虛幻無常而不具有價值的。因此，道安才會說「本無」與「末有」，才會說「崇本可以息末」，也才會說「明本無為真」，而「末有為俗」了。

而由於「前」與「始」二字同時具有以上三義，因此，我們實可說：

道安的確是主張在天地萬物（萬法）之「前」（時間上的先）、之「上」（存有層序上的先），是有做為最高價值（價值上的先）的「無」、「空」本體（原理）存在的。亦即：「空」、「無」為宇宙本體，而對天地萬物，具有時間、存有層級與價值上的優先性。

而這正顯示出：道安所說的「無」、「空」，乃是一客觀實有的形上實體，或者保守地說：「無」、「空」是具有濃厚的客觀實有的形上實體之意味與成份在的。但現在的問題是：

這客觀實有的形上實體，或具有濃厚的客觀實有的形上實體之意味與成份在的「無」、「空」，它到底是不具有活動性，不具有創生性，而只是靜態的本體，還是它是具有活動性，而能創造天地萬物的本體呢？

對於此一問題，我們若套用當代新儒家大師牟宗三先生的話來說，則便可

將它表述成是：「無」、「空」究竟是「只存有不活動」或是「即存有即活動」的本體？[9]而這樣的問題，便是接下來的「第四組」所要討論的了。

　　對於「『無』、『空』究竟是『只存有不活動』或是『即存有即活動』的本體？」這一問題，「第四組」的「冥造之前，廓然而已」、「豈有造之者哉」、「非謂虛豁之中能生萬有也」以及「至于元氣陶化，則群象稟形，形雖資化，權化之本，則出于自然，自然自爾」等語句，提供了肯定而清楚的解答：

　　「冥造之前，廓然而已」、「豈有造之者哉」、「非謂虛豁之中能生萬有也」這三句，明白告訴我們：「無」、「有」乃是不具活動性與創生性的「只存有不活動」的形上之靜態本體。「無」、「有」只是「冥造之前」的「廓然」而已，它（們）不能「生萬有」，不能創造天地萬物，而只是對天地萬物具有時間、存有層級與價值上的優先性的形上的靜態本體而已！我們只要從表詮語氣的「而已」、反問語氣的「豈有」與遮撥語氣的「非謂」等虛詞，來反覆思索，便可知本文所言不虛。

　　而「無」、「空」既然不具活動性，既然沒有創生天地萬物的神秘作用與能力，那麼天地萬物又是從何而來呢──「無」、「空」既不能生「有」，則「有」自何來？對此，道安說是「元氣陶化」的緣故──「元氣」才是萬物生化的動力根源。在「元氣」陶冶化育的情形下，天地萬物便自然「稟形」而生了。我們可以這麼說，若藉西方哲學的術語來說，則：（一）天地萬物的（第一）「動力因」與「材料因」係來自於「元氣」；至於「無」與「空」，則僅僅是它（他、牠…）們的最高「形式因」而已；（二）「元氣」雖是萬物生化的「動力因」與「材料因」，但它仍是偏屬「形下、現象層」的（原初）存在（氣）；至於「無」、「空」，則是「形上、超越層」的存有（理）。兩者異層異質，迥然有別。

　　綜合以上所說，我們可將道安的「本無」思想（不含禪學、禪觀思想）作

---

[9] 所謂「只存有而不活動」之本體，係指：本身只是靜態地做為天地萬物的終極依據、原理、規範或準則，而不具有能動義、創造義、生化義或實現義的本體。此如程頤、朱熹所說的「性」、「理」或「太極」等即屬之；至於「即存有即活動」之本體，則指：自身不僅做為天地萬物的終極依據、原理、規範或準則，同時還具有能動義、創造義、生化義或實現義等，而能創造、實現天地萬物，帶動氣化之流行或賦予天地萬物以道德價值等之本體。此如基督宗教之「上帝」，伊斯蘭教之「真主」，儒家之「天道」、「誠體」、「天理」與「太虛神體」，以及道家的「道」等即屬之。又，「只存有而不活動」與「即存有即活動」二詞，散見於牟先生的多部鉅著中。讀者若有興趣，可參閱《心體與性體》（台北：正中書局，1987 年）、《中國哲學十九講》（台北：學生書局，1991 年）、《從陸象山到劉蕺山》（台北：學生書局，1979 年）與《智的直覺與中國哲學》（台北：商務印書館，1987 年）等書。

一小結：

　　一、就發生歷程的「歷史事實」來說，道安以為其「本無」思想及其創立「本無宗」，並非個人之任何創見與標新作法，而只是繼承佛陀立教的正統與傳統而已！

　　二、就理論本身的「形式意義」來說，「本無」係指：「一切諸法，本性空寂」以及「諸法本來是無」之意。

　　三、就理論本身的「內容意義」（實質意義）來說，「空」、「無」乃是靜態的形上、超越之本體（原理），對天地萬物具有「時間」上、「存有層序」上與「價值」上的優先性。

參、道安「本無」思想的若干問題

　　以上即是道安「本無」思想的簡要說明。對於他這樣的思想，本文認為至少有以下三個問題值得商榷：

　　1、道安將「空」、「無」並論，或用「無」來詮解「空」，並把它們說成是「萬化之前」與「眾形之始」的靜態宇宙本體，這樣的說法符合印度佛教般若學的原旨嗎？

　　2、道安究竟有沒有擺脫用「格義」的方式，來詮解佛教原典與佛學思想呢？

　　3、道安究竟是用何種「思路」（思維方式），來看待「空」、「無」與「天地萬物」的關係呢？

　　以下本文即針對上述三個問題，來逐一探討。

一、把佛學的「空」「形上化」、「實體化」了，並不符合般若學的原旨

　　首先，我們將先回答第一個問題：道安以「空」、「無」並論，或用「無」來詮解「空」，並把它們說成是「萬化之前」與「眾形之始」的靜態宇宙本體，這樣的說法符合印度佛教般若學的原旨嗎？[10]

---

[10] 此問題係專就道安「本無」思想的「理論」之「實質意義」而言的，而不涉及其「形式意義」。此因道安對「本無」思想的「理論」之「形式意義」的說法——「一切諸法，本性空寂」與「諸法本來是無」問題不太，但對「實質意義」的見解，則大有商榷之餘地了。

　　按：依印度佛教的般若學，「空」（也稱「性空」），表示對事物自性的否定（即「無自性」）：事物本身並無不須依其他條件而能獨立自存的特性或本性。它指涉著萬法的實相，也可稱作是「緣起」或「因緣生」：所有「事物」（按：包括有形、無形；精神、物質等）都是由眾多「因」（主要原因、條件）、「緣」（次要原因、條件）所和合而成，都是「相依相成」與「緣起緣滅」的，都是「此有故彼有，此生故彼生」的。因此，「空」並不是「什麼都沒有」（恆無、畢竟無），而是「無自性的有」（假有）；「空」也不是「恆常的有」（常有、實有），因為萬物皆是生、住、異、滅的，都是變幻不居而如夢、如幻、如露、如泡的；「空」更不是什麼天地萬物的形上本體，這是因為「空」：一、「只是為了破除煩惱薪（諸見）而燃起的一把智慧火，一旦薪柴燃盡，空火亦應跟著熄滅」[11]；二、與現象不能分割，「必須要在現象界中體現」，並「沒有一個離開現象界的『空』存在」[12]的緣故。

　　般若思想的「空」義既是如此，那麼道安所持「『空』、『無』係靜態的形上超越本體（原理），對天地萬物具有『時間』上、『存有層序』上與『價值』上的優先性」之論點，很顯然是不符合「空」之原旨的。這是因為他把「空」（無）「形上化」與「實體化」了，把「空」（無）當成是一形上、超越的「實體」。因此，雖然道安講「空」說「無」，但事實上他卻將「空」（無），講成是一種形上、超越、且絕對的「有」（存有、原理），只是此「有」之稱謂與內容為「空」（無）罷了。所以，他這樣的說法乃是有待商榷的。

二、仍未擺脫「格義」的方式，而用老子的「無」來解般若的「空」

　　接著，我們再來回答第二個問題：道安究竟有沒有擺脫用「格義」的方式，來詮解佛教原典與佛學思想呢？

　　在上文中，我們曾指出：道安把佛學的「空」「形上化」、「實體化」了，並不符合般若學的原旨。但現在的問題是：道安為何會這樣詮解「空」呢？其因安在？根據筆者淺見，原因可能至少有二：一是道安在提出「本無」思想及創立「本無宗」時，一些主要的般若經典尚未譯出，因此，他根本沒有機會研

---

[11] 楊惠南：《佛教思想新論》（台北：東大圖書公司，1990 年），頁 53。
[12] 吳汝鈞：《中國佛學的現代詮釋》（台北：文津出版社，1995 年），頁 13。

讀到漢譯的主要般若經典，故對「空」的理解有了偏差[13]；二是受當時的時代背景與學術風氣的制約，使他無法擺脫道家與魏晉玄學的影響，而用老莊的「無」（本體）來理解般若的「空」。[14]由於本文著重在處理「道安究竟有沒有擺脫用『格義』的方式，來詮解佛教原典與佛學思想」這個問題，因此，以下我們將集中討論第「二」個原因。

　　五年前，筆者曾發表〈老子哲學新論——以「道」的特性為核心的探討〉[15]一文。在該文中，筆者提出了有關老子「形上學」（天道論）的若干「新」的「論」點，以做為學界詮解老學的參考。茲為本文的論證之需，爰將它們摘錄與修潤如下：

　　1、老子的「道」，雖然帶有若干主觀境界的意味，但相形之下，它那客觀實有的形上實體之特性，還是比較濃厚的。而這樣的情形剛好顯示出：老子乃是用「分解的思路」，來看待「道」，以及「道」與「天地萬物」之關係的。

　　2、由於老子認為「道」對於「天地萬物」，具有「時間」上與「存有層序」上的優先性，亦即：他主張在「天地萬物」之「前」與之「上」，是有獨立自存、永恆普遍的形上超越之「道」體存在的，因此，我們實可說：老子乃是以「分解的思路」，來看待「道」與「天地萬物」之關係的。

　　3、形上、超越的「道」兼具「無」與「有」兩面向：「無」是天地的「根源之始」，是「道之體」；而「有」，則是萬物的「生成之母」，是「道之用」；它們皆位於形上、超越層，而與形下、現象層的「天地萬物」無對。且在「存有層級」上，「無」比「有」更具有優先性。因此，我們亦可逕以「無」來代替「道」，來做為天地萬物的本體。

　　4、老子之所以用「無」一詞來指稱「道」、來作為「道之體」，可能是由於他認為：「道」是無色、無聲、無形、無法言詮與無法窮究的關係。

　　從筆者上述的論點中，可以很清楚看到：道安的「本無」思想，真的是與老子的形上思想極為類似的。或者可以這麼說：道安的「本無」思想，真的是

---

[13] 關於此點，可參閱勞思光：《新編中國哲學史（二）》（台北：三民書局，1992 年）之第 238 ～239 頁，以及郭朋：《中國佛教史》（台北：文津出版社，1993 年）之 37~38 頁等處。

[14] 如任繼愈先生便指出：道安「並不是故意與佛教哲學本來的意義相違背，但是由於時代的局限，他所理解的佛學只能是玄學化的佛教哲學。」詳見《漢唐佛教思想論集》（北京：人民出版社，1973 年），頁 13。

[15] 陳立驤：〈老子哲學新論——以「道」的特性為核心的探討〉，《高苑學報》，卷 13，2007 年 7 月。

深受老子形上思想之影響的。老子的本體——「無」（道），具有濃厚的客觀實有的形上實體之特性；對於天地萬物具有「時間」上與「存有層序」上的優先性；且是天地的「根源之始」。而這不是像極了道安的「空」（無）係靜態的形上超越本體（原理），對天地萬物具有「時間」上、「存有層序」上與「價值」上的優先性了嗎？[16] 兩者的差別，只在老子的「無」（道）具活動性而可創生或實現天地萬物，而道安的「空」（無）則不具活動性而不能創生或實現天地萬物罷了。而這樣不正表明了道安仍未擺脫「格義」的方式，而用老子的「無」來解般若的「空」嗎？因此，道安雖曾反對以「格義」的方式，而採取「合本」的方式來訓解佛典，但事實上他仍是以老學之「無」來訓解般若學之「空」，因此，他確實是沒有擺脫用「格義」的方式，來詮解佛教原典與佛學思想的。

三、係以「分解的思路」來看待「空」、「無」與「天地萬物」的關係

　　最後，讓我們再來回答第三個問題：道安究竟是用何種「思路」（思維方式），來看待「空」、「無」與「天地萬物」的關係呢？

　　由於此問題：（一）牽涉到筆者十多年來中國哲學研究的主要問題意識、詮釋標準與核心論點；（二）涉及了與老子天道觀或形上思想的比較問題；（三）也與筆者對佛學的「色」、「空」關係之論點密切相關；（四）更是本文的創新觀點與真正價值之所在，因此，以下本文將以較大的篇幅來論述。就讓我們先從（一）開始說起吧！

（一）筆者十多年來對中國哲學（按：主要是儒、釋、道三家之學）的研究，係圍繞著「如何建立中國哲學詮釋的主體性？」此一問題意識而展開。而此一問題意識，若詳細地說，則是：

　　　　「正面積極」地講，我們該如何「儘可能」地用「比較」道地的現代漢語白話文，來「清楚」並「相應」地詮解傳統中國哲學與傳統漢語文言文經傳中所蘊涵的義理；而「負面消極」地說，則是我們如何能避免用「逆格義」的方式，或是如何能不借用西方哲學的理論架

---

[16] 依筆者目前的理解，老子的「無」（道），不僅對於「天地萬物」，具有「時間」上與「存有層序」上的優先性，同時還具有「價值」上的優先性。如此一來，它與道安的「空」（無），便更為相似了。

構，來詮解傳統的中國哲學與傳統漢語文言文經傳中所蘊涵的義理？[17]

　　而不管是「正面積極」或「負面消極」地講，最主要都是要達成「用中國（漢、華）的語文，依中國人的思維模式，來理解中國傳統的學問，而不必老是戴著西方哲學──如古希臘哲學、中世紀神學、近代理性論與經驗論，以及現代存在主義、現象學與分析哲學等──的有色眼鏡，來看待與詮解傳統中國哲學」[18]的目的。[19]

　　由於筆者長期在上述的問題意識下從事教研工作，因此，當沉浸涵泳於中哲典籍多年之後，某天筆者的腦海中突然靈光一閃而想到了：或許可用「思路」（思維方式）：「分解的思路」以及「全體論與整體實存的思路」（辯證的思路），

---

[17] 陳立驤：〈周敦頤《太極圖說》「無極」與「太極」關係之研究〉，《鵝湖月刊》第 33 卷第 1 期總號第 385 號，2007 年 7 月。

[18] 同上。

[19] 筆者這樣的問題意識與研究目的，可能會引發兩點質疑：在現今西方文化當令的時代，中國人怎麼有可能擺脫西學的影響來看待傳統中國哲學呢？又，若不借用西方哲學的理論架構，又怎能「清楚」地詮釋籠統、含糊的傳統中國哲學呢？對於這兩點質疑，筆者有三點意見要說：（一）我們的確「不可能」完全擺脫西學的影響來看待傳統中國哲學，但卻可「儘可能」地用「比較」道地的現代漢語白話文，來詮解傳統中國哲學；（二）借用西學的「術語」與「詞彙」，是一個問題；而借用西學看待宇宙、人生、知識、歷史與文化等的「理論架構」，則又是另一個問題。我們或許無法完全避免借用西學的「術語」與「詞彙」，但卻可自覺地儘量避免用西學的「理論架構」──如超越／現象二分、超驗／經驗二分、應然／實然二分、精神／物質二分、心／物二分、理想／現實二分、神／人二分等，來詮解傳統的中國哲學；（三）就算不借用西學的「理論架構」，也未必就不能「清楚」地詮解傳統中國哲學。或許西方哲學確實比中國哲學理路更為清晰、論證更為嚴謹、邏輯性更強，同時理論架構也更為鮮明，但這並不意謂中國哲學就沒有理路、論證、邏輯與理論架構等，只要我們對中國哲學能同情地理解、能不預設立場、能先拋棄一些成見，然後深入先哲經典中去仔細爬梳與尋繹其義理，這樣便可找到傳統中國哲人的思維模式與義理特色，同時樹立與重現其理論架構。而且事實上，詮釋得清不清楚，其實大部分是跟詮釋者自己的學術能力──語文的表達能力、概念的分析能力與理論的論證能力──息息相關的。因此，我們實不能說：如果不借用西學的理論架構，就無法將傳統中國哲學詮釋清楚；（四）對傳統中國哲學的詮釋，「清不清楚」，是一個問題；而「相不相應」，則又是另一個問題。就算我們借用西學的理論架構，而將傳統中國哲學詮釋「清楚」了，但這並不代表此一詮釋就是「相應」的，相反的，我們可能是戴著西學的有色眼鏡來看待與詮解傳統中國哲學的，亦即：我們的詮釋其實是「西人眼裡的中國哲學」或是「為了給西方人看的中國哲學」，而非深具中國特色的道地中國哲學。由於筆者所真正關心的乃是：如何「清楚」並「相應」地詮釋傳統中國哲學？因此，我認為老是借用西學的理論架構，來詮釋傳統中國哲學的作法，其實是有待商榷的。又，以上所說主要是在拙文：〈周敦頤《太極圖說》「無極」與「太極」關係之研究〉「前言」內文的基礎上所徵引與修潤而成，謹此周知。

來做為中國哲學理解、詮釋的參考及分判標準。而在有了這個想法後，筆者遂
戮力研究而陸續出版了兩本專書 [20] 及撰寫了數十篇論文，同時又得到以下兩
個核心論點：

1、宋明理學，可概分成「分解的思路」之學，以及「全體論與整體實
存的思路」（即筆者所界定的「辯證的思路」）之學這兩種型態（兩型）：
程頤與朱熹等人之學，「比較」近於「分解的思路」之型態；而張載、
王夫之與劉宗周（，甚至於黃宗羲）等人之學，則「比較」近於「全
體論與整體實存的思路」（辯證的思路）之型態。

2、不僅宋明理學可概分為「分解的思路」之學，以及「全體論與整體
實存的思路」（辯證的思路）之學這「兩型」，就連道家與佛教哲學等，
也都可概分為這「兩型」：老子哲學、如來禪（含達摩禪、早期禪與北
宗禪）學與華嚴學等，「比較」近於「分解的思路」之型態；而莊子哲
學、南宗禪學與天台學等，則「比較」近於「全體論與整體實存的思
路」（辯證的思路）之型態。[21]

　　本文的撰寫，即與筆者上述的問題意識、分判標準及（第 2 個）核心論點
密切相關。依筆者對道安「本無」思想的初步研究心得，由於他認為「空」、「無」
乃是靜態的形上、超越之本體（原理），對天地萬物具有「時間」上、「存有層
序」上與「價值」上的優先性。因此，道安的「本無」思想，基本上也是預設
著「超越的分解」架構的，亦即：道安的「本無」思想，乃是偏屬於「分解的

---

[20] 筆者的這兩本專書分別是：《宋明儒學新論》（高雄：高雄復文圖書出版社，2005 年 7 月）與
《孟子性善說研究》（台北：花木蘭出版社，2010 年 3 月）。

[21] 由於「分解的思路」及「全體論與整體實存的思路」（辯證的思路）兩者之義，筆者在兩本
專書及數十篇論文中不斷提及與說明，因此，本文在此便不再多作解說。讀者若有興趣，可
自行參閱拙著與拙文。又，若要迅速、簡要地把握兩者之真義，則就中國哲學來說，凡預設
著「超越的分解」的架構之學，即偏屬「分解的思路」型態之學；而不預設著「超越的分解」
的架構之學，則許多近於「全體論與整體實存的思路」（辯證的思路）型態之學，此即其大
要也。此外，筆者的這兩個論點，之所以宋明理學在前而中國哲學在後，最主要的原因係：
近十餘年來筆者對中國哲學的研究，乃是由宋明理學開始，而後逐漸推擴至道家與佛學（甚
至是中國式的通識教育理論）的。因此，才先有對宋明理學「兩型」的分判，之後才又發展
出對道家與佛學「兩型」的分判。

思路」之型態的。因此，本文的結論，亦可納入筆者中國哲學研究的第 2 個核心論點中，並增益其範圍。是以筆者才說「道安究竟用何種『思路』（思維方式），來看待『空』、『無』與『天地萬物』的關係」此一問題，「牽涉到筆者十多年來中國哲學研究的主要問題意識、詮釋標準與核心論點」這樣的話了。

　　上述的（一）中所說，乃是直接以「思路」（思維方式）為準，來判定道安乃是用「分解的思路」，來看待「空」、「無」與「天地萬物」的關係。接著，我們將再透過「與老子天道觀或形上思想的比較」，來間接了解道安究竟是如何看待「空」、「無」與「天地萬物」之關係的，而這便進入了本小節的（二）。

　　（二）在上一小節中，我們已說：因道安仍未擺脫「格義」的方式，而用老子的「無」來解般若的「空」，故其「本無」思想與老子之天道觀極為類似，其「本無」思想確實深受老子天道觀之影響：

　　老子所說的「無」（道），不僅具有濃厚的客觀實有的形上本體之色彩，且對於天地萬物具有「時間」上與「存有層序」上的優先性，可說是天地萬物的「根源之始」；而道安所說的「空」（無），則是靜態的形上、超越之本體（原理），而對天地萬物具有「時間」上、「存有層序」上與「價值」上的優先性，兩者實具有高度的相似性。若真要論其差別，則只在：老子的「無」（道）具活動性，而可創生或實現天地萬物；至於道安的「空」（無），則不具活動性而不能創生或實現天地萬物罷了。由於筆者在上一小節的「引文 1」與「引文 2」中，早已指出：老子係以「分解的思路」，來看待「無」（道）與「天地萬物」的關係，故其天道觀屬「分解的思路」型態之學無疑，而在老子「天道觀」與道安「本無」思想兩者高度相似的情形下，因此，我們亦可間接地合理推斷：道安看待「空」、「無」與「天地萬物」之關係，係屬「分解的思路」無疑！故其「本無」思想，實可視之為「分解的思路」型態之學！

　　而在比較過老子天道觀與道安「本無」思想的相似性後，接下來我們將再透過「與筆者對佛學的『色』、『空』關係之論點的比較」，來進一步強化本文對道安如何看待「空」、「無」與「天地萬物」關係之論點，而這便進入了本小節的（三）。

　　（三）筆者於去（2011）年 10 月 26 至 29 日參加「第二屆湖北『黃梅禪文化論壇』」時，曾發表了〈「分解的思路」和「全體論與整體實存的思路」——詮解與分判禪宗及佛教哲學的一組參照系〉一文。在該文中，筆者曾枚舉了

「色即是空」與「空即是色」、「即『心』是佛」以及「觸類是道」等三個例子，來做為筆者論點的說明與佐證。而依筆者淺見，該三例中的「色即是空」與「空即是色」一例，其「分解的思路」下之解釋，剛好可以與道安對「空」、「無」與「天地萬物」關係的看法，作一類比：「空」、「無」相當於「分解的思路」下之「空」；而「天地萬物」，則近似於「分解的思路」下之「色」，故（道安「本無」思想中的）「空」、「無」之於「天地萬物」，即相當於（「色即是空」與「空即是色」一例中的）「空」之於「色」。茲為幫助讀者理解筆者之所說，爰將「分解的思路」下之「色即是空」與「空即是色」之義，摘錄並修潤於下：

1、在「分解的思路」下，可將「空」與「色」詮解為兩種異層、異質的存有（在）：「色」為形下、現象層的「天地萬物」（含人間世）；而「空」則為形上、超越層的（空的、虛的）「本體」（空理）。它是「色」的形上原理與依據，是「天地萬物」存在的真相與實情。

2、「色即是空」之二義：

（1）形下、現象層的「色」之本性，就是形上、超越層的「空」理——「色」的本性就是「空」。亦即：「天地萬物」根本就是「無自性」（空）的。

（2）形下、現象層的「色」，都是形上、超越層的「空」理的作用（用）與表現（相）——「色」就是「空」的作用與表現。換言之，「天地萬物」之任一者，均承載著「空」理，都是「空」（體）的「作用」（用）及表現（相）。

3、「空即是色」之二義：

（1）形上、超越層的「空」，係存在、遍在於形下現象層的「色」之中的——「空」就在「色」中。換言之，形上的「空」理係是呈現於形下的「天地萬物」之中的。

（2）形上、超越層的「空」，必須在形下、現象層的「色」中來體證與表現——「『空』就在『色』中體證」或「體『空』就在『色』之中」。亦即：形上的「空」之真理，一定要落實在形下的現象世界與現實人間之中來體現才可。[22]

---

[22] 「色即是空」與「空即是色」一例，除了有「分解的思路」下之解釋外，尚有「全體論與整體實存的思路」下之解釋，但因它與本文對道安「本無」思想之論點較不相干，故在此暫不徵引與論述。

以上即是筆者對「分解的思路」下之「色即是空」與「空即是色」的意義之簡要分析。而由於道安對「空」、「無」與「天地萬物」之關係的說法極為精簡，因此我們只能單就其留世的寥寥幾句話，來將兩者作一比較。我們發現：上述的「1」、「2之（1）」與「3之（1）」，均可通於道安的「本無」思想：

就與「1」的比較來說，道安的「空」（無）與「天地萬物」也是兩種異層、異質的存有（在）：「天地萬物」為形下、現象層的「存在」；而「空」（無）則為形上、超越層的「存有」（本體、原理）。它既是「天地萬物」的形上原理與依據，也是「天地萬物」存在的真相與實情。

而就與「2之（1）」的比較來說，則形下、現象層的「天地萬物」之本性，當然也是形上、超越層的「空」（無）──「天地萬物」的本性就是「空」（無），就是「無自性」的。

至於就與「3 之（1）」的比較來說，則形上、超越層的「空」，係存在、遍在於形下、現象層的「天地萬物」之中──故我們可通過禪定與智慧等，而於形下的「天地萬物」中，去體證形上的「空」（無）理。[23]

而「分解的思路」下之「色即是空」與「空即是色」之「1」、「2之（1）」與「3之（1）」等義，既然均可通於道安的「本無」思想，既然都與道安對「空」、「無」與「天地萬物」之關係的看法相似，因此，我們當然可以合理地「間接推論」：道安看待「空」、「無」與「天地萬物」之關係，乃是屬於「分解的思路」的，因此，他的「本無」思想，應可視為「分解的思路」型態之學！

（四）而在綜合了以上筆者對（一）、（二）、（三）三者的論述後，在通過了將道安「本無」思想，放在筆者十多年來中國哲學研究的主要問題意識、詮釋標準與核心論點的脈絡中來觀察後，以及在透過了把道安「本無」思想，分別拿來與老子「天道觀」以及「分解的思路」下之「色即是空」與「空即是色」的意義作比較後，於是本文便可直接斷定：道安乃是預設著「超越的分解」架構，來看待「空」、「無」與「天地萬物」之關係，因此，他的「本無」思想，他看待「空」、「無」與「天地萬物」關係的方式，係屬「分解的思路」無疑！而這正是本小節（四）所要表達的重點，也正是本文對道安之學的創新觀點與

---

[23] 因道安：一者，所說的本體不具活動性；二、並無表明一定要即現實人間才能悟道、體空，故其「本無」思想，有可能：一、與「2 之（2）」較不符合；二、與「3 之（2）」也較無直接相關性。

真正價值所在。

肆、結　論

　　通過以上的論述，我們可以得到以下的六點主要結論：

　　一、就發生歷程的「歷史事實」來說，道安認為：他標舉「本無」思想及創立「本無宗」，其實並不是什麼特殊創見或作法，而只不過是繼承釋迦牟尼佛立教的正統與傳統而已！

　　二、就「本無」思想理論自身的「形式意義」來說，道安主張：「本無」乃是「一切諸法，本性空寂」與「諸法本來是無」之意。而他這樣的看法，其實是較近於般若學的，因此問題並不大。

　　三、而就「本無」思想理論自身的「內容意義」（實質意義）來說，則道安所說的「空」、「無」，與「天地萬物」之關係，至少有二：（一）「空」、「無」為形上、超越層的本體，對「天地萬物」具有「時間」上、「存有層序」上與「價值」上的優先性；（二）「空」、「無」「只存有而不活動」，只靜態地做為宇宙萬有的本體與本性，而不具有創生天地萬物的作用與能力。而他這樣的看法，其實是把佛學的「空」給「形上化」與「實體化」了，因此，根本是不符合般若學的「空」之原旨的。

　　四、道安的「本無」思想深受老子「天道觀」（形上思想）的影響，而與老子「天道觀」之特性相似：兩者的「無」（道安亦稱為「空」，老子亦稱為「道」），不僅都是形上、超越的本體（原理），而且對於「天地萬物」，皆具有「時間」上、「存有層序」上與「價值」上的優先性——兩者均預設著「超越的分解」架構，均以「分解的思路」來看待「無」（空、道）與「天地萬物」的關係，故皆屬「分解的思路」型態之學。它們的差別只在於：老子的「無」（道）具活動性，而可創生或實現天地萬物；至於道安的「無」（空），則不具活動性而不能創生或實現天地萬物罷了。正因如此，故道安雖曾反對以「格義」的方式，而採取「合本」的方式來訓解佛典，但事實上他仍舊是以老子學的「無」，來訓解般若學之「空」的。因此，他確實是沒有擺脫用「格義」的方式，來詮解佛教原典與佛學思想的。

　　五、而若將筆者所持「色即是空」與「空即是色」一例之觀點與道安的「本無」思想，作一類比，則「空」、「無」相當於「分解的思路」下之「空」；而

「天地萬物」，則近似於「分解的思路」下之「色」，故（道安「本無」思想中的）「空」、「無」之於「天地萬物」，即相當於（「色即是空」與「空即是色」一例中的）「空」之於「色」。同時，因「分解的思路」下之「色即是空」與「空即是色」之「1」、「2 之（1）」與「3 之（1）」等義，都與道安對「空」、「無」與「天地萬物」之關係的看法相似，因此，我們當可合理推論：道安係以「分解的思路」來看待「空」、「無」與「天地萬物」之關係，因此，其「本無」思想確可視為「分解的思路」型態之學！

六、在通過了將道安「本無」思想，放在筆者十多年來中國哲學研究的主要問題意識、詮釋標準與核心論點的脈絡中來觀察後，以及在透過了把道安「本無」思想，分別拿來與老子「天道觀」以及「分解的思路」下之「色即是空」與「空即是色」的意義作比較後，於是本文便可直接斷定：道安乃是預設著「超越的分解」架構，來看待「空」、「無」與「天地萬物」之關係，因此，他的「本無」思想，他看待「空」、「無」與「天地萬物」關係的方式，係屬「分解的思路」無疑！而正是本文對道安之學的創新觀點與真正價值所在。

本文曾發表於「2012 襄陽道安論壇」（湖北襄陽，深圳弘法寺·湖北省佛教協會·襄陽市道安文化研究會·湖北文理學院，2012 年 12 月 18~21 日），並經筆者修潤而成。

從「思路」論菩提達摩禪法的特性

壹、前　言

　　本文的論述，係緊扣著以下的問題意識而展開：

　　被禪宗各家各派所共同尊為中國禪宗初祖的達摩（達磨）[1]祖師，他到底是用何種「思路」（思維方式），來看待宇宙人生以及來看待本體（心性）與現象的關係呢？

　　而本文之所以緊扣上述的問題意識，實與筆者十多年來中國哲學（儒、道、釋）研究的一個「核心問題意識」、一組「分判標準」與兩個「主要論點」息息相關：

一、一個「核心問題意識」

　　此一「核心問題意識」，可精簡地說，也可詳細地說：精簡地說，可表示為：「如何建立中國哲學詮釋的主體性？」[2]；而若詳細地說，則便可表示為：

　　　　「正面積極」地講，我們該如何「儘可能」地用「比較」道地的現代
　　　　漢語白話文，來「清楚」並「相應」地詮解傳統中國哲學與傳統漢語

---

[1]　菩提達摩（　Bodhi-dharma，西元？～530年代），又作菩提達磨，簡稱達摩（達磨），南北朝時人。有關他的身世，後世傳說不一：他的弟子 曇林的《略辨大乘入道四行及序》說他是「西域南天竺國人」，是「大婆羅門國王第三子」；而《洛陽伽藍記》則說他是「波斯國胡人也」。達摩被後世禪師尊為「西天第二十八祖」及「東土第一代祖師」（東土初祖）等。

[2]　此問題意識，亦可轉說為：「如何擺脫中國哲學詮釋的逆格義處境？」或「如何去除中國哲學詮釋的自我殖民化？」等。或許學界先進初聞此說會覺得筆者所言未免過於浮誇，因而質疑筆者能否做到自己所說。對此，筆者只想表明：我確實覺得中國哲學界（甚至於整個學界與文教界）的欠缺主體性與自我殖民化的情形太過嚴重了，因此發願要改善或改變此一情形。我只能要求自己盡力去做、踏實去做，至於能做到多少，則是另一回事。最好有很多學者自覺並發願一起努力，這樣就能收到較佳的成效——反正就是：謀事在人，成事在天，不要顧慮過多，做就對了。

> 文言文經傳中所蘊涵的義理；而「負面消極」地說，則是我們如何能
> 避免用「逆格義」的方式，或是如何能少借用西方哲學的理論架構，
> 來詮解傳統的中國哲學與傳統漢語文言文經傳中所蘊涵的義理？[3]

　　而不論是「正面積極」或「負面消極」地講，其目的都是要達成「用中國
（漢、華）的語文，依中國人的思維模式，來理解中國傳統的學問，而不必老
是戴著西方哲學──如古希臘哲學、中世紀神學、近代理性論與經驗論，以及
現代存在主義、現象學與分析哲學等──的有色眼鏡，來看待與詮解傳統中國
哲學」[4]的情形。

　　二、一組「分判標準」

　　此一組「分判標準」，其實就是筆者所界定的「分解的思路」以及「全體
論與整體實存的思路」（辯證的思路）。由於它們的意義，筆者在兩本專書[5]
以及多篇論文[6]中曾不斷提及，因此，本文在此僅擬稍作交代，而不再多作說
明。

　　（一）分解的思路

3　陳立驤：〈周敦頤《太極圖說》「無極」與「太極」關係之研究〉，《鵝湖月刊》第 33 卷第 1 期總號第 385 號，2007 年 7 月。

4　同上。

5　陳立驤：《宋明儒學新論》（高雄：高雄復文圖書出版社，2005 年 7 月）與《孟子性善說研究》（台北：花木蘭出版社，2010 年 3 月）。

6　如陳立驤：〈「分解的思路」和「全體論與整體實存的思路」──「建立中國哲學詮釋的主體性」的一組參照系〉（「第十六屆國際中國哲學大會」，台北，輔仁大學，2009 年 7 月 8 日~12日）、〈周敦頤《太極圖說》「無極」與「太極」關係之研究〉（《鵝湖月刊》第 33 卷第 1 期總號第 385 號，2007 年 7 月）、〈試論黃梨洲哲學思想的特性〉（「第 12 屆明史國際學術研討會」，中國大陸，遼寧大連，遼寧師範大學，2007 年 8 月）、〈老子哲學新論──以「道」的特性為核心的探討〉（《高苑學報》第 13 卷，2007 年 7 月）、〈試論莊子哲學的「道」、「氣」關係──從「心齋」的兩種理解方式談起〉（「第二屆道家道教養生學術研討會」，高雄，高雄道德院・高雄師範大學國文系，2009 年 10 月 11 日）、〈天台智顗的「一念三千」說析論──試為「一念三千」說進一新解〉（《高苑學報》第 14 卷，2008 年 7 月）、〈「分解的思路」和「全體論與整體實存的思路」──詮解與分判禪宗及佛教哲學的一組參照系〉（「第二屆湖北『黃梅禪文化論壇』」，中國大陸，湖北省黃梅縣，黃梅禪宗文化研究會・湖北黃梅四祖禪寺，2011 年 10月 26~29 日）與〈南宗禪與北宗禪之分判標準新論〉（《中國禪學》第 6 卷，河南鄭州市：大象出版社，2012 年 11 月）等文。

此「思路」的意義是：

> 思想家們基於他們的感官經驗或真實的存在感受，如：驚異、好奇、恐怖、罪惡、絕望、憂患、惻隱、羞恥、煩惱、痛苦與受束縛、不自由等，或窮知究慮地去構思一套存有層序的理論架構，來區分、解釋天地萬物和人類的生命、社會、歷史與文化等（按：此常見於諸多西方傳統哲人）；或經由實踐、體證而開顯出生命的某種境界或境地，於是對實存世界有一看法，並將此看法通過一套人為設計的概念與理論框架，來對實存世界作一區分與解釋（按：此有時見於某些中國傳統哲人）的這樣一種思路。

（二）全體論與整體實存的思路（辯證的思路）

此「思路」又有二義：1、「原初義」與「狹義」的「全體論與整體實存的思路」（辯證的思路）；2、「引申義」與「廣義」的「全體論與整體實存的思路」（辯證的思路）。

1、「原初義」與「狹義」的「全體論與整體實存的思路」

此義的「思路」，不僅是筆者「原初」分判宋明理學為「兩型」時所主張者，也是筆者在未真正研究佛學前所再三提及者。它的意義是：

> 思想家們並不以一套人為設計的、分解的存有層序之理論架構，來區分、來框套，以及來解釋天地萬物及人類的生命、社會、歷史與文化等，而是就整個實存的宇宙人生之大化流行來說本體，並認為本體之中，本就含有相反而又相成，相滅而又相生，同時互為隱顯，渾然相融的兩股勢能或動力，如陰與陽、翕與闢、乾與坤或靜與動等。而由於它們之間彼此不斷地相互起作用，不斷地一陰一陽、一翕一闢、一乾一坤或一靜一動等，因而帶動或引發了整個實存的宇宙人生之生生不息和永續發展的這樣的一種思路。

2、「引申義」與「廣義」的「全體論與整體實存的思路」

此義的「思路」，乃是筆者後來的研究範圍擴大至整個中國哲學（甚至於是西方哲學）時所主張者。它又可細分為四種「次」類型：

（1）以「陰陽」等兩股勢能或兩種狀態，來說明宇宙本體（全體）之變化流行者。（按：如易學與莊子之學。）

（2）以「陰陽」等兩股勢能或兩種狀態，以及「五行」相生相勝的架構，來說明宇宙本體（全體）之變化流行者。（按：如諸多兩漢儒者以及周濂溪、張橫渠、王船山、劉蕺山與黃梨洲之學。）

（3）不以「陰陽」或「陰陽」「五行」等，來說明宇宙本體（全體）之變遷發展，而是直接就實存的宇宙全體之大化流行來講本體者。（按：如存在主義哲學家海德格之學。）

（4）以「因果律」與「緣起法」，來說明宇宙本體（全體）之生滅變遷者。當然，在這樣的說法下，本體（全體）只是一「性空之體」（空體），而並沒有任何永恆不變、獨立自存的本性存在。亦即，它只是一虛說、權說與假說之體，而非普遍永恆之「實體」。（按：如天台宗與南宗禪學。）

三、兩個主要論點

　　而筆者在上述的「核心問題意識」與「分判標準」下，經過十多年兢兢業業的中國哲學研究，於是幸運得到以下兩個主要論點：一個是僅就「宋明儒學」（宋明理學）來說；而另一個則是擴大至「中國哲學」（儒、道、釋三家之學）來立論的。它們分別如下：

（一）宋明理學，可概略分成「分解的思路」及「全體論與整體實存的思路」（辯證的思路）之學這「兩型」。如程頤、朱子之學，比較近於「分解的思路」之型態；而張載、王夫之與劉宗周（甚至於黃宗羲）等人之學，則比較近於「全體論與整體實存的思路」（辯證的思路）之型態。

（二）不僅宋明理學可概分為「分解的思路」及「全體論與整體實存的思路」（辯證的思路）之學這「兩型」，就連道家與佛教哲學等，也都可概分為這「兩型」：老子哲學（之天道論）、如來禪（含達摩禪、早期禪與北宗禪）學與華嚴學等，「比較」近於「分解的思路」之型態；而莊子哲學、南宗禪學與天台學等，則「比較」近於「全體論與整體實存的思路」

（辯證的思路）之型態。[7]

　　而本文，便是在上述的「核心問題意識」與「分判標準」下，圍繞著「達摩係以何種『思路』，來看待宇宙人生以及來看待本體（心性）與現象的關係」此一問題意識而展開，並擬證成第（二）個「主要論點」中有關「達摩禪」近於「分解的思路」之學的觀點。

　　惟在正式論述之前，本文擬再聲明一點，即：吳汝鈞先生在其《中國佛學的現代詮釋》[8]、《中國佛教哲學名相選釋》[9]、《游戲三昧：禪的實踐與終極關懷》[10]與《佛教的當代判釋》[11]等書中，曾多次提及：禪的發展有「分解的路向」與「綜合的路向」兩種：前者可名之為「即清淨心（性）是佛的路向」，達摩禪、早期禪與北宗禪等屬之，此種禪法亦可稱作「如來禪」；而後者，則可名之為「即一念（識、妄）心是佛的路向」，慧能和他所開創的南宗禪屬之，此種禪法又稱作「祖師禪」。

　　關於吳先生之說，筆者的看法是：一、原則上同意其說，但在用詞與對禪學的某些理解上，則與他有所出入；二、他是直接由研究禪學而得到此論點，而筆者則是經過十多年的「由儒家哲學而道家哲學而佛教哲學」的研究歷程，艱苦曲折地初步獲得拙見，因此，在佛學方面，吳先生與筆者之見，其實算是「殊途」而「近歸」的，其中並不存在任何筆者抄襲其說的問題，而只能說是前後學人所見略同耳。或者應該這麼說：筆者在提出中國哲學（儒、道、釋）可分成「兩型」的論點後，一直被學界所忽視或誤解，但某日在看到了吳先生

---

[7] 我們若要極精簡扼要地分判宋明儒學與中國哲學的這「兩型」，則可以「有無預設『超越的分解』」架構為標準：若「有」，則為「分解的思路」型態之學；而若「無」，則「可能」為「全體論與整體實存的思路」（辯證的思路）型態之學。因程頤、朱子、老子（之天道論）、北宗禪與華嚴學等，均「有」預設「超越的分解」架構──如程朱之「理」/「氣」，「性」/「心」，皆為「形上超越層」/「形下現象層」之關係：「理」與「性」為「形上超越層」之「存有」；而「氣」與「心」則為「形下現象層」之「存在」，前者與後者係「異層」且「異質」的關係，故其學為「分解的思路」型態之學；而因張載、王夫之、劉宗周、黃宗羲、莊子、南宗禪與天台學等，皆「無」預設「超越的分解」架構──如張、王、劉、黃等人均反對將「理」、「氣」視為異層異質之關係，而力主兩者乃同一實存的宇宙本體之兩樣貌或面向，係「一體之兩面」與「一物而兩名」也，故其學便為「全體論與整體實存的思路」（辯證的思路）型態之學。

[8] 吳汝鈞：《中國佛學的現代詮釋》，台北：文津出版社，1995 年。

[9] 吳汝鈞：《中國佛教哲學名相選釋》，高雄：佛光出版社，1993 年。

[10] 吳汝鈞：《游戲三昧：禪的實踐與終極關懷》，台北：台灣學生書局，1993 年。

[11] 吳汝鈞：《佛教的當代判釋》，台北：台灣學生書局，2011 年。

的論點後，不禁大為「驚喜」：「驚」的是竟然有前輩學人的看法與我相近；「喜」的是終於也有其他學界中人看出來中國哲學（佛學）可概分成此「兩型」了。只是吳先生任職於中央研究院文哲所，而筆者則任教於高雄的私立大學，因此，同是相近的一個論點，學界的評價便判然有別了。[12]

貳、達摩禪法的特性略論

本文判定達摩禪法屬於「分解的思路」之理據有二：一是「主要理據」；二是「次要理據」。所謂「主要理據」，係指：學界所公認的或爭議性較小的達摩本人的著作或記錄達摩言行的典籍。它對於證成達摩禪法的特性，不僅具有直接的相關性，而且支持力最強，如《二入四行》即是；而所謂「次要理據」，則是指：對於證成達摩禪法的特性，具有次佳與輔助效果，且支持力稍弱於「主要理據」的文獻。它至少包含了《達摩禪師論》[13]中的若干文句，以及達摩所深信、並奉持的以如來藏思想為主的四卷本《楞伽經》[14]裡的某些原文等。[15] 以下即依序論述之。

一、從「主要理據」論達摩禪法之特性

「主要理據」指的當然是達摩本人的著作或記錄達摩言行的原典，而能真正代表達摩思想者。但因達摩係東土禪宗初祖，在歷史上不僅名氣響亮，而且影響十分深遠。因此，歷來有很多作品都託名為達摩所著，甚至於許多武術、

---

[12] 如說吳先生言之成理、有創見等；但對筆者之說，則多所忽視、誤解或批判等——筆者即曾見過若干論文徵引筆者「兩型」之說，但不是誤解與曲解拙意，便是引來純粹批判與消遣一番，以證明筆者胡言或湊足論文篇幅。對此現象，筆者不禁感歎「勢」「位」之影響力了。

[13] 《達摩禪師論》至少有四種版本，對於它們的說明，請詳參下文。

[14] 《楞伽經》總共有三種漢譯版本：一是劉宋・求那跋陀羅所譯的《楞伽阿跋多羅寶經》（四卷），即通行的「四卷本《楞伽經》」是也；二是北魏・菩提流支所譯的《入楞伽經》（十卷）；三是唐・實叉難陀所譯的《大乘入楞伽經》（七卷）。以上三種版本，皆簡稱為《楞伽經》，惟達摩祖師所宗奉者，乃是「四卷本《楞伽經》」也。

[15] 而除了「主要理據」與「次要理據」外，其實我們亦可從二祖（慧可）、三祖（僧璨）——雖然「是否真有此人」學界頗有爭議——與四祖（道信）等人的禪法，以及從達摩離群索居、簡樸清苦、較欠缺入世情懷的頭陀行（苦行）作風等，來間接、側面推敲達摩禪之特性，只是這樣做可能只有一點點的支持效力，故本文僅在此稍微提出，而不予仔細論證。

健身典籍亦題為達摩所撰，譬如《悟性論》、《破相論》、《絕觀論》、《血脈論》、《易筋經》，甚至是各種知名的少林功夫與絕技等。這麼一來，達摩就不再只是一位佛門高僧與禪宗祖師，而更是一位功夫、國術與健身大師了。

　　不過，根據近現代許多學者的考證與研究，在歷來傳說的達摩著作中，真正由達摩所親說或親撰，而足以代表達摩思想者，大概只有《二入四行》而已！至於著名的《達摩禪師論》，雖然有學者將其版本之一——收錄於關口真大：《達摩大師之研究》一書中之唐高宗開耀元年（西元 681 年）者，視為可代表達摩思想者 16，但由於其說並未獲得學界所公認，因此，本文便沒有將它列入「主要理據」，而僅視為「次要理據」而已！以下我們即先行論述「主要理據」：《二入四行》，以一窺達摩禪法之特性。

　　在《二入四行》中，與達摩的「思路」有關並能顯現出其禪法特色的文句，約有以下兩處：

> 1、夫入道多途，要而言之，不出二種：一是理入；二是行入。理入者，謂藉教悟宗，深信含生凡聖同一真性，但為客塵妄覆，不能顯了。若也捨妄歸真，凝住壁觀，無自他，凡聖等一，堅住不移，更不隨於言教，此即與真理冥符，無有分別，寂然無名，名之理入。17

> 2、行入者，所謂四行。其餘諸行，悉入此行中。何等為四？一者報怨（按：「怨」或作「冤」）行，二者隨緣行，三者無所求行，四者稱法行…第四稱法行者，性淨之理，目之為法。此理眾相斯空，無染無著，無此無彼。經云：法無眾生，離眾生垢故。法無有我，離我垢故。智者若能信解此理，應當稱法而行。18

　　在「引文 1」中，達摩首先指出：進入「佛道」19 雖有多條途徑，不過，總體來說，則不出「理入」與「行入」兩者。所謂「理入」，其「形式意義」

---

16 如關口真大即認為：此版本不僅可代表達摩本人之思想，甚至於其代表性還勝過《二入四行》。
17 引自《大正新修大藏經》（即《大正藏》）（台北：新文豐出版公司，1983 年），冊 85，頁 1285 上。
18 同上。
19 「佛道」者，佛所領悟、所體證與所宣說的涅槃境界與真理世界也。

乃是「從道理與智慧方面悟入」之意；至於其「實質意義」，則達摩認為至少包含了「藉教悟宗」、「深信含生凡聖同一真性，但為客塵妄覆，不能顯了」、「捨妄歸真」與「凝住壁觀」、「無自他，凡聖等一，堅住不移，更不隨於言教」與「與真理冥符，無有分別，寂然無名」等內容。

所謂「藉『教』悟『宗』」，係指：「藉由『佛教經典的教法與教義』來體悟『禪的宗旨』」之意。其中，「教」指的應是「經教」（佛教經典的教法與教義），尤其是「《楞伽經》的教法與教義」[20]。此因達摩宗奉與特重《楞伽經》，並以之在中土傳佈佛法與教導弟子之故。[21] 而由於「藉教悟宗」指出：「經教」乃是「理入」與解脫的重要工具與途徑，因此禪宗雖號稱「不立文字」與「教外別傳」，但其實它的開山祖師菩提達摩，仍是十分重視「文字」所組成的「經」及其「教」化之功能的。

所謂「深信含生凡聖同一真性，但為客塵妄覆，不能顯了」，係指：「理入」與「藉教悟宗」所「入」、所「悟」的，乃是「所有眾生凡聖都有一相同的真性」，同時對此「悟」要「深信」之，要把「眾生具有同一真性」當成是一種真誠的信仰或信念。而眾生雖具同一「真性」，但因「真性」被後天現實的種種「客塵」（按：一切染污、虛妄的內在心念與外在事物）所遮蔽、覆蓋，故其清淨與光明的本性，便隱晦而顯發不出來了。在達摩的這句話中，至少透露出五點訊息：

一是「真性」具有絕對普遍性，它遍在於一切眾生之中，而且是眾生成佛的基礎與根據[22]；二是對於一切眾生本具同一「真性」這件事，要「深信」與堅信之，此則顯現出達摩禪（與佛教）的信仰面向；三是既言「『真』性」，那眾生同一的本性當然就是不虛假與不虛妄的，當然就是真實與清淨的了；四是為何眾生的「真性」常不能顯現，而使得眾生會產生各種顛倒妄想的表現與行為呢？答案原來是一切染污、虛妄的內在心念與外在人事物等「客塵」遮蔽、

---

[20] 亦有學者（如宇井伯壽）主張「教」乃「師教」，而非「經教」。不過，筆者卻認為以「經教」為宜。

[21] 此由達摩「謂可曰：『有《楞伽》經四卷，仁者依行，自然度脫。』」（《大正藏》，冊85，頁1284下），以及「昔達摩西來，既已傳心印於二祖，且云：『吾有《楞伽經》四卷，亦用付汝。即是如來心地要門，令諸眾生開示悟入。』」（《大正藏》，冊16，頁479中）等即可得知。

[22] 因若不如此，則言「理入」便無必然保證，達摩可由「理」而悟「入」佛道，但這不代表、不保證其他人也可如此，這樣一來，達摩此說便成戲論了。

覆蓋之故；五是「真性」與「客塵」的關係，就好像是光明的「太陽」與染污的「烏雲」之關係：太陽是清淨、明亮而永恆的，是超越於染污、虛妄與變幻無常的「烏雲」之上的。惟雖如此，「烏雲」仍是可隨時遮蔽住「太陽」──「客塵」仍是隨時會遮蔽住「真性」──的。

　　而我們由以上的一、三、五三點，便可合理推測：達摩「似乎」是以「分解的思路」，「似乎」有預設著「超越的分解」架構──至少有「分解」的意味在，來看待「真性」與「客塵」的關係：他「似乎」把絕對普遍與清淨光明的「真性」，置於「形上超越」層；而把染污虛妄與變幻無常的「客塵」，置於「形下現象」層。這麼一來，便好像將真實與虛妄二分，清淨的心性與染污的萬法二分了。

　　所謂「捨妄歸真」與「凝住壁觀」，乃是承接上一句而來的工夫（修行）。達摩認為：既然我們的「真性」常常會被各種內外在的虛妄、染污的「客塵」所遮蔽與所覆蓋，致使其光明無法透顯出來，那麼我們應該怎麼做才能讓「真性」的光明重現呢？達摩的答覆是：「捨妄歸真」與「凝住壁觀」。其中，「捨妄歸真」乃是實踐與修行的「總原則」與「大關鍵」；而「凝住壁觀」，則是實踐與修行的「具體方法」與「切入所在」。所謂「捨妄歸真」，意即捨棄一切虛妄、染污的「客塵」，而回歸到光明、清淨的「真性」本身。但現在的問題是：我們要如何「捨妄歸真」呢？其具體作法為何呢？達摩的回答是「凝住壁觀」。所謂「凝住」，即是讓我們的心理與精神達到一種高度專注與深層集中的狀態，而不隨外物所變遷；而要達到「凝住」的精神狀態，則需要「壁觀」。所謂「壁觀」，可以「實解」，亦可以「虛解」：若作「實解」，則「壁觀」便是指時時「面壁而觀」、「面壁而打坐」，就如同傳說中的達摩，在少林寺少室山上的洞穴裡面壁打坐九年一樣；而若作「虛解」，則「壁觀」便是「把我們的內心修練到如同牆壁一般地堅住不動，而不受到任何外物的影響或干擾」之意。而不管「壁觀」作「實解」或「虛解」，都表示是一種非常專一專注與內斂靜態的修行方法。

　　在此有二點值得我們特別注意：一是「捨妄歸真」與「凝住壁觀」兩句，明明說的是實踐原則與方法，但達摩卻把它們放在「理入」中來說，很顯然它們是屬於「解（理）中之行」的，是屬於「知解中的實踐」的，而這也正反映出：達摩的禪法乃是「解行雙修」、「知（智）行並重」的；二是「捨妄歸真」中的「真」（真性）與「妄」（客塵）之關係為何的問題。上文中我們已說：

在「真性」與「客塵」的關係上，達摩「似乎」已透顯出「分解的思路」之意味，亦即：達摩雖無直接明說，但卻有預設「超越的分解」架構之意。其中，「真性」係形上超越之「本體」（「空體」或有「空體」之姿態與意味）；而「客塵」，則為形下經驗之現象，兩者異層、異質，有著「二元對立」之關係在。除此之外，「捨妄歸真」中的「真」與「妄」，則因達摩用「捨」與「歸」一組字詞，故更顯「真性」與「客塵」的「二元對立」性質，更顯達摩思路的「分解」意味，因此，我們似可再進一步推斷：「真性」係形上超越之本體，清淨光明，與物無對；而「客塵」則是形下經驗之現象，虛妄染污，變幻無常。而這不正顯示了：達摩乃是以「分解的思路」，乃是預設著「超越的分解」架構，來看待「真性」與「客塵」之關係了嗎？惟雖如此，但由於達摩沒有明說，因此，在下文中我們將再找更多的理據，來證成本文的論點。

　　所謂「無自他，凡聖等一」，係指：「捨妄歸真」與「凝住壁觀」的實踐與修行，乃是要達到「無自他」與「凡聖等一」的境界：「無自他」者，消解對自我的執著，消解自我對他人的優越感，以及泯除人我的相對觀與分別見也；「凡聖等一」者，不起凡夫與聖人的分別心，以及相信凡夫與聖人皆具同一真性，皆同具成佛之能力也。換言之，「捨妄歸真」與「凝住壁觀」所要達到的「無自他」與「凡聖等一」的境界，其實就是消解我執、要超越相對邊見而進入絕對真理的境界，就是要建立一種對眾生解脫成佛的平等正見與正信。而我們對這樣的正見與正信，要「堅住不移，更不隨於言教」──除了要堅信而不動搖外，更要不執著於語言、文字的表相，不受到外在的言論所影響，也不隨著社會所流行的說法而起舞。

　　而若能了悟與做到以上所說，則我們的生命，便能在「無有分別（心）」與「寂然無名」的境界與狀態中，而「與真理冥符」（與真理暗合、自然地契合，很自然地體現真理）了，這樣子就叫做「理入」。

　　而在「引文 2」中，雖然達摩指出：「行入」（按：即從實踐修行方面來體現真理）有「報怨（冤）行」、「隨緣行」、「無所求行」與「稱法行」等四種，但由於其中與達摩「思路」有關並能呈現其禪法特色者，只有「稱法行」而已，因此，以下我們將只針對它來加以析論。

　　所謂「稱法行」，即是「相應於、隨順於『真理』（真性）的實踐與修行」。「法」者，真理也，真性也；「行」者，修行也，實踐也。而若要相應於、隨順於「真理」來實踐、修行，則必先了解「真理」的特性才可。依達摩，「真

理」（法）是本性清淨（性淨）的，是以他說：「性淨之理，目之為法」。而這「真理」、這「法」，是「眾相斯空」的。亦即：它是沒有固定或特定之相貌的，是無自性的，是「空」的。因此，我們也可稱它為「空理」。而「真理」不僅是「空」的，同時也是「無染無著」與「無此無彼」的。換言之，「真理」具有超越於「染、著」、「此、彼」等相對格局與二元對立的絕對性格。它是形上超越，而不與物對的。也正因「真理」具有超越的性格，故佛經（《維摩詰所說經・卷上》，〈弟子品〉第三）才說：「法無眾生，離眾生垢故。法無有我，離我垢故」。「法」是形上超越的，是光明清淨的，是空無自性的；而眾生與我卻是形下現象的，是無明污垢的，是癡迷偏執的，所以「法」是（上）一層，眾生與我是（下）一層，兩者是異層異質的。是以佛經（《維摩詰所說經・卷上》，〈弟子品〉第三）才說：「法性」當中是沒有「眾生」的，這是因為它「超離」於眾生的塵垢之故；「法性」當中也是沒有「我」的，這也是因為它「超離」於我的塵垢之故。而「智者若能信解此理」，那麼他就應當相應於、隨順於此「真理」，來做為實踐與修行的原則。

　　與上則引文一樣，本引文也有二點值得我們特別注意：一是「性淨之理，目之為法」、「此理眾相斯空，無染無著，無此無彼」與「法無眾生，離眾生垢故。法無有我，離我垢故」等句，明明說的是「理入」的內容，但達摩卻把它們放在「行入」中來說，很顯然它們乃是屬於「行中之理」的，是屬於「實踐中的知解」的，而這又再次反映出：達摩的禪法真的是「解行雙修」與「知（智）行並重」的；二是「真理」（真性、法）的「性淨」、「眾相斯空」、「無染無著，無此無彼」、（超）「離眾生垢」與（超）「離我垢」等性質，不僅與「引文1」對「真性」的描述相呼應，同時也「較為清楚」地呈現了「真性」的超越性格，以及達摩係以「分解的思路」來看待「真性」與「客塵」（現象、眾生與我）之關係：「真性」係形上超越之本體（空體），清淨光明，與物無對；而「客塵」（眾生與我）則是形下經驗之現象，虛妄染污，分別相對，所以「真性」是（上）一層，「客塵」（眾生與我）是（下）一層，兩者是異層異質的。

　　以上即是從「主要理據」：《二入四行》，來對達摩禪法的特性所作的論述。由於達摩並沒有明白表示「真性」（法）具有超越的性格，並沒有直接說出「真性」（法）「先」於「客塵」、「先」於「現象、眾生與我」而存在，也由於《二入四行》的文句實在太過精簡扼要了，因此，以下我們將再透過「次要理據」：

《達摩禪師論》與《楞伽經》等，來對達摩的禪法特性，作更清楚與深入的說
明。

二、從「次要理據」論達摩禪法之特性

　　與達摩的「思路」相關而能顯現出其禪法特性的「次要理據」，本文認為
主要是《達摩禪師論》與《楞伽經》二者。其中，《達摩禪師論》至少有四個
版本：

　　一為日本學者橋本凝胤所藏，被收入關口真大：《達摩大師之研究》一書
中的唐高宗開耀元年（西元 681 年）所書的《達摩禪師論》。依關口真大之見，
此版本不僅足以代表達摩本人之思想，甚至於其代表性還超過《二入四行》[23]；
二為日本學者田中良昭於法國敦煌特藏中所發現的「伯 2039 號」。該號首題
曰《天竺國菩提達摩禪師論》，尾題為《達摩禪師論》。「從內容看，上述兩
種《達摩禪師論》應是同名的不同文獻。這兩種文獻均未為我國歷代經錄所著
錄，亦未為歷代大藏經所收」[24]；三為北京圖書館所藏的敦煌遺書「北新 1254
號」（首殘尾脫）與「北新 1255 號」（首脫尾殘）。兩者的紙質、字體完全
相同，後「因紙縫粘接處脫落，遂成為兩件。綴接後文字相連無間」，故「北
新 1254 號」與「北新 1255 號」應本為同一卷 [25]；四則為方廣錩先生綜合「伯
2039 號」及「北新 1254 號」，並以它們互為底本、校本而參酌、互校所錄為
全本的「整理本」。方先生並在校記中，隨文說明底、校本的換用情況，且將
「整理本」掛在「台北版電子佛典集成」上，同時標誌為：《藏外佛教文獻》
第 01 冊，No.1 《天竺國菩提達摩禪師論》（1 卷）。

　　以上四個版本，雖然內容有所出入，且是否均為達摩所著，學界間亦有所
爭議，但它們的內容與《二入四行》有若干相近或相似之處，而可做為本文論
述達摩禪法特性之「次要理據」，則確無可疑。而由於筆者在研讀的過程中，

---

[23] 當然，關口真大這樣的見解，並未被學界所公認。即連對中國禪學與日本佛學的發展與文獻
　　相當熟稔的吳汝鈞先生，也僅僅將《達摩禪師論》視為理解達摩禪法的次要與輔助資料而已，
　　而並不同意它比《二入四行》更具代表性。正因如此，故本文並不將它列為理解達摩禪法的
　　主要資料。
[24] 方廣錩整理：《藏外佛教文獻》冊 01，No.1 《天竺國菩提達摩禪師論》（1 卷），〈題解〉。
　　《台北版電子佛典集成》，http://taipei.ddbc.edu.tw/sutra/W0001_001.php。
[25] 同上。

發現:《整理本》中有許多文句,其義近於《二入四行》,而可做為理解達摩禪法的參考,因此,在這樣的情況下,本文遂依據方廣錩先生將「伯 2039 號」及「北新 1254 號」合校為一本的「整理本」:《天竺國菩提達摩禪師論》,來一窺達摩禪法的特性。[26]

　　至於《楞伽經》,則由於:一者,乃是達摩所特別看重與宗奉的佛經;二者,也是達摩弘法傳教的最重要經典;三者,更是達摩傳承佛法給二祖惠可的印記與證明,因此,它的內容一定影響達摩至深,所以本文將它列入理解達摩禪法的「次要理據」,不亦宜乎?!

（一）從《達摩禪師論》適度論斷達摩禪法之特性

　　在《達摩禪師論》中,與達摩的「思路」有關而有助於我們理解其禪法特色的文句,至少有以下三處:[27]

> 1、真如佛性者,不去不來,不生不滅,不取不捨,不垢不淨,無為無染,無有自性,清淨湛然。

> 2、本性清淨,不為一切煩惱諸垢之所染污,猶如虛空。

> 3、自心體性真如,無色無形,非常非斷,非外非內,亦非中間,離諸色相,不出不沒,不來不去,不生不滅,不垢不淨,亦非方圓、大小、長短,離有離無,畢竟空寂。此是自家真如心、本性清淨心,不可以言說分別顯示。

　　由「引文 1」,我們可以得到以下四個重點:一、「真性」亦名「真如」、「佛性」或「真如佛性」,它們乃是「一物之多名」(同一真理的不同稱謂)與「異

---

26 雖說如此,但方先生卻認為:「整理本」係「中國僧人假託禪宗初祖菩提達摩所撰典籍,著者不詳」(《天竺國菩提達摩禪師論》,〈題解〉)。惟筆者:一者,並未找到其論點之直接或間接理據;二者,發現《整理本》中有許多文句,其義確實近於《二入四行》,而可做為理解達摩禪法的參考,因此,本文遂將它列為「次要理據」。

27 此三則引文均徵引自方廣錩整理:《藏外佛教文獻》冊 01,No.1《天竺國菩提達摩禪師論》。

名而同指」（稱謂不同但指涉相同）的；二、「真如佛性」乃是「不去不來，不生不滅，不取不捨，不垢不淨」與「無為無染」的。換言之，「真如佛性」乃是超越一切相對格局與二元對立關係之形上、絕對的最高「實在」或「真實」（Reality）──但非「實體」（Substance）；三、「真如佛性」乃是「無有自性」的。亦即：若真要說「真如佛性」不只是最高的「實在」，同時也是宇宙萬化之「本體」，則此「本體」根本就是「空」（無自性）的，換言之，「真如佛性」其實只是一「空體」或「空理」而已；四、「真如佛性」也是「清淨湛然」的，唯此「淨」是不與「垢」對，「清」是不與「濁」對的絕對「清」「淨」。而由二、三、四三者，更可再次證明：達摩「似乎是」以「分解的思路」──或「分解」的意謂相當強，來看待清淨的「真如佛性」（真性）與染污的「現象萬法」（客塵）之關係的。

　　由「引文2」，我們亦可得：「真如佛性」（真性）乃是絕對「清淨」的，它或許會被污濁的現象萬法（客塵），會被「一切煩惱諸垢」所遮蔽、所覆蓋，但卻絕不會被它們所染污。而這也再次呼應了本文在上一小節中的論點，也再次呈現了達摩禪法的「分解」特性。

　　而「引文3」，則除了表述「真理」可以是「性」，也可以是「心」──客觀地說為「真性」、「佛性」或「真如佛性」；主觀地說為「真如心」、「本性清淨心」，它們也是「一物之多名」（同一真理的不同稱謂）與「異名而同指」（稱謂不同但指涉相同）的──外，也再次與「引文1」之所說相呼應：「真性」乃是「離諸色相」、「無色無形，非常非斷，非外非內，亦非中間」與「不出不沒，不來不去，不生不滅，不垢不淨，亦非方圓、大小、長短，離有離無」的。換言之，「真性」乃是超越一切相對格局與二元對立關係之形上、絕對的最高「實在」或「真實」（Reality）；而且它也是「畢竟空寂」的，亦即：若真要說「真性」或「真如心」是宇宙萬化之「本體」，則它根本只是一「畢竟空寂」的「空體」或「空理」而已！尤有甚者，「真理」既是「心」，既是「自家真如心」與「本性清淨心」，則它顯然為一「主體性」；而因它又是「不可以言說分別顯示」的超越一切相對格局與二元對立關係之形上、絕對的最高「實在」，因此我們實可說它乃是一「超越的主體性」（而非「經驗的主體性」），而這不是再次顯示了達摩禪法「分解」──「自家真如心」與「本性清淨心」在形上、超越層，與物無對；而現象萬法（客塵）則在形下、經驗層，與物相對

——的特性了嗎？只不過《二入四行》偏於言「性」；而《達摩禪師論》則「性」與「心」皆有表述罷了。[28]

而在論述過《達摩禪師論》的若干文句後，接著本文將再從另一「次要理據」：《楞伽經》，來看達摩禪法的特色。

（二）從《楞伽經》合理推測達摩禪法之特性

我們在前文中曾提及：達摩特重與宗奉《楞伽經》，他除了依據該經弘法傳教外，也將它傳給二祖慧可，而做為禪宗師弟相傳的「印記」。正因如此，故我們實可合理推測：《楞伽經》對達摩禪法的特性一定有相當程度的影響。但現在的問題是：是《楞伽經》的什麼內容深刻地影響了達摩禪法的特性？對此，筆者認為是「如來藏」思想。

所謂「如來藏」，即是能讓眾生覺悟成為「如來」（佛）的胎藏與寶藏。它本性清淨明亮（性淨），既是眾生成佛的潛能與種子（佛性），也是眾生成佛的形上依據（佛道、空理或法性），也是一種「超越的主體性」（真如心、自性清淨心或如來藏自性清淨心），同時更是一種終極的「實在」或「真實」（真性）——但非「實體」。我們可以這麼說：若「如來」（佛）是「果」，則「如來藏」便是「因」；若「如來」是「顯」現的人格狀態與生命境界，則「如來藏」便是潛「隱」的覺悟種子與智慧根源。「如來藏」最重要的特色，便是「透過一分解的方式，或說分解的路數，去肯定一清淨的心體或性體，作為人的生死流轉或覺悟還滅的根本基礎。」[29] 而這「清淨的心體或性體」，乃是形上、超越層面的「空理」（空體）；至於我們日常生活中的各種心理作用與生理活動，則是形下、現象層面的「客塵」，它充滿了染污與塵垢。如此一來，遂產生了一「形上／形下」、「超越／現象」、「真實／虛妄」、「清淨／染污」、「光明／黑暗」、「太陽／烏雲」的二元對立關係。而人生的終極目標，便是捨棄與滅除「形下」、「虛妄」、「染污」與「黑暗」的「客塵」，而體證與呈現出「形上」、「真實」、「清淨」與「光明」的「清淨心性」，便是要「撥雲見日」了，亦即是達摩所說的

---

[28] 其實，除了「整理本」：《天竺國菩提達摩禪師論》的上述三則引文外，像關口真大所收錄、並推崇的《達摩禪師論》，也有若干文句可做為理解達摩禪法的次要與輔助資料，茲引其一以供讀者參閱：「法佛者，本性清淨心，真如本覺，凝然常住，不增不減。」

[29] 吳汝鈞：《中國佛學的現代詮釋》，頁150。

「捨妄歸真」了。而「如來藏」這樣的思想與特色，確實是深深地影響了達摩禪。我們試觀以下三則引文，便可知本文所言不虛：

> 1、如來藏自性清淨…入於一切眾生身中。如大價寶，垢衣所纏，如來之藏常住不變，亦復如是。而陰界入垢衣所纏，貪欲恚癡不實妄想塵勞所污。[30]

> 2、如來藏藏識…雖自性淨，客塵所覆故，猶見不淨，非諸如來。[31]

> 3、如來之藏…自性無垢，畢竟清淨。[32]

　　我們從以上的三則引文，可以很清楚地看到《楞伽經》「如來藏」思想的特色：一、「如來藏」乃是自性清淨的。此由「如來藏自性清淨」、「自性淨」與「自性無垢，畢竟清淨」等語句可知；二、「如來藏」具有恆常普遍性而存在於一切眾生的生命之中。此由「入於一切眾生身中」與「如來之藏常住不變」等語句可知；三、清淨的「如來藏」之存在於污垢的「眾生身中」，就如同明亮潔淨的無價珍寶（大價寶）為污垢衣物所纏繞、所覆蓋（垢衣所纏）一樣，外表上看起來好像不潔淨，但其實「如來藏」清淨的本性乃是「常住不變」的；四、纏住、覆蓋與遮蔽「如來藏」的清淨本性，而使其智慧的光明無法顯現與照耀出來的，乃是：一切眾生與存在界的「陰」（色、受、想、行、識等「五陰」或「五蘊」）、「界」（六根、六塵與六識等「十八界」、「入」（六根與六境等「十二入」）、「貪欲」（各種的人心的貪念與欲望）、「恚癡」（所有內心的憎恨、憤怒與愚癡等）以及「不實妄想」（各種虛妄、邪淫、不真實與不正確的念頭與想法）等。

　　而上述四點，其實已清楚告訴我們：《楞伽經》的「如來藏」思想，乃是預設著「超越的分解」架構，乃是以「分解的思路」來看待「如來藏」（真性、自性清淨心）與「客塵」（眾生身、眾生之所有貪、嗔、癡與不實妄想等）之關係的：「如來藏」係形上之本體（空體、空理），它既「超越」（於現象之上）

---

[30]　《大正藏》，冊16，頁489上。
[31]　《大正藏》，冊16，頁510下。
[32]　《大正藏》，冊16，頁510中。

且又「內在」（於眾生之中），它本性清淨光明而與物無對；至於「客塵」，則是形下之現象，它虛妄染污而分別相對，所以「如來藏」是（上）一層，而「客塵」是（下）一層，兩者根本是異層、異質的。

　　而由於《楞伽經》的「如來藏」思想深深地影響了達摩禪，因此我們便可合理推測：達摩「應該」也是以「分解的思路」，「應該」也有預設著「超越的分解」架構，來看待「真性」與「客塵」的關係：他把絕對普遍與清淨光明的「真性」，置於形上、超越層；而把染污虛妄與變幻無常的「客塵」，置於形下、現象層。如此，則便將真實與虛妄二分，便將清淨的心性與染污的萬法二分了。

參、結　論

　　綜合以上所說，我們可以得到以下五點結論：

　　一、判定達摩禪法的理據至少有二：（一）主要理據：它指的是學界所公認的或爭議性較小的達摩本人的著作或記錄達摩言行的典籍。它對於證成達摩禪法的特性，不僅具有直接的相關性，而且支持力也最強，如《二入四行》即屬之；（二）次要理據：它指的是對於證成達摩禪法的特性，具有次佳與輔助的效果，且支持力略弱於「主要理據」的文獻。它至少包含了《達摩禪師論》與《楞伽經》裡的若干思想與某些文句等。

　　二、作為「主要理據」的《二入四行》當中，與達摩禪法特性相關的文句，至少有「理入」的「深信含生凡聖同一真性，但為客塵妄覆，不能顯了」與「捨妄歸真」，以及「行入」的「稱法行」之「性淨之理，目之為法」、「此理眾相斯空，無染無著，無此無彼」與「法無眾生，離眾生垢故。法無有我，離我垢故」等。而這些文句，除了顯現達摩禪法係「解行雙修」與「知（智）行並重」外，更呈現出「真性」（理、法、真）的濃厚超越性格，以及達摩「似乎是」以「分解的思路」——預設著「超越的分解」架構，來看待「真性」與「客塵」（現象、眾生、我、妄）的關係：「真性」係形上、超越層之「本體」（空體、空理），清淨光明而與物無對；至於「客塵」，則是形下、經驗層之「現象」，虛妄染污而與物相對，故「真性」與「客塵」乃是異層、異質的。

　　三、由於《二入四行》的文句實在是太過精簡扼要了，並沒有很詳盡、明白地呈現出「真性」（法）的形上、超越性格，也並沒有直接、斷然地表示「真性」（法）乃是「先」（存有層序與價值上的「先」）於「客塵」（現象、眾生與

我）而存在的，因此，必須再透過「次要理據」：《達摩禪師論》與《楞伽經》
等，來衡定達摩禪法的特性。

　　四、《達摩禪師論》與《楞伽經》中，與達摩禪法的特性相關的文句，至
少也有《達摩禪師論》中的「真如佛性者。不去不來，不生不滅，不取不捨，
不垢不淨，無為無染」、「無色無形，非常非斷，非外非內，亦非中間，離諸
色相，不出不沒，不來不去，不生不滅，不垢不淨，亦非方圓、大小、長短，
離有離無」、「自家真如心、本性清淨心，不可以言說分別顯示」、「清淨湛然」、
「本性清淨，不為一切煩惱諸垢之所染污」與「自心體性真如，畢竟空寂」、「無
有自性」，以及《楞伽經》中的「如來藏自性清淨……入於一切眾生身中。如
大價寶，垢衣所纏。如來之藏常住不變，亦復如是。而陰界入垢衣所纏，貪欲
恚癡不實妄想塵勞所污」、「雖自性淨，客塵覆故，猶見不淨，非諸如來」與「自
性無垢，畢竟清淨」等。而這些文句，除了顯現「真性」的「異名而同指」與
「一物而多名」──「真性」亦是「真如」，亦是「真如佛性」，亦是「佛性」，
亦是「如來藏」，亦是「如來藏自性清淨心」，亦是「自家真如心」，亦是「本
性清淨心」──外，也再次呈現出「真性」更為濃厚的超越性格：它乃是超越
一切相對格局與二元對立關係之形上、絕對的最高「實在」或「真實」（Reality）
──是「畢竟空寂」的「空體」（空理），而非「實體」（Substance），以及更進
一步烘托出達摩乃是以「分解的思路」，乃是預設著「超越的分解」架構，來
看待「真性」與「客塵」的關係：「真性」乃是形上超越之「空體」，清淨光明、
與物無對；而「客塵」則是形下經驗之「現象」，虛妄染污、分別相對，故兩
者根本是異層、異質的。

　　五、由於達摩禪預設著「超越的分解」架構，而把形上與形下二分，把清
淨的「真性」與染污的「客塵」二分，因此，基本上他乃是以「分解的思路」
來看待天地萬物以及來看待本體（心性）與現象之關係的，故我們實可初步推
斷：達摩禪應是屬於「分解的思路」型態之學才是！

　　本文曾發表於「第三屆河北禪文化論壇」（河北石家莊，河北省社會科學
研究院・河北省柏林禪寺，2013 年 5 月 23~26 日），並經筆者修潤而成。

主要參考書目

　　本文的主要參考書目，可概分為傳統典籍文獻、現代學人的專書、現代學人的學位論文與現代學人的單篇論文等四種。以下即依序排列之。

壹、傳統典籍文獻：（依儒、道、釋順序排列）

一、儒家部分：

《周易正義》，《十三經注疏》本，台北：藝文印書館，1982 年。
《禮記正義》，《十三經注疏》本，台北：藝文印書館，1982 年。
《論語注疏》，《十三經注疏》本，台北：藝文印書館，1982 年。
《孟子注疏》，《十三經注疏》本，台北：藝文印書館，1982 年。
《孝經注疏》，《十三經注疏》本，台北：藝文印書館，1982 年。
周敦頤：《周濂溪先生全集》，《叢書集成初編》，北京：中華書局，1983 年。
周敦頤：《周子全書》，台北：商務印書館，1978 年。
邵雍：《皇極經世書》，《中國子學名著集成》本，台北：中國子學名著集成編
　　印基金會，1978 年。
邵雍：《伊川擊壤集》，《四部叢刊》本，上海：上海書店，1989 年。
張載：《張載集》，台北：漢京文化公司，1983 年。
程顥、程頤：《二程集》，台北：漢京文化公司，1983 年。
胡宏：《知言》，《粵雅堂叢書》本，《叢書集成新編》，台北：新文豐出版公司，
　　1985 年。
李侗：《李延平集》，《叢書集成初編》，北京：中華書局，1983 年。
朱熹：《四書章句集註》，台北：鵝湖出版社，1984 年。
朱熹：《朱子語類》，台北：文津出版社，1986 年。
朱熹：《朱子文集》，台北：德富文教基金會，2000 年。

朱熹、呂祖謙撰、江永集注：《近思錄集注》，台北：中華書局，1987 年。

陸九淵：《象山全集》，《四部備要》本，台北：中華書局，1979 年。

脫脫：《宋史》，台北：藝文印書館，1982 年。

王守仁：《王陽明全集》，上海：上海古籍出版社，1997 年。

王畿：《王龍溪全集》，台北：華文書局，1970 年。

王畿：《王龍溪語錄》，台北：廣文書局，1986 年。

陳確：《陳確集》，台北：漢京文化公司，1984 年。

劉宗周：《劉子全書》，台北：華文書局，1970 年。

劉宗周：《劉宗周全集》，台北：中央研究院中國文哲研究所籌備處，1997 年。

黃宗羲：《黃梨洲文集》，北京：中華書局，1959 年。

黃宗羲、全祖望：《宋元學案》，台北：廣文書局，1971 年。

黃宗羲原著‧全祖望補修‧陳金生、梁運華點校：《宋元學案》，台北：華世出
　　版社，1987 年。

黃宗羲：《明儒學案》，北京：中華書局，1985 年。

黃宗羲著、沈芝盈點校：《明儒學案》，台北：華世出版社，1987 年。

黃宗羲：《黃宗羲全集》，杭州：浙江古籍出版社，1985~1994 年。

黃宗羲：《黃宗羲全集》，台北：里仁書局，1987 年。

黃宗羲著、沈善洪主編、吳光執行主編：《黃宗羲全集》，杭州：浙江古籍出版
　　社，2005 年。

王夫之：《船山全書》，長沙：嶽麓書社，1996 年。

王夫之：《船山遺書全集》，台北：中國船山學會、自由出版社，1972 年。

王夫之著、嚴壽澂導讀：《船山思問錄》，上海：上海古籍出版社，2000 年。

顧炎武：《顧亭林詩文集》，台北：漢京文化公司，1984 年。

陸隴其：《三魚堂文集》，台北：商務印書館，1983 年。

張廷玉：《明史》，北京，中華書局，1995 年。

全祖望：《鮚埼亭集》，上海：上海書店，1989 年。

紀昀等編：《四庫全書總目題要》，台北：漢京文化公司，1981 年。

二、道家部分：

韓非：《韓子‧解老》、《韓子‧喻老》，嚴靈峰主編：《無求備齋韓非子集成》

台北：成功出版社，1980 年。

河上公：《老子河上公章句》，王卡點校，北京：中華書局，2009 年。

王弼：《老子道德經注》，收錄於樓宇烈《王弼集校釋》，台北：華正書局，2006
　　年。

王弼：《老子注》，臺北：金楓出版社，1987 年 5 月。

郭象：《莊子注》，台北：藝文印書館，2007 年。

郭象：《莊子注》（共二冊），台北：金楓出版社，1987 年。

呂祖謙：《音注河上老子道德經》，台北：廣文書局，1985 年。

憨山：《老子道德經憨山解》，台北：琉璃經房，1982 年。

憨山：《老子道德經憨山註・莊子內篇憨山註》，台北：新文豐出版公司，1973
　　年。

王夫之：《莊子通・莊子解》，台北：里仁書局，1984 年。

王先謙：《莊子集解》，台北：三民書局，1974 年。

郭慶藩：《莊子集釋》，台北：華正書局，1985 年。

嚴靈峯主編：《無求備齋老子集成》，台北：藝文印書館，1965 年。

嚴靈峰主編：《無求備齋莊子集成》初編，台北：藝文印書館，1972 年。

嚴靈峰主編：《無求備齋莊子集成》續編，台北：藝文印書館，1974 年。

三、佛學部分：

《大正新修大藏經》（即《大正藏》），台北：新文豐出版公司，1983 年。

《卍續藏經》，藏經書院編輯，台北：新文豐出版公司，1993 年。

鳩摩羅什譯：《摩訶般若波羅蜜經》，《大正藏》，冊 8。

鳩摩羅什譯：《小品般若波羅蜜經》，《大正藏》，冊 8。

鳩摩羅什譯：《金剛般若波羅蜜經》，《大正藏》，冊 8。

鳩摩羅什譯，《妙法蓮華經》卷二〈方便品〉，《大正藏》，冊 9。

鳩摩羅什譯，《佛說阿彌陀經》，《大正藏》，冊 12。

鳩摩羅什譯，《維摩詰所說經》，《大正藏》，冊 14。

真諦譯：《金剛般若波羅蜜經》，《大正藏》，冊 8。

曇無讖譯：《大般涅槃經》，《大正藏》，冊 12。

安世高譯：《佛說大安般守意經》，《大正藏》，冊 15。

佛陀跋陀羅譯：《大方等如來藏經》，《大正藏》，冊 16。

求那跋陀羅譯：《楞伽阿跋多羅寶經》，《大正藏》，冊 16。

支謙譯：《佛說維摩詰經》，《大正藏》，冊 14。

實叉難陀譯：《華嚴經八十卷本》第五十四卷，《大正藏》，冊 10。

實叉難陀譯：《大方廣佛華嚴經》，《大正藏》，冊 10。

求那跋陀羅譯：《楞伽經》，《大正藏》，冊 16。

玄奘譯：《般若波羅蜜多心經》，《大正藏》，冊 16。

宗寶編：《六祖大師法寶壇經》，《大正藏》，冊 48。

法海集：《六祖壇經》，《大正藏》，冊 48。

李申釋譯：《六祖壇經》，台北：佛光文化公司，1997 年。

真諦譯：《大乘起信論》一卷，《大正藏》，冊 32。

實叉難陀譯：《大乘起信論》二卷，《大正藏》，冊 32。

真諦譯、高振農校釋：《大乘起信論校釋》，北京：中華書局，2000 年。

僧肇：《肇論》一卷，《大正藏》，冊 45。

智顗：《摩訶止觀》，《大正藏》，冊 46。

僧璨作：《信心銘》，《大正藏》，冊 48。

弘忍述：《最上乘論》，《大正藏》，冊 48。

宗密述：《禪源諸詮集都序》，《大正藏》，冊 48。

宗密：《圓覺經大疏鈔》，《卍續藏經》，冊 14、15。

宗密：《中華傳心地禪門師資承襲圖》，《卍續藏經》，冊 110。

佚名：《曹溪大師別傳》，《卍續藏經》，冊 146。

延壽集：《宗鏡錄》，《大正藏》，冊 48。

志磐：《佛祖統紀》，《大正藏》，冊 48。

慧皎：《高僧傳》，《大正藏》，冊 50。

道宣：《續高僧傳》，《大藏經》，冊 50。

楊衒之：《洛陽伽藍記》，《大藏經》，冊 51。

杜朏：《傳法寶記》，《大藏經》，冊 85。

淨覺：《楞伽師資記》，《大正藏》，冊 85。

無住弟子：《歷代法寶記》，《大正藏》，冊 51。

佚名：《觀心論》，《大正藏》冊 85。

贊寧等：《宋高僧傳》，《大正藏》，冊 50。

道原：《景德傳燈錄》，《大正藏》，冊 51。

契嵩編：《傳法正宗記》，《大正藏》，冊 51。

李遵勗：《天聖廣燈錄》，《卍續藏經》，冊 51。

守頤：《古尊宿語錄》，《卍續藏經》，冊 118。

晦翁悟明：《聯燈會要》，《卍續藏經》，冊 136。

普濟：《五燈會元》，《卍續藏經》，冊 137~138 年。

晦巖智昭：《人天眼目》，《大正藏》，冊 48。

貳、現代學人的研究專書：（依姓氏筆劃排列）

丁為祥：《熊十力學術思想評傳》，北京：北京圖書館，1999 年，

于凌波：《改變歷史的佛教高僧》，台北：東大圖書公司，2002 年。

方立天：《中國古代哲學問題發展史》，台北：洪葉文化公司，1995 年。

方立天：《佛教哲學》，台北：洪葉文化公司，1999 年。

方東美：《生生之德》，台北：黎明文化公司，1979 年。

方東美：《原始儒家道家哲學》，台北：黎明文化公司，1993 年。

方東美：《新儒家哲學十八講》，台北：黎明文化公司，1985 年。

方祖猷：《清初浙東學派論叢》，台北：萬卷樓圖書公司，1996 年。

王政堯點校：《黃宗羲年譜》，北京：中華書局，1993 年。

王邦雄等：《中國哲學史》，台北：空中大學，1998 年。

王邦雄：《儒道之間》，台北：漢光文化公司，1987 年。

王邦雄：《老子的哲學》，台北：東大圖書公司，2006 年（修訂二版）。

王邦雄：《老子十二講》，台北：遠流出版公司，2011 年。

王邦雄：《莊子道》，台北：里仁書局，2010 年。

王叔岷：《莊子校詮》，北京：中華書局，2007 年。

王開府：《儒家倫理學析論》，台北：學生書局，1988 年。

王淮：《老子探義》，台北：商務印書館，2001 年。

王雷泉釋譯、星雲大師總監修：《摩訶止觀》，台北：佛光文化公司，2003 年。

尤惠貞：《天臺哲學與佛教實踐》，嘉義：南華大學，1999 年。

尤惠貞：《天臺宗性具圓教之研究》，臺北：文津出版社，1993。

永本釋譯、星雲大師總監修：《天台四教儀》，台北：佛光文化公司，1997 年。

包兆會：《莊子生存論美學研究》，附錄一至三，〈大陸莊學研究回顧與反思〉、〈近三十年來港台莊學研究回顧與反思〉與〈英語世界莊學研究回顧與反思〉，南京：南京大學出版社，2004 年。

安藤俊雄著、演培譯：《天台性具思想論》，台北：天華出版公司，1989 年。

田浩（Hoyt Cleveland Tillman）：《朱熹的思維世界》，台北：允晨文化公司，1996 年。

加達默爾（H.G.Gadamer）著、洪漢鼎譯：《真理與方法》，台北：時報文化公司，1993 年。

古清美：《明代理學論文集》，台北：大安出版社，1990 年。

甘紹平：《傳統理性哲學的終結》，台北：唐山出版社，1996 年。

成中英：《中國哲學的現代化與世界化》，台北：聯經出版公司，1985 年。

牟宗三：《才性與玄理》，台北：學生書局，1985 年。

牟宗三：《心體與性體》，台北：正中書局，1987 年。

牟宗三：《心體與性體》，上海：上海古籍出版社，1999 年。

牟宗三：《中國哲學十九講》，台北：學生書局，1991 年。

牟宗三：《佛性與般若》，台北：學生書局，1982 年。

牟宗三：《政道與治道》，台北：學生書局，1985 年。

牟宗三：《現象與物自身》，台北：學生書局，1984 年。

牟宗三：《從陸象山到劉蕺山》，台北：學生書局，1979 年。

牟宗三：《智的直覺與中國哲學》，台北：商務印書館，1987 年。

牟宗三：《圓善論》，台北：學生書局，1985 年。

牟宗三：《康德的道德哲學》，台北：學生書局，1983 年。

牟宗三等：《當代新儒學論文集・總論篇》，台北：文津出版社，1991 年。

印順：《中國禪宗史》，台北：正聞出版社，1978 年。

印順：《中觀今論》，台北：正聞出版社，2003 年。

印順：《如來藏之研究》，台北：正聞出版社，1981 年。

印順：《妙雲集下編》，台北：正聞出版社，1987 年。

朱伯崑：《易學哲學史》，台北：藍燈文化公司，1991 年。

朱建民：《張載思想研究》，台北：文津出版社，1989 年。

任繼愈：《中國哲學史》，北京：人民出版社，1994 年。

任繼愈主編：《中國哲學發展史（先秦）》，北京：人民出版社，1998 年。

任繼愈主編：《中國哲學發展史（隋唐）》，北京：人民出版社，1998 年。

任繼愈譯著：《老子新譯》，台北：谷風出版社，1987 年。

宇野哲人著、馬福辰譯：《中國近世儒學史》，文化大學出版部，1982 年。

宇井伯壽：《禪宗史研究》，東京：岩波書店，1935 年。

呂澂：《呂澂佛學論著選集》，濟南：齊魯書社，1991 年。

呂澂：《中國佛學源流略論》，台北：大千出版社，2003 年。

吳光：《儒家哲學片論：東方道德人文主義之研究》，台北：允晨文化公司，1993
　　年。

吳光：《黃宗羲著作彙考》，台北：學生書局，1990 年。

吳光明：《莊子》，台北：東大圖書公司，1988 年。

吳汝鈞：《儒家哲學》，台北：商務印書館，1995 年。

吳汝鈞：《中國佛學的現代詮釋》，台北：文津出版社，1995 年。

吳汝鈞：《老莊哲學的現代析論》，台北：文津出版社，1998 年。

吳汝鈞：《印度佛學的現代詮釋》，台北：文津出版社，1995 年。

吳汝鈞：《中國佛教哲學名相選釋》，高雄：佛光文化公司，1993 年。

吳汝鈞：《游戲三昧：禪的實踐與終極關懷》，台北：學生書局，1993 年。

吳汝鈞：《天臺智顗的心靈哲學》，臺北：商務印書館，1999 年。

吳汝鈞：《佛教的當代判釋》，台北：學生書局，2011 年。

吳言生：《禪宗思想淵源》，北京：中華書局，2001 年。

吳　怡：《新譯莊子內篇解義》，台北：三民書局，2000 年。

吳怡主編：《哲學論集》，台北：中華學術院，1976 年。

邢東風：《禪宗與禪學熱》，北京：宗教文化出版社，2006 年。

邢東風：《禪悟之道》，台北：圓明出版社，1995 年。

邢東風釋譯：《神會語錄》，台北：佛光文化公司，1996 年。

李天命：《存在主義概論》，台北：學生書局，1986 年。

李天命：《語理分析的思考方法》，台北：鵝湖出版社，1988 年。

李中華注譯、丁敏校閱：《新譯六祖壇經》，台北：三民書局，2000 年。

李世傑：《漢魏兩晉南北朝佛教思想史》，台北：新文豐出版社，1980 年。

李存山：《中國氣論探源與發微》，北京：中國社會科學院，1990 年。

李杜：《唐君毅先生的哲學》，台北：學生書局，1989 年。

李志林：《氣論與傳統思維方式》，上海：學林出版社，1990 年。

李明輝：《儒家與康德》，台北：聯經出版公司，1990 年。

李明輝：《儒學與現代意識》，台北：文津出版社，1991 年。

李明輝：《當代儒學之自我轉化》，台北：中央研究院中國文哲研究所，1994
　　年。

李明輝：《儒學與現代意識》，台北：文津出版社，1991 年。

李明輝主編：《儒學思想在現代東亞－－總論篇》，台北：中央研究院中國文哲
　　研究所籌備處，1998 年。

李明輝主編：《牟宗三先生與中國哲學之重建》，台北：文津出版社，1996 年。

李明輝主編：《當代新儒家人物論》，台北：文津出版社，1994 年。

李淼編著：《中國禪宗大全》，高雄：麗文文化公司，1994 年。

李紀祥：《明末清初儒學之發展》，台北：文津出版社，1992 年。

李振綱：《證人之境－－劉宗周哲學的宗旨》，北京：人民出版社，2000 年。

李瑞全：《儒家生命倫理學》，台北：鵝湖出版社，2000 年。

李廣柏：《新譯明夷待訪錄》，台北：三民書局，1995 年。

李澤厚：《中國古代思想史論》，台北：漢京文化公司，1987 年。

李澤厚：《中國現代思想史論》，台北：風雲時代出版社，1991 年。

李世傑：《漢魏兩晉南北朝佛教思想史》，台北：新文豐出版社，1980 年。

李富華釋譯：《楞嚴經》，高雄：佛光文化公司，1998 年。

余英時：《中國思想傳統的現代詮釋》，台北：聯經出版公司，1992 年。

余英時：《中國近世宗教倫理與商人精神》，台北：聯經出版公司，1996 年。

余英時：《中國文化與現代變遷》，台北：三民書局，1995 年。

余英時：《歷史與思想》，台北：聯經出版公司，1990 年。

余英時：《從價值系統看中國現代化的意義》，台北：時報圖書公司，1990 年。

余英時：《猶記風吹水上鱗——錢穆與中國現代學術》，台北：三民書局，1991
　　年。

杜維明：《儒家自我意識的反思》，台北：聯經出版公司，1990 年。

杜維明：《儒家思想－－以創造轉化為自我認同》，台北：東大圖書公司，1997
　　年。

杜維明：《儒學第三期前景發展的問題——大陸講學、問難與討論》，台北，聯
　　經出版公司，1989 年。

杜繼文、魏道儒著：《中國禪宗通史》，南京：江蘇古籍出版社，1993 年。

沈清松主編：《跨世紀的中國哲學》，台北：五南圖書公司，2001 年。

沈清松，《詮釋與創造》，台北：聯合報系文化基金會，1995 年。

岑溢成：《大學義理疏解》，台北：鵝湖出版社，1986 年。

周群振等：《當代新儒學論文集‧內聖篇》，台北：文津出版社，1991 年。

周慶華：《佛學新視野》，台北：東大圖書公司，1997 年。

林安梧：《王船山人性史哲學之研究》，台北：東大圖書公司，1987 年。

林安梧：《中國近現代思想觀念史論》，台北：學生書局，1995 年。

林安梧：《中國宗教與意義治療》，台北：明文書局，1996 年。

林安梧：《儒學革命論》，台北：學生書局，1998 年。

林安梧編：《現代儒佛之爭》，台北：明文書局，1989 年。

林安梧：《存有、意識與實踐》，台北：東大圖書公司，1993。

林朝成等：《佛學概論》，台北：三民書局，2000 年。

林毓生：《思想與人物》，台北：聯經出版公司，1983 年。

林毓生：《中國傳統的創造性轉化》，北京：三聯書店，1983 年。

林毓生：《思想與人物》，台北：聯經出版公司，1983 年。

林保淳：《經世思想與文學經世 明末清初經世文論研究》，台北：文津出版社，
　　　1991 年。

林慶彰：《明代經學研究論集》，台北：文史哲出版社，1994 年。

林慶彰：《清初的群經辨偽學》，台北：文津出版社，1980 年。

林慶彰編：《中國經學史論文集選集》，台北：文史哲出版社，1992~1993 年。

林慶彰、蔣秋華主編：《明代經學國際研討會論文集》，台北：中央研究院中國
　　　文哲研究所，2002 年。

季學原、桂興源：《明夷待訪錄導讀》，成都：巴蜀書社，1992 年。

季學原、章亦平主編：《黃宗羲研究資料索引》，杭州：浙江古籍出版社，1993
　　　年。

侯外廬撰：《中國思想通史(第五卷)》，北京：人民出版社，1958 年。

林聰舜：《明清之際儒家思想的變遷與發展》，台北：學生書局，1990 年。

金耀基：《中國社會與文化》，香港：牛津大學出版社，1992 年。

東方朔：《劉蕺山哲學研究》，上海：上海人民出版社，1997 年。

東方朔：《劉宗周評傳》，南京：南京大學出版社，1998 年。

祝平次：《朱子學與明初理學的發展》，台北：學生書局，1994 年。

祝瑞開：《宋明思想與中華文明》，上海：學林出版社，1995 年。

袁爾鉅：《蕺山學派哲學思想》，濟南：山東教育出版社，1993 年。

苗潤田：《中國儒學史‧明清卷》，廣州：廣東教育出版社，1998 年。

胡楚生：《清代學術史研究》，台北：學生書局，1988 年。

胡適校：《神會和尚遺集》，台北：胡適紀念館，1970 年。

胡適：《胡適禪學案》，台北：正中書局，1990 年。

柳田聖山編：《胡適禪學案》，台北：正中書局，1975 年。

柳田聖山著、吳汝鈞譯：《中國禪思想史》，台北：商務印書館，1985 年。

洪修平：《中國禪學思想史》，台北：文津出版社，1998 年。

洪修平：《禪宗思想的形成與發展》，南京：江蘇人民出版社，2011 年。

洪漢鼎：《詮釋學史》，台北：桂冠圖書公司，2002 年。

侯外廬等：《宋明理學史》，北京：人民出版社，1987 年。

侯外廬：《中國思想史綱》，台北：五南圖書公司，1993 年。

侯外廬：《中國思想通史(第五卷)》，北京：人民出版社，1958 年。

姜廣輝：《理學與中國文化》，上海：上海人民出版社，1995 年。

馬一浮：《復性書院講錄》，台北：廣文書局，1977 年。

韋政通：《中國思想史》，台北：水牛出版社，1997 年。

韋政通：《中國思想史方法論文選集》，台北：水牛出版社，1987 年。

韋政通：《儒家與現代中國》，台北：東大圖書公司，1992 年。

高柏園：《中庸形上思想》，台北：東大圖書公司，1988 年。

高柏園：《莊子內七篇思想研究》，台北：文津出版社，1992 年。

高柏園：《禪學與中國佛學》，台北：里仁書局，2001 年。

高宣揚：《解釋學簡論》，台北：遠流出版公司，1994 年。

殷鼎：《理解的命運》，台北：東大圖書公司，1990 年。

唐君毅：《人文精神之重建》，台北：學生書局，1988 年。

唐君毅：《人生之體驗》，台北：學生書局，1985 年。

唐君毅：《人生之體驗續編》，台北：學生書局，1984 年。

唐君毅：《心物與人生》，台北：學生書局，1984 年。

唐君毅：《中國哲學原論‧原性篇》，台北：學生書局，1984 年。

唐君毅：《中國哲學原論‧原教篇》，台北：學生書局，1984 年。

唐君毅：《中國哲學原論‧原道篇》，台北：學生書局，1986 年。

唐君毅：《中國哲學原論‧導論篇》，台北：學生書局，1986 年。

唐君毅：《哲學概論》，台北：學生書局，1985 年。

唐君毅：《哲學論集》，台北：學生書局，1990 年。

唐君毅：《道德自我之建立》，台北：學生書局，1985 年。

孫開泰等：《中國哲學史》，台北：文津出版社，1995 年。

孫振青：《宋明道學》，台北：國立編譯館，1986 年。

容肇祖：《明代思想史》，台北：開明書店，1982 年。

孫隆基：《中國文化的深層結構》，台北：唐山出版社，1991 年。

徐定寶：《黃宗羲評傳》，南京：南京大學出版社，2002 年。

徐定寶主編：《黃宗羲年譜》，上海：華東師範大學出版社，1995 年。

徐復觀：《中國思想史論集》，台北：學生書局，1983 年。

徐復觀：《中國思想史論集續編》，台北：時報文化公司，1985 年。

徐復觀：《中國藝術精神》，台北：學生書局，1976 年。

徐復觀：《兩漢思想史》，台北：學生書局，1974~1979 年。

徐復觀：《儒家政治思想與民主自由人權》，台北：學生書局，1988 年。

徐復觀：《學術與政治之間》，台北：學生書局，1985 年。

徐漢昌：《管子思想研究》，台北：學生書局，1990 年。

徐漢昌：《先秦諸子》，《中山學術文化基金會中山文庫》，台北：台灣書店，1997
　　年。

袁保新：《孟子三辨之學的歷史省察與現代詮釋》，台北：文津出版社，1992
　　年。

袁保新：《老子哲學之詮釋與重建》，台北：文津出版社，1991 年。

梁紹輝：《周敦頤評傳》，南京：南京大學出版社，1994 年。

梁漱溟：《人心與人生》，台北：谷風出版社，1987 年。

梁漱溟：《中國文化要義》，台北：里仁書局，1982 年。

梁漱溟：《東西文化及其哲學》，台北：里仁書局，1983 年。

梁漱溟：《憶熊十力先生》，台北：明文書局，1989 年。

景海峰：《熊十力》，台北：東大圖書公司，1991 年。

張慶熊：《熊十力的新唯識論與胡賽爾的現象學》，上海：人民出版社，1995
　　年。

郭朋：《中國佛教史》，台北：文津出版社，1993 年。

郭朋：《惠能與禪宗——禪宗思想研究之一》，北京：中國國際廣播出版社，2008
　　年。

郭齊勇：《熊十力及其哲學》，北京：中國展望出版社，1985 年。

郭齊勇：《天地間一個讀書人——熊十力傳》，台北：業強出版社，1994 年。

郭齊勇：《熊十力思想研究》，天津：人民出版社，1993 年。

張灝：《幽暗意識與民主傳統》，台北：聯經出版公司，2000 年。

郭建勳注譯：《新譯易經讀本》，台北：三民書局，1996 年。

張立文：《宋明理學邏輯結構的演化》，台北：萬卷樓圖書公司，1993 年。

張立文：《宋明理學研究》，北京：人民大學出版社，1985 年。

張立文：《船山哲學》，台北：七略出版社，2000 年。

張立文：《正學與開新－－王船山哲學思想》，北京：人民出版社，2001 年。

張立文：《道》，台北：漢興書局，1994 年。

張立文：《氣》，北京：人民大學出版社，1996 年。

張岱年：《中國哲學大綱》，北京：中國社會科學院，1997 年。

張岱年：《中國哲學發展》，太原：山西人民出版社，1981 年。

張岱年：《張岱年全集》，石家莊：河北人民出版社，1996 年。

張亨：《思文之際論集》，台北：允晨文化公司，1997 年。

張起鈞：《老子哲學》，台北：正中書局，2000 年。

張起鈞：《智慧的老子》，台北：東大圖書公司，1989 年。

張曼濤主編：《天台思想論集》，台北：大乘文化出版社，1979 年。

張曼濤主編：《禪學論文集》，台北：大乘文化出版社，1976 年。

張曼濤主編：《禪宗史實考辨》，台北：大乘文化出版社，1977 年。

張曼濤主編：《禪宗典籍研究》，台北：大乘文化出版社，1977 年。

張曼濤主編：《禪宗思想與歷史》，台北：大乘文化出版社，1978 年。

張曼濤主編：《禪學論文集》第二冊，台北：大乘文化出版社，1977 年。

張舜徽：《周秦道論發微史學三書平議》，武漢：華中師範大學出版社，2005
　　年。

張學智：《明代哲學史》，北京：北京大學出版社，2000 年。

莊萬壽：《道家史論》，台北：萬卷樓圖書公司，2000 年。

許抗生：《老子研究》，台北：水牛出版社，1999 年。

新田雅章著、涂玉盞譯：《天台哲學入門》，台北：東大圖書公司，2003 年。

陳立驤：《宋明儒學新論》，高雄：高雄復文圖書出版社，2005 年。

陳立驤：《孟子性善說研究》，台北：花木蘭出版社，2010 年。

陳來：《朱熹哲學研究》，台北：文津出版社，1990 年。

陳來：《宋明理學》，台北：洪葉文化公司，1994 年。

陳來：《熊十力哲學的明心論》，台北：文津出版社，1981 年。

陳沛然：《佛家哲理通析》，台北：東大圖書公司，1993 年。

陳英善：《天台性具思想》，台北：東大圖書公司，1997 年。

陳郁夫：《周敦頤》，台北：東大圖書公司，1990 年。

陳俊民：《張載哲學與關學學派》，台北：學生書局，1990 年。

陳特：《倫理學釋論》，台北：東大圖書公司，1994 年。

陳鼓應：《老子今註今譯》，台北：商務印書館，2000 年。

陳鼓應：《莊子今註今譯》，台北：商務印書館，1999 年。

陳鼓應：《老莊新論》，台北：五南圖書公司，1995 年。

陳鼓應主編：《道家文化研究》，上海：上海古籍出版社，1992 年。

陳福濱：《晚明理學思想通論》，台北：環球書局，1983 年。

陳榮捷：《中國哲學論集》，台北：中央研究院中國文哲研究所，1994 年。

陳榮捷：《宋明理學之概念與歷史》，台北：中央研究院中國文哲研究所籌備處，1996 年。

陳榮捷：《王陽明與禪》，台北：學生書局，1984 年。

陳榮捷：《王陽明傳習錄詳註集評》，台北：學生書局，1988 年。

陳榮捷：《宋明理學之概念與歷史》，台北：中央研究院中國文哲研究所籌備處，1996 年。

陳德和：《儒家思想的哲學詮釋》，台北，洪葉文化公司，2003 年。

陳德和：《道家思想的哲學詮釋》，台北：里仁書局，2005 年。

陳德和：《從老莊思想詮詁莊書外雜篇的生命哲學》，台北：文史哲出版社，1993 年。

馮友蘭：《中國哲學史‧增訂本》，台北：商務印書館，1993 年。

馮耀明：《中國哲學的方法論問題》，台北：允晨文化公司，1989 年。

菩提學社：《禪宗高僧言行錄》，台南：大孚書局，1989 年。

黃仁宇：《中國大歷史》，台北：聯經出版公司，1994 年。

黃夏年：《解脫道論》，台北：佛光文化公司，1998 年。

黃夏年主編:《生活禪研究 2 上:第二屆黃梅禪宗文化高峰論壇論文集》,鄭州:
　　中州古籍出版社,2012 年

黃連忠:《宗密的禪學思想》,台北:新文豐出版公司,1995 年。

黃連忠:《禪宗公案體相用思想之研究》,台北:新文豐出版公司,1995 年。

黃連忠:《敦博本六祖壇經校釋》,台北:萬卷樓圖書公司,2006 年。

黃俊傑:《孟學思想史論（卷一）》,台北:東大圖書公司,1991 年。

黃俊傑主編:《孟子思想的歷史發展》,台北:中央研究院中國文哲研究所籌備
　　處,1995 年。

黃敏浩:《劉宗周及其慎獨哲學》,台北:學生書局,2001 年。

黃錦鋐:《新譯莊子讀本》,台北:三民書局,1974 年。

葉海煙:《老莊哲學新論》,台北:文津出版社,1997 年。

葉海煙:《莊子的生命哲學》,台北:東大圖書公司,2000 年。

嵇文甫:《晚明思想史論》,北京:東方出版社,1996 年。

崔大華:《莊子研究》,北京:人民出版社,1992 年。

崔宜明:《生存與智慧——莊子哲學的現代詮釋》,上海:上海人民出版社,1997
　　年。

湯用彤:《理學‧佛學‧玄學》,台北:淑馨出版社,1992 年。

湯用彤:《湯用彤全集（全七卷）》,石家莊:河北人民出版社,2000 年。

湯用彤:《漢魏兩晉南北朝佛教史》,台北:彌勒出版社,1982 年。

景海峰:《熊十力》,台北:東大圖書公司,1991 年。

曾昭旭:《孔子和他的追隨者》,台北:漢光文化公司,1993 年。

曾昭旭:《王船山哲學》,台北:遠景出版公司,1983 年。

曾昭旭:《充實與虛靈——中國美學初論》,台北:漢光文化公司,1993 年。

曾昭旭:《在說與不說之間——中國義理學之思維與實踐》,台北:漢光文化公
　　司,1992 年。

曾昭旭:《道德與道德實踐》,台北:漢光文化公司,1985 年。

曾昭旭:《老子的生命智慧》,台北:健行文化限公司,2002 年。

曾昭旭:《存在感與歷史感——論儒學的實踐面相》,台北:商務印書館,2003
　　年。

曾昭旭:《良心教與人文教——論儒學的宗教面相》,台北:商務印書館,2003
　　年。

曾春海：《中國哲學概論》，台北：五南圖書公司，2005 年。

曾春海：《陸象山》，台北：東大圖書公司，1988 年。

曾春海：《儒家哲學論集》，台北：文津出版社，1989 年。

曾春海：《朱熹哲學論叢》，台北：文津出版社，2001 年。

曾春海：《兩漢魏晉哲學史》，台北：五南圖書公司，2002 年。

曾春海：《易經哲學原理》，台北：文津出版社，2003 年。

勞思光：《中國文化路向問題的新檢討》，台北：東大圖書公司，1993 年。

勞思光：《思辯錄》，台北：東大圖書公司，1996 年。

勞思光：《新編中國哲學史》，台北：三民書局，1990 年。

傅武光等：《中國歷代思想家【14】——高攀龍・劉宗周・黃道周・朱之瑜・
　　黃宗羲・方以智》，台北：商務印書館，1999 年。

傅偉勳：《西洋哲學史》，台北：三民書局，1986 年。

傅偉勳：《死亡的尊嚴與生命的尊嚴》，台北：正中書局，2001 年。

傅偉勳：《從創造的詮釋學到大乘佛學》，台北：東大圖書公司，1990 年。

傅偉勳：《學問的生命與生命的學問》，台北：正中書局，1994 年。

傅偉勳、周陽山主編：《西方思想家論中國》，台北：正中書局，1994 年。

項維新、劉福增主編：《中國哲學思想論集・宋明篇》，台北：牧童出版社，1976
　　年。

鈴本大拙著、徐進夫譯：《鈴木大拙禪論集：歷史發展》，台北：志文出版社，
　　1986 年。

聖嚴：《禪與悟》（禪修指引 6），台北：法鼓文化公司，1999 年。

聖嚴：《禪的體驗禪的開示》，台北：法鼓文化公司，1999 年。

聖嚴：《聖嚴法師教默照禪》，台北：法鼓文化公司，2004 年。

聖嚴：《禪的體驗・禪的開示》，台北：法鼓文化公司，1999 年。

楊祖漢：《中庸義理疏解》，台北：鵝湖出版社，1986 年。

楊祖漢：《當代儒學思辨錄》，台北：鵝湖出版社，1998 年。

楊祖漢：《儒學與康德的道德哲學》，台北：文津出版社，1987 年。

楊曾文：《敦煌新本六祖壇經》，上海：上海古籍出版社，1993 年。

楊曾文：《唐五代禪宗史》，北京：中國社會科學院，1999 年。

楊惠南：《佛教思想新論》，台北：東大圖書公司，1990 年。

楊惠南：《佛教思想發展史論》，台北：東大圖書公司，1993 年。

楊惠南：《禪史與禪思》，台北：東大圖書公司，1995 年。

楊惠南：《惠能》，台北：東大圖書公司，1993 年。

楊惠南：《禪思與禪詩——吟詠在禪詩的密林裡》，台北：東大圖書公司，1999
　　年。

楊惠南編著：《六祖壇經——佛學的革命》，台北：時報文化公司，1995 年。

楊惠南編著：《當代學人談佛教》，台北：東大圖書公司，1986 年。

楊儒賓：《儒家身體觀》，台北：中央研究院中國文哲研究所籌備處，1999 年。

楊儒賓主編：《中國古代思想中的氣論及身體觀》，台北：巨流圖書公司，1997
　　年。

楊儒賓：《莊周風貌》，台北：黎明文化公司，1991 年。

楊儒賓：《先秦道家「道」的觀念的發展》，台北：台灣大學出版委員會，1987
　　年。

楊儒賓、黃俊傑編：《中國古代思維方式探索》，台北：正中書局，1996 年。

楊國榮：《王學通論——從王陽明到熊十力》，台北：五南圖書公司，1997 年。

詹海雲：《清初學術論文集》，台北：文津出版社，1992 年。

葛兆光：《禪宗與中國文化》，台北：東華書局，1989 年。

葛兆光：《中國禪思想史：從 6 世紀到 9 世紀》，北京：北京大學出版社，1995
　　年。

葛榮晉：《王廷相和明代氣學》，北京：中華書局，1990 年。

葛榮晉：《王廷相》，台北：東大圖書公司，1992 年。

葛榮晉：《中國哲學範疇導論》，台北：萬卷樓圖書公司，1993 年。

翟志成：《當代新儒學史論》，台北：允晨文化公司，1993 年。

熊十力：《明心篇》，台北：學生書局，1984 年。

熊十力：《原儒》，台北：明文書局，1988 年。

熊十力：《體用論》，台北：學生書局，1987 年。

熊十力：《熊十力論著集之一——新唯識論》，台北：文津出版社，1986 年。

熊十力：《新唯識論》（語體文本），台北：明文書局，1991 年。

熊十力：《十力語要》，台北：明文書局，1975 年。

熊十力：《十力語要初續》，台北：明文書局，1975 年。

熊十力：《讀經示要》，台北：明文書局，1984 年。

熊十力：《摧惑顯宗記》，台北：學生書局，1988 年。

樓宇烈：《老子周易王弼注校釋》，台北：華正書局，1983 年。

蒙培元：《中國心性論》，台北：學生書局，1990 年。

蒙培元：《理學的演變》，台北：文津出版社，1990 年。

蒙培元：《理學範疇系統》，北京：人民出版社，1998 年。

蔣年豐：《文本與實踐（一）——儒家思想的當代詮釋》，台北：桂冠圖書公司，
　　2000 年。

蔣義斌：《宋儒與佛教》，台北：東大圖書公司，1997 年。

蔡仁厚：《中國哲學的反省與新生》，台北：正中書局，1994 年。

蔡仁厚：《孔孟荀哲學》，台北：學生書局，1984 年。

蔡仁厚：《宋明理學》，台北：學生書局，1988 年。

蔡仁厚：《儒家心性之學論要》，台北：文津出版社，1990 年。

蔡仁厚：《熊十力先生學行年表》，台北：明文書局，1987 年。

蔡日新：《千崛百崎洪州禪》，台北：慧炬出版社，2001 年。

鄧克銘：《宋代理概念之開展》，台北：文津出版社，1993 年。

鄭世根：《莊子氣化論》，台北：學生書局，1993 年。

鄭宗義：《明清儒學轉型探析——從劉蕺山到戴東原》，香港：中文大學出版社，
　　2000 年。

鄭家棟：《牟宗三》，台北：東大圖書公司，2000 年。

潘桂明釋譯、星雲大師總監修：《大慧普覺禪師語錄》，高雄：佛光文化公司，
　　2012 年。

劉又銘：《理在氣中——羅欽順、王廷相、顧炎武、戴震氣本論研究》，台北：
　　五南圖書公司，2000 年。

劉長林：《中國系統思維》，北京：中國社會科學院，1991 年。

劉述先：《大陸與海外——傳統的反省與轉化》，台北：允晨文化公司，1989
　　年。

劉述先：《中國哲學論文集》，台北：學生書局，1987 年。

劉述先：《朱子哲學思想的發展與完成》，台北：學生書局，1982 年。

劉述先：《當代中國哲學論——問題篇》，美國：八方文化公司，1996 年。

劉述先：《黃宗羲心學的定位》，台北：允晨文化公司，1986 年。

劉述先：《新時代哲學的信念與方法》，台北：商務印書館，1991 年。

劉述先：《儒家思想意涵之現代闡釋論集》，台北：中央研究院中國文哲研究所

　　　籌備處，2000 年。

劉述先等：《當代新儒學論文集・外王篇》，台北：文津出版社，1991 年。

劉述先主編：《儒家思想在現代東亞──中國大陸與台灣篇》，台北：中央研究
　　　院中國文哲研究所籌備處，2000 年。

劉復生：《北宋中期儒學復興運動》，台北：文津出版社，1991 年。

劉笑敢：《老子》，台北：東大圖書公司，1997 年。

劉笑敢：《莊子哲學及其演變》，北京：中國社會科學院，1988 年。

慧岳：《知禮》，台北：東大圖書公司，1995 年。

賴永海：《中國佛性論》，台北：佛光文化公司，1997 年。

賴賢宗：《體用與心性──當代新儒家哲學新論》，台北：學生書局，2001 年。

錢穆：《朱子學提綱》，台北：東大圖書公司，1986 年。

錢穆：《中國歷史研究法》，台北：東大圖書公司，1991 年。

錢穆：《中國近三百年學術史》，台北：商務印書館，1987 年。

錢穆：《宋明理學概述》，台北：學生書局，1996 年。

錢穆：《中國思想史》，台北：學生書局，1983 年。

錢穆：《中國思想通俗講話》，台北：東大圖書公司，1990 年。

錢穆：《中國學術思想史論叢》，台北：東大圖書公司，1986 年。

錢穆：《中國學術通義》，台北：學生書局，1988 年。

錢穆：《宋明理學概述》，台北：學生書局，1996 年。

錢穆：《國史大綱》，台北：商務印書館，1987 年。

錢穆：《靈魂與心》，台北：聯經出版公司，1987 年。

霍韜晦：《絕對與圓融》，台北：東大圖書公司，1986 年。

霍韜晦：《佛學（上下冊）》，香港：中文大學出版社，1982 年。

謝大寧：《儒家圓教底再詮釋》，台北：學生書局，1996 年。

謝幼偉：《倫理學大綱》，台北：正中書局，1984 年。

賴永海：《中國佛性論》，台北：佛光文化公司，1997 年。

賴永海：《湛然》，台北：東大圖書公司，1993 年。

賴賢宗：《體用與心性：當代新儒家哲學新論》，台北：學生書局，2001 年 6
　　　月。

韓經太：《理學文化與文學思潮》，北京：中華書局，1997 年。

韓鐘文：《中國儒學史・宋元卷》，廣州：廣東教育出版社，1998 年。

鍾彩鈞主編：《劉蕺山學術思想論集》，台北：中央研究院中國文哲研究所籌備處，1998 年。

蕭公權：《中國政治思想史》，台北：聯經出版公司，1982 年。

薩孟武：《中國政治思想史》，台北：三民書局，1979 年。

新田雅章著、涂玉盞譯：《天台哲學入門》，台北：東大圖書公司，2003 年。

顏炳罡：《整合與重鑄——當代大儒牟宗三先生思想研究》，台北：學生書局，1995 年。

嚴靈峰：《老子達解》，台北：華正書局，1982 年。

龔鵬程：《近代思想史散論》，台北：東大圖書公司，1991 年。

參、現代學人的學位（碩、博士）論文：（依姓氏筆劃排列）

王鼎興：《牛頭法融禪學思想研究》，台北：東吳大學中文研究所碩士論文，2000 年。

白金銑：《唐代禪宗懺悔思想研究》，台北：台灣師範大學國文研究所博士論文，2008 年。

杜保瑞：《論王船山易學與氣論並重的形上學進路》，台北：台灣大學哲學研究所博士論文，1993 年。

李宗定：《老子「道」的詮釋與反思——從韓非、王弼注老之溯源考察》，嘉義：中正大學中文研究所博士論文，2002 年。

余威德：《唐代北宗禪發展研究——以玉泉神秀為中心》，花蓮：慈濟大學宗教與文化研究所碩士論文，2004 年。

林世榮：《熊十力春秋外王學研究》，中壢：中央大學中文研究所博士論文，2000 年。

林佳怡：《從東山法門到惠能禪學的演變》，嘉義：南華大學宗教研究所碩士論文，2011 年。

林朝成：《魏晉玄學的自然觀與自然美學研究》，台北：台灣大學哲學研究所博士論文，1992 年。

邱君亮：《頓悟與超越——《六祖壇經》的身心哲學詮釋》，嘉義：南華大學哲學研究所碩士論文，2001 年。

金英子：《惠能與宗密的《金剛經》詮釋之研究》，中壢：中央大學哲學研究所

　　碩士論文，2007 年。

馬耘：《論老莊哲學中「道」之無限性與人之自主問題》，台北：台灣大學哲學
　　研究所博士論文，2005 年。

陳立驤：《劉蕺山哲學思想研究》，台南：成功大學中文研究所博士論文，2003
　　年。

黃連忠：《禪宗公案體相用思想之研究──以《景德傳燈錄》為中心》，台北：
　　台灣師範大學國文研究所博士論文，2000 年。

黃青萍：《敦煌北宗文本的價值及其禪法──禪籍的歷史性與文本性》，台北：
　　台灣師範大學國文研究所博士論文，2008 年。

黃漢光：《老子無為的哲學之研究》，台北：文化大學哲學研究所博士論文，1983
　　年。

莫中偉：《菩提達摩禪學研究》，嘉義：南華大學哲學研究所碩士論文，2005
　　年。

莊永清：《熊十力平章漢宋研究──以《易》為例》，台南：成功大學歷史語言
　　研究所碩士論文。

曾春海：《王船山周易闡微》，台北：輔仁大學哲學研究所博士論文，1976 年。

詹海雲：《劉蕺山的生平及其學術思想》，台北：台灣大學中文研究所碩士論文，
　　1979 年。

韓學宏：《黃宗羲明儒學案之研究》，台北：政治大學中文研究所博士論文，1998
　　年。

戴景賢：《王船山之道器論》，台北：台灣大學中文研究所博士論文，1982 年

藍日昌：《熊十力「內聖外王」思想之研究》，台北：政治大學中文研究所碩
　　士論文，1987 年。

顏國明：《從圓教範型論道家思想之開展》，台北：中國文化大學哲學研究所博
　　士論文，1996 年。

肆、現代學人的單篇（期刊、研討會與專書）論文：（依姓氏筆劃排列）

丁原植：〈老子哲學的「存有論」〉，《哲學與文化》，卷 26，期 3，1999 年 3 月。

王汎森：〈清初的講經會〉，《中央研究院歷史語言研究所集刊》，本 68，分 3，

1997 年。

王汎森：〈明末清初的《人譜》與省過會〉，《中央研究院歷史語言研究所集刊》，
　　本 63，分 3，1993 年。

王邦雄：〈論儒學客觀化的曲成問題——為「一心開二門」進一解〉，《國立中
　　央大學人文學報》，期 5，1987 年。

方同義：〈劉宗周與黃宗羲政治哲學比較〉，《寧波師院學報》（社科版），期 4，
　　1996 年 11 月。

古清美：〈台灣學者對劉蕺山學術思想的研究——工夫論及學術史〉，《劉蕺山
　　學術思想論集》，台北：中央研究院中國文哲研究所籌備處，1998 年。

古清美：〈劉蕺山對周濂溪誠體思想的闡發及其慎獨之學〉，《幼獅學誌》，卷
　　19，期 2，1987 年。

何石彬：〈老子之「道」與「有」、「無」關係新探〉，《哲學研究》，期 7，2005
　　年 7 月。

李明輝：〈劉蕺山論惡之根源〉，《劉蕺山學術思想論集》，台北：中央研究院中
　　國文哲研究所籌備處，1998 年。

李紀祥：〈清初浙東劉門的分化及劉學的解釋權之爭〉，《第二屆國際華學研究
　　會議論文集》，台北：文化大學出版部，1992 年。

岑溢成：〈嵇康的思維方式與魏晉玄學〉，《鵝湖學誌》，期 9，1992 年 12 月。

杜保瑞：〈律則中心的老子詮釋進路〉，《哲學雜誌》，期 3，1993 年 1 月。

沈清松：〈郭店竹簡《老子》的道論與宇宙論〉，《哲學與文化》，卷 26，期 4，
　　1999 年 4 月。

林安梧：〈「存有三態論」與「存有治療學」之建構〉，《鵝湖月刊》總號第 306
　　期，2000 年 12 月。

林安梧：〈關於《老子道德經》「道、一、二、三及天地萬物」的幾點討論〉，《東
　　華漢學》，期 7，2008 年 6 月。

林安梧：〈關於「善之意向性」的問題之釐清與探討——以劉蕺山哲學為核心
　　的展開〉，《劉蕺山學術思想論集》，台北：中央研究院中國文哲研究所籌
　　備處，1998 年。

林光華：〈論牟宗三先生對老子之道的詮釋〉，《哲學與文化》，卷 37，期 5，2010
　　年 5 月。

林月惠：〈朱子與劉蕺山對《中庸》首章的詮釋〉，「朱子學與東亞文明研討會

——紀念朱子逝世八百週年朱子學會議」，台北，國家圖書館，2000 年。

林月惠：〈劉蕺山論「未發已發」——從觀念史的考察談起〉，《劉蕺山學術思想論集》，台北：中央研究院中國文哲研究所籌備處，1998 年。

林家民：〈熊十力內聖學後期轉變說之商榷〉，《哲學與文化》，卷 15，期 12，1988 年。

林聰舜：〈劉蕺山與黃梨洲——從理學殿軍到經世思想家〉，《晚明思潮與社會變動——中國社會與文化學術研討會論文集》，台北：弘化事業公司，1987 年。

洪修平、徐長安：〈東山法門與禪宗初創〉，《南京大學學報》第 2 期，1996 年 4 月。

洪修平：〈略論五祖弘忍門下的分頭弘化〉，收入高紀言編：《禪學研究第二輯》，南京：江蘇古籍出版社，1994 年。

洪修平：〈論惠能大師革新佛教的意義及對佛教中國化的推進〉，《普門學報》，期 1，2001 年 1 月。

胡適：〈菩提達摩考〉，收入柳田聖山編：《胡適禪學案》，台北：正中書局，1990 年。

胡適：〈荷澤大師神會傳〉，收入柳田聖山編：《胡適禪學案》，台北：正中書局，1990 年。

胡適：〈楞伽師資記序〉，收入柳田聖山編：《胡適禪學案》，台北：正中書局，1990 年。

胡適：〈楞伽宗考〉，收入柳田聖山編：《胡適禪學案》，台北：正中書局，1990 年。

胡適：〈禪學古史考〉，收入張曼濤主編：《禪宗史實考辨》，台北：大乘文化出版社，1977 年。

袁保新：〈什麼是人？孟子心性論與海德格存有思維的對比研究——兼論當代孟子心性論詮釋的困境及其超克〉，「中國哲學與全球倫理學術研討會」，台北，東吳大學哲學系，2000 年。

秦家懿：〈朱熹論太極〉，「朱子學與東亞文明研討會——紀念朱子逝世八百週年朱子學會議」，台北，國家圖書館，2000 年。

唐亦男：〈良知的「呈現」與「坎陷」——解讀牟宗三先生之「陽明心學」〉

高柏園：〈論牟宗三先生對老子形上思想之定位〉，《鵝湖學誌》，期 29，2002

年 12 月。

陳立驤：〈王船山天道論性格之衡定〉，《鵝湖月刊》第 28 卷第 4 期，2002 年 10 月。

陳立驤：〈「良知自我坎陷」說的省察〉，「第五屆南區五校中文系研究生論文發表會」，高雄，中山大學，1999 年。

陳立驤：〈牟宗三宋明儒學「三系說」的省察──從「三系說」到「兩型四系說」〉，《鵝湖月刊》第 26 卷第 3 期，2000 年 9 月。

陳立驤：〈周濂溪《太極圖說》本體性格之衡定〉，「2000 年東亞漢學會議」，日本，福岡，西南大學，2000 年 12 月。

陳立驤：〈張載天道論性格之衡定〉，《鵝湖月刊》第 26 卷第 11 期，2001 年 5 月。

陳立驤：〈劉宗周哲學之定性與系屬研究〉，《中國思想史國際學術研討會會議代表論文集》，南京：南京大學，2002 年。

陳立驤：〈朱子與陳亮的歷史評論──以「漢唐之爭」為中心的探討〉，「陳亮國際學術研討會」，杭州・永康，2004 年 10～11 月。

陳立驤：〈呂東萊的「本體論」初探〉，「呂祖謙暨浙東學術文化國際研討會」，浙江金華，2005 年 11 月。

陳立驤：〈劉基天道論初探〉，《浙江工貿職業技術學院學報》，第 7 卷第 2 期總第 21 期，2007 年 6 月。

陳立驤：〈通識教育與儒家哲學──儒家式通識教育哲學之初探〉，《通識學刊──理念與實務》，第 1 卷第 3 期，2008 年 1 月。

陳立驤：〈論儒、道、釋「經典」中的「人文關懷」〉，《哲學與文化》革新號第 412 期(第 35 卷第 9 期)，2008 年 9 月。

陳立驤：〈「人間佛教」研究的幾個問題之釐清與省思〉，《鵝湖月刊》第 34 卷第 4 期，2008 年 10 月。

陳立驤：〈《論語》的「仁」及其與「和諧」之關係析論〉，真理大學《博雅教育學報》第 3 期，2008 年 12 月。

陳立驤：〈論通識教育的「理念」與「實務」──以筆者對「通識教育」及「本校通識教育」的詮釋與作法為例〉，《通識學刊──理念與實務》，2010 年 1 月。

陳郁夫：〈劉蕺山與黃梨洲對禪佛的批評〉，《師大國文學報》，期 17，1988 年。

陳德和：〈試論道的雙重性——道德經中的「無」與「有」初探〉,《鵝湖月刊》
　　　總號第 189 期,1991 年 3 月。

陳德和：〈論牟宗三對人間道家的哲學建構——以老子思想的詮釋為例〉,南華
　　　大學哲學研究所《揭諦》,期 3,2001 年 5 月。

陳劍鍠：〈理學家對「半日靜坐半日讀書」的爭議及其運用〉,《鵝湖月刊》,卷
　　　28,期 3,2002 年 9 月。

張永儁：〈論劉蕺山的心學與易學思想〉,《中華易學》,卷 17,期 3,1996 年。

馮耀明：《直覺與玄思——中國哲學的方法論問題》,「中國哲學與全球倫理學
　　　術研討會」,台北,東吳大學哲學系,2000 年。

陶國璋：〈牟宗三先生對「良知之坎陷」之構想與重構〉,《牟宗三哲學與唐君
　　　毅哲學論》,台北：文津出版社,1997 年。

黃偉雄：〈菩提達摩在中國禪宗史的地位〉,《國際佛學研究》第 2 期,1992 年
　　　12 月。

黃懺華：〈禪宗初祖菩提達摩考〉,收入張曼濤主編：《禪宗史實考辯》,台北：
　　　大乘文化出版社,1977 年。

黃俊傑：〈古代儒家政治論中的「身體隱喻思維」〉,《鵝湖學誌》,期 9,1992
　　　年 12 月

黃俊傑：〈中國思想史中「身體觀」研究的新視野〉,《中國文哲研究集刊》,期
　　　20,2002 年 3 月。

黃敏浩：〈論黃宗羲對「四句教」的詮釋〉,《清華學報》新第 28 卷第 4 期,1998
　　　年 12 月。

曾昭旭：〈徹法源底——論倫理的人性依據〉,《鵝湖月刊》第 28 卷第 7 期,2003
　　　年 1 月。

傅佩榮：〈從比較的角度反省老子「道」概念的形上性格〉,《哲學雜誌》,期 7,
　　　1994 年 1 月。

傅偉勳：〈現代儒學的詮釋學暨思維方法論建立課題——從當代德法詮釋學爭
　　　論談起〉,收入江日新主編：《中西哲學的會面與對話》,台北：文津出版
　　　社,1994 年。

楊祖漢：〈唐君毅、牟宗三先生對劉蕺山哲學的研究〉,《劉蕺山學術思想論集》,
　　　台北：中央研究院中國文哲研究所籌備處,1998 年。

楊國榮：〈從王陽明到劉宗周——志知之辯的歷史演進〉,《孔孟月刊》,卷 29,

期 11，1991 年。

楊國榮：〈劉宗周思想的歷史地位〉，《中國哲學史》，期 4，1996 年。

楊國榮：〈理性本體的重建——劉宗周與心性之辯〉，《劉蕺山學術思想論集》，
　　台北：中央研究院中國文哲研究所籌備處，1998 年。

聖嚴：〈中國佛教的特色——禪與禪宗〉，《華岡佛學學報》，期 4，1980 年 10
　　月。

詹秀惠：〈洛陽伽藍記的作者與成書年代〉，《國立中央大學文學院院刊》，期 1，
　　1983 年 6 月。

詹海雲：〈劉宗周的實學〉，《劉蕺山學術思想論集》，台北：中央研究院中國文
　　哲研究所籌備處，1998 年。

葉海煙：〈老子的人的哲學〉，《東吳哲學傳習錄》，期 1，1992 年 3 月。

鄧克銘：〈大慧宗杲禪師禪法之特色〉，《中華佛學學報》，期 1，1987 年。

劉笑敢：〈老子之自然與無為——古典意含與現代意義〉，《中國文哲研究集
　　刊》，期 10，1997 年 3 月。

鄭志明：〈老子「人法地、地法天、天法道、道法自然」的義理疏證〉，《鵝湖
　　月刊》第 12 卷第 5 期，1986 年 11 月。

蔡家和：〈從黃宗羲《明儒學案》的評語見其心學意涵〉，《鵝湖學誌》，期 38，
　　2007 年 6 月。

慧昭：〈論《金剛經》人間佛教思想對南宗禪的影響與發展〉，《普門學報》，期
　　13，2003 年 1 月。

賴永海：〈頓悟漸修與魚兔筌蹄〉，《普門學報》，期 10，2002 年 7 月。

賴錫三：〈當代學者對《老子》形上學詮釋的評論與重塑——朝向存有論、美
　　學、神話學、冥契主義的四重道路〉，《清華學報》新 第 38 卷第 1 期，2008
　　年 3 月。

鍾彩鈞：〈劉蕺山與黃梨洲的孟子學〉，《劉蕺山學術思想論集》，台北：中央研
　　究院中國文哲研究所籌備處，1998 年。

顏炳罡：〈牟宗三先生的自我坎陷說與當代文化癥結〉，《當代新儒家論文集・
　　外王篇》，台北：文津出版社，1991 年。

國家圖書館出版品預行編目(CIP)資料

中國哲學理解、詮釋與分判之研究 / 陳立驤著
— 初版 臺北市：萬卷樓, 2013.07
面； 公分
ISBN 978-957-739-811-6 (精裝)
1.中國哲學 2.文集

120.7   102013537

中國哲學理解、詮釋與分判之研究

撰　　　者：陳立驤
發　行　人：陳滿銘
出　版　者：萬卷樓圖書股份有限公司
臺北市羅斯福路二段 41 號 6 樓之 3
　　　　　電話(02)23216565・23952992
　　　　　傳真(02)23944113
劃撥帳號 15624015
出版登記證：新聞局局版臺業字第 5655 號
網　　　址：http://www.wanjuan.com.tw
E － mail ：editor@wanjuan.com.tw
承印廠商：中茂分色製版印刷事業股份有限公司
定　　　價：500 元
出版日期：2013 年 7 月初版

ISBN 978-957-739-811-6